novum premium

Leo F. Aichhorn

Geschichten,
die Mut machen

novum premium

Bibliografische Information
der Deutschen Nationalbibliothek:

Die Deutsche Nationalbibliothek verzeichnet diese Publikation in der Deutschen Nationalbibliografie. Detaillierte bibliografische Daten sind im Internet über http://www.d-nb.de abrufbar.

ISBN 978-3-99130-057-1
Lektorat: Tobias Keil
Umschlagfotos: Wanchai Yoosumran, Nemar74 | Dreamstime.com
Umschlaggestaltung, Layout & Satz: novum Verlag
Innenabbildungen und Autorenfoto: Leo F. Aichhorn

Die vom Autor zur Verfügung gestellten Abbildungen wurden in der bestmöglichen Qualität gedruckt.

Gedruckt in der Europäischen Union auf umweltfreundlichem, chlor- und säurefrei gebleichtem Papier.

www.novumverlag.com

Was hilft aller Sonnenaufgang, wenn wir nicht aufstehen?
Georg Christoph Lichtenberg[1]

Claudia
One Love

Hinweis: In dieser Arbeit wird aus Gründen der besseren Lesbarkeit das generische Maskulinum verwendet. Weibliche und anderweitige Geschlechteridentitäten werden dabei ausdrücklich mitgemeint, soweit es für die Aussage erforderlich ist.

1 Georg Christoph Lichtenberg war ein dt. Physiker, Naturforscher, Mathematiker, Schriftsteller im 18. Jahrhundert.

Gedanken zum Buch

Aus den zahlreichen Gesprächen mit meinen studierenden Enkeln ist mir aufgefallen, dass ihnen das Leben der Menschen im vorigen Jahrhundert weitgehend unbekannt ist. Aber woher sollten Jugendliche wissen, wie die Menschen in ihrem Kulturkreis früher ohne Autos, Flugreisen, Fernseher, Computer und Streaming-Angebote leben konnten? In meiner Kindheit und Jugendzeit war das anders. Schon in jungen Jahren war ich ein aufmerksamer Zuhörer und Beobachter von zahlreichen Geschichten und Erlebnissen auf dem Gast- und Bauernhof meiner Eltern. Der Gasthof war seit jeher ein Veranstaltungslokal für Selbstdarsteller und Therapiezentrum für all diejenigen, denen es gerade nicht so gut ging und die sich am Biertisch Ratschläge und Trost von ihren Zeitgenossen holten. Besonders die Erzählungen der älteren Generation zu meiner Teenagerzeit hatten es mir angetan, reichten sie doch aus Berichten ihrer Eltern oder aus eigenen Erlebnissen bis zu Beginn des 20. Jahrhunderts zurück. Die Landwirtschaft war schwer und entbehrungsreich und prägte das traditionsreiche und gesellschaftliche Leben am Land. Das vergangene Jahrhundert mit seinen zwei Weltkriegen, den politischen Umstürzen und den Hungerjahren hatte den Menschen, die diese schreckliche Zeit überlebten, alles abverlangt. Mit den Geschichten über die Arbeitsprozesse und das gesellschaftliche Leben der Landbevölkerung will ich mehr Verständnis für deren damaliges Verhalten schaffen und den Lesern eine objektivere Einschätzung unserer Vergangenheit ermöglichen. An einigen Beispielen will ich aufzeigen, dass der Wille ein entscheidender Faktor für das Erreichen von Zielen ist. „Wer will, der kann, wer nicht will, muss.“ Dieses Zitat ist mehr als 2.000 Jahre alt und stammt von Lucius Annaeus Seneca, dem meistgelesenen Schriftsteller seiner Zeit. Mit seinem Lied *You can get it, if you really want* wollte Jimmy Cliff 1970, und später viele andere Interpreten, den Menschen ebenso Mut machen, wenn sie nicht mehr weiterwissen und glauben, vor unlösbaren Problemen zu stehen. Aber wir sollten auch zu uns selbst ehrlich sein, wenn wir sagen, dass wir etwas nicht können und wir im Grunde genommen nicht wollen. „*Geschichten, die Mut machen*" beschreiben über viele Jahre, was die Menschen in der Vergangenheit alles konnten, weil es ihnen alternativlos abverlangt wurde. Den Menschen der Vergangenheit wiederherstellen zu wollen, wäre albern. Vielmehr liegt es in unserer Macht, eine gebührende Achtung vor dem Gewesenen zu erwecken. Dieses Buch soll dazu in gewisser Weise als Zeitdokument dienen. In den folgenden Seiten finden sich neben den Geschichten auch Anregungen, die nachahmenswert und erreichbar sind oder vermieden werden sollten. Sozial- und wirtschaftswissenschaftliche Erklärungen dienen dem Zweck, Ursachen und Hintergründe etwas zu beleuchten. Anekdoten sollen zum Schmunzeln anregen und aufzeigen, dass Gemütlichkeit und Humor wichtige Faktoren menschlicher Zufriedenheit sind. Natürlich ist auch dieses Buch nicht frei von autobiografischen Einflüssen.

Inhaltsverzeichnis

Landleben im 20. Jahrhundert

Am 5. März 1920 kam Ludwig auf einem Bauernhof in einer Nachbargemeinde von Linz, der Landeshauptstadt von Oberösterreich, auf die Welt. Die Vorfahren von ihm wurden nach der Aufhebung der Erbuntertänigkeit im Jahr 1848 Grundeigentümer des dortigen Bauernhofes und Betreiber einer eigenen Landwirtschaft. Ludwig war das dritte Kind seiner Eltern und bekam noch den jüngeren Bruder Franz, der als Hoferbe vorgesehen war. Ludwig lernte seinen Vater nicht wirklich kennen, da er krankheitsbedingt starb, als er sechs Jahre alt war. Seine Mutter führte mit ihren Kindern und dem Gesinde den Bauernhof auf den Ausläufern des Pfenningberges weiter. Der Hof war alt und mit Stroh gedeckt, nur die bescheidenen Wohnräume mit kleinen Fenstern und die Stallungen waren aus einem Gemisch von Steinen und Ziegel gemauert. Scheune und Heuboden waren aus heimischem Holz errichtet. Umgeben war das landwirtschaftliche Anwesen von hügeligen Feldern, Wald, blumigen Wiesen und zahlreichen Obstbäumen, um ausreichend Most als wichtigstes Getränk für die schwer arbeitenden Menschen verfügbar zu haben.

Im Gegensatz zum urbanen Leben in den größeren Städten des deutschsprachigen Raumes, wo im 19. Jahrhundert eine Gesellschaft aus Aristokratie, aus einer einflussreichen Kirche, einem zwischenzeitlich entstandenen Geldadel und einem gebildeten Bürgertum etwa aus Ärzten, Lehrern und Beamten bestand, sorgten auf dem Land einfach gebildete Menschen für die Produktion von Nahrungsmitteln. Bildungsmöglichkeiten und Kulturzentren waren weit weg und für die zu Fuß gehende Landbevölkerung kaum erreichbar und schon gar nicht finanziell erschwinglich. Als wichtigste Veranstaltungen am Land galten kirchliche Feiertage bzw. Festivitäten, die von den örtlichen Blasmusikkapellen umrahmt wurden. Hausmusik und Traditionen erfüllten das kulturelle Bedürfnis der Menschen auf dem Land.

Zu Beginn des 20. Jahrhunderts waren etwa drei von vier erwerbstätigen Personen in der Landwirtschaft beschäftigt. In der Mitte dieses Jahrhunderts waren es immer noch mehr als ein Drittel. Die zahlreichen und vielfältigen Arbeiten mussten mit den Händen vorgenommen werden. Und Hände konnten an einem Bauernhof nicht genug sein. Daher hatten die Menschen auf dem Land viele Kinder zur Arbeit und zur Altersversorgung. Ein Phänomen, das heute noch in vielen Entwicklungsländern zu beobachten ist.

Die Ausstattung von Bauernhöfen in der Zwischenkriegszeit war für heutige Verhältnisse unvorstellbar: Pferde und Ochsen waren die einzigen Zugtiere für Holzwägen, Pflüge und Eggen. Nutztiere wie Rinder und Schweine wurden aus baulichen Gegebenheiten meist in schwer zugänglichen Ställen gehalten, die ein Füttern und Entmisten zur Schwerstarbeit machten. Hühner, Enten und Gänse waren in den Gärten, auf dem Misthaufen und in allen Bereichen des Bauernhofes anzutreffen. Nicht selten auch in Wohnbereichen. Die hygienischen Bedingungen für Menschen waren nach heutigen Maßstäben katastrophal: Striegel und Bürsten zur Fellpflege von Pferden und Rindern waren öfter vorzufinden als Zahnbürsten. Duschen oder Baden mit Warmwasser war in Ermangelung von Badewannen und warmem Fließwasser nicht möglich. Die wöchentliche Körperreinigung erfolgte meist in der Form, dass Wasser am Holzofen erwärmt, in Lavoirs oder Bottiche gegossen wurde, wo die Menschen das Wasser zum Waschen entnahmen. Nicht selten diente das gebrauchte Wasser für einen weiteren Waschvorgang. Während der heißen Heu- oder Getreideerntezeit suchten die verschwitzten Landarbeiter auch Abkühlung in einem Bach. Mit der von zu Hause mitgenommenen Seife wurde gleichzeitig die Ganzkörperreinigung vorgenommen. Das klarfließende Wasser in den Bächen wurde von den Anwohnern auch zum Waschen ihrer Wäsche verwendet. Webereien und Färbereien nutzten die naturbelassenen Fließgewässer für ihre Produktionsprozesse ohne Abwasserreinigungsanlagen, woran noch die Namen „Bleicherbach" erinnern. Geschlafen wurde meist auf Strohsäcken, was nicht wirklich zur Entspannung beitrug. Das Gesinde hatte eine klare und straffe Organisationsstruktur: Bauernknechte und Bauerndirnen (-mägde) waren die Wichtigsten in der Hierarchie, dann kamen die einfachen Knechte und Dirnen (Mägde), denen Schweine- und/oder Kuhdirnen (-mägde) folgten. Letztere waren entweder für die Schweine oder die Kühe verantwortlich. Das sogenannte „Mensch" war die Letzte in der Hierarchie und Mädchen für alles. In dieser hierarchischen Abfolge durften sich die Angestellten nach dem Bauern und der Bäuerin am gemeinsamen Mittags- oder Abendtisch bedienen. Die Suppe wurde gemeinsam aus einer großen Schüssel gelöffelt. Die Letzten an dieser „Tafel" gingen nicht selten unterversorgt oder leer aus, wenn der Bauer frühzeitig aufstand und damit das Essen für alle beendete. In Anbetracht dieser Essgewohnheiten, der vorwiegenden Hauptnahrungsmittel Kraut und Kartoffel und der zu verrichtenden Schwerarbeit ist es verständlich, dass bei den Menschen in diesen Zeiten eher Mangelerscheinungen als Übergewicht feststellbar waren.

Ludwig war sehr aktiv und engagiert in seiner Kindheit. Schon als Schüler der Grundschule ging er zum benachbarten Gasthaus, das eine Kegelbahn betrieb, und stellte dort an Sonn- und Feiertagen die von Spielern umgeworfenen Kegel wieder auf und ließ die Kugeln durch ein Gefälle zu den Spielern zurückrollen. Damit verdiente er sich ein Taschengeld, das er sonst nicht hatte. Der Beitritt zur örtlichen Freiwilligen Feuerwehr war zu dieser Zeit für Jugendliche eine willkommene soziale Bereicherung. Mit 16 Jahren baute er eine Bandsäge, um lange Bretter durchschneiden zu können, die nach 85 Jahren im familiären Betrieb noch immer funktionsfähig ist. Seine größte Herausforderung als Teenager hatte Ludwig als Maschinist einer Wanderdreschmaschine. Diese Maschine begleitete er als Verantwortlicher von Bauernhof zu Bauernhof, wo das in einer Scheune gelagerte Getreide nicht mehr mit Dreschflegeln auf der Tenne, sondern nunmehr maschinell aus dem Stroh gedroschen wurde. Angetrieben wurde das hölzerne Monster durch einen Dampfkessel, der über eine Riemenscheibe für die erforderlichen Drehbewegungen sorgte. Als Maschinist hatte er dafür zu sorgen, dass das Gerät sachgerecht aufgestellt war, einwandfrei funktionierte und der Input von Getreidegarben und der Output als Stroh und Körner friktionsfrei abliefen. Zu beachten galt es auch, dass die zahlreichen Personen im Arbeitsprozess entsprechend der Leistungsfähigkeit der Dreschmaschine und ihren körperlichen Fähigkeiten eingeteilt wurden. Es war in der Landwirtschaft der Beginn eines halbmaschinellen Arbeitsprozesses, indem sich der Mensch der Leistungsstärke der Maschine anpassen musste. Wenn etwa ein Sack bei der Abfüllanlage mit Getreidekörnern gefüllt war, musste er sofort durch einen leeren ersetzt, geschultert und in einen Getreidekasten im ersten Stock zur Lufttrocknung gebracht werden.

Diese Säcke hatten ein Gewicht zwischen 80 und 100 Kilogramm und konnten nur von sehr starken Männern über die steilen Holzstiegen getragen werden. Andererseits musste das Stroh von der Maschine entfernt werden, damit es keinen Stau gab. Der Einsatz einer Dreschmaschine erforderte mehr Personal, als üblicherweise auf einem Bauernhof beschäftigt war. Daher war Nachbarschaftshilfe angesagt. Am Ende eines langen und schweren Arbeitstages stand ein kräftiges Abendessen mit Most, das nicht selten einen musikalischen Ausklang hatte.

Die Dreschmaschine war sehr schwer, ohne Luftpneus bereift und konnte auf schmalen und unbefestigten Hohlwegen im bergigen Gelände oft nur mühsam transportiert werden, vor allem dann, wenn der Weg durch Regen aufgeweicht war. In Fällen, in denen die Pferde versagten, mussten Ochsen vorgespannt werden, die die Sache langsamer, aber dafür mit mehr Kraft angingen.

Anfang der 30er Jahre heiratete die Mutter von Ludwig ihren Bauernknecht, wodurch dieser zum Bauern aufstieg. In dieser Rolle veränderte er sich stark: Er arbeitete immer weniger und gab das Geld, das er beim Verkauf eines Stieres vom Fleischhauer bekam, in den von ihm häufig besuchten Gasthäusern aus, von wo er dann betrunken nach Hause kam. Er wirtschaftete den Hof in den Ruin. In der ehelichen Beziehung wurde er vermehrt gewalttätig, und als er eines Tages wieder seine Frau schlug und Ludwig mitansehen musste, wie er seiner Mutter körperliche Gewalt antat, warf Ludwig im Alter von 16 Jahren seinen Stiefvater mit den Worten aus dem Haus: „Verschwinde und komm ja nie wieder zurück!"

Wie alle wehrfähigen Männer musste auch Ludwig als 19-Jähriger 1939 zur Deutschen Wehrmacht. Der von Adolf Hitler zunächst als Vergeltung gegenüber den Siegermächten des Ersten Weltkriegs und als Eroberung gestartete Krieg wurde in der Folge zum weltweiten Vernichtungskrieg mit noch nie da gewesenen Gräueltaten, Verletzten, Toten und am Ende traumatisierten Menschen. Von den Zerstörungen ganz zu schweigen. Ludwig, als ein 182 cm großer und durch sein Anpacken in der Landwirtschaft kräftiger und selbstbewusster Mann, brachte es bis zum Unteroffizier (nach dem Oberfeldwebel der dritthöchste Rang bei den Unteroffizieren). Seine Führungsqualitäten waren seinen Vorgesetzten nicht verborgen geblieben. So forderten sie ihn auf, die Offiziersschule zu besuchen und die Offizierslaufbahn einzuschlagen. Seine Ablehnung brachte ihn fast vor das Kriegsgericht wegen Wehrdienstverweigerung. Erst als er argumentierte, dass er nach dem hoffentlich bald zu Ende gehenden, siegreichen Krieg wieder als Bauer arbeiten möchte, wurde von einem folgenschweren Gerichtsverfahren abgesehen.

Seine Einsätze als Infanterist führten ihn in die Ukraine und nach Russland mit den kältesten Wintern. Bei Temperaturen bis -40° C wären ihm beinahe die Hände eingefroren. Nur einem gefangenen russischen Soldaten verdankte er, dass er keine bleibenden Schäden davontrug, indem er ihm die Hände mit Schnee einrieb und so über die angeregte Durchblutung wieder Leben in die Hände brachte.

Sein jüngerer und als Hoferbe vorgesehener Bruder Franz verlor wie so viele seiner Kameraden als Soldat in Russland sein Leben, und niemand in seiner Familie erfuhr jemals etwas über seine letzte Ruhestätte, wenn von einer solchen überhaupt geredet werden kann. Die Mutter von Ludwig starb in den Kriegsjahren, wodurch er den Bauernhof am Pfenningberg erbte. Während seiner Militärzeit führte seine ältere Schwester mit zwei Frauen aus Polen den Hof, die von der deutschen Regierung zur Zwangsarbeit abgestellt wurden. Bei seinen wenigen Heimaturlauben überzeugte sich Ludwig, dass der Betrieb zufriedenstellend geführt wurde und es den Zwangsarbeiterinnen an nichts fehlte. Schon in der Zwischenkriegszeit war der Hunger in der städtischen Bevölkerung groß, und die Lebensmittelmarken reichten kaum zum Überleben. Daher scheuten die Stadtmenschen den weiten Fußmarsch zu den Bauern am Pfenningberg nicht, um sich dort mit Milch, Eiern, Butter und Brot einzudecken. Die Lebensmittelknappheit machte die Bauern damals zu Direktvermarktern, wie wir sie heute von Biobauern kennen.

Gegen Ende des Krieges bombardierten die alliierten Streitkräfte die Infrastrukturanlagen in Deutschland und in der Ostmark (Österreich). Da Hermann Göring auch in Linz ein Stahlwerk für die Rüstungsindustrie bauen ließ, wurde dieses ein Ziel der englischen Bomber. Viele Bomben verfehlten ihr Ziel und flogen in und über den Pfenningberg und richteten großen Schaden an. Als Ludwig nach Kriegsende und wochenlangen Märschen über Polen und Tschechien schwer erschöpft endlich nach Hause kam, traf ihn fast der Schlag. Der gesamte Bauernhof war zerbombt, und er fand nicht einmal seine Zivilkleider vor, um endlich die Soldatenuniform ablegen zu können. Der riesige Bauernhof war ein Trümmerhaufen. Mehr als fünf Jahre seines Lebens hatte er als junger Soldat dem wahnsinnigen Hitler und seinem Regime geopfert, permanent in Lebensgefahr geschwebt und war mehrmals verwundet worden, und nun dieses Desaster. Abgemagert und psychisch gebrochen ging er zu seinem Nachbarn und bat um Hilfe. Doch als er in Soldatenuniform den Hof betrat, wurde er von befreiten Insassen aus dem Konzentrationslager Mauthausen umstellt. Sie hielten Gewehre im Anschlag, die sie auf Grund ihres körperlichen Zustandes kaum halten konnten, und drohten ihm sofort mit dem Erschießen. Nur dem beherzten Einschreiten seiner beiden Zwangsarbeiterinnen aus Polen mit den Worten: *„Nix schießen, das gute Bauer!“* verdankte er sein Leben. Er wurde aufgefordert, sofort zu verschwinden. Aber wohin? Sein menschenwürdiges Verhalten, das auf der Grundlage seines christlich-sozialen Weltbildes beruhte, rettete ihm das Leben.

Mit der Familie auf Wanderschaft

Nach Jahren in der Fremde und vor dem Nichts zu Hause war für Ludwig ein Neubeginn alternativlos – beruflich und familiär. Bekanntlich gab es nach dem Krieg keine Online-Partnerbörsen, wo man sich zwischen hunderten von Frauen oder Männern entscheiden kann. Die spärlichen Veranstaltungen und Personen mit häufigen Hauskontakten waren wesentliche Vermittler bei der Suche nach einem geeigneten Partner oder einer geeigneten Partnerin. Nicht selten hatten beispielsweise Schweinehändler nicht nur Kenntnis über den Schweinebestand an einem Bauernhof, sondern auch über die eine oder andere Heiratspartie. Vor allem deshalb, weil zu diesen Zeiten nicht die Charaktereigenschaften einer Frau oder eines Mannes im Vordergrund standen, sondern die Größe des bäuerlichen Betriebes und die damit verbundene Mitgift. Die persönlichen Wünsche und Eigenschaften der Partnerwahl wurden als vernachlässigbar angesehen, da sie von der künftigen, schweren Arbeit überlagert wurden. Ludwig ging den traditionellen Weg und lernte über eine Tanzveranstaltung in der näheren Umgebung Johanna kennen.

Johanna war um ein Jahr älter als Ludwig und entstammte einer Großfamilie mit elf lebenden Kindern. Ihr pfeiferauchender Vater war von mittlerer Größe mit einer etwas rundlichen „Bauchmuskulatur“ und dem obligatorischen Oberlippenbart. Auf seinem Pfeifenständer am Fensterbrett stellte er sein Rauchequipment, sortiert nach Wochen- und Feiertagspfeifen, ab. Als Glasermeister in Heimarbeit war er viel zu Hause und beschäftigte sich wohlwollend mit den Kleinkindern. Für ihn war nichts ein Problem, da er sich an der Kindererziehung und Haushaltsführung nach dem Prinzip „Es wird sich schon alles irgendwie von selbst richten“ nicht beteiligte. Johannas Mutter war das Exekutivorgan in der Familie. Sie sagte, wo es langgehen sollte, und war in der Kindererziehung streng. Bei dieser hohen Anzahl an

Kindern aus Gründen des Selbstschutzes verständlich. Obwohl der Vater von Johanna als Glaserer unterwegs war, um bei den Bauern die gebrochenen Fensterscheiben zu reparieren, konnten er und seine Frau ihre Kinder nicht bis ins Erwachsenenalter ernähren. Schon im Alter der Grundschule kamen die Kinder zu Bauern, wo sie ernährungsmäßig versorgt wurden, die Schule besuchten und mitarbeiten mussten.

So kam auch Johanna mit zwölf Jahren zu einem Bauernhof mit angeschlossener Wäschereinigung in der Nähe von Linz. Sie war das Mädchen für alles und musste ihre unbeheizte und schlecht gelüftete Schlafstätte mit anderen Bediensteten teilen und gelegentlich mitanhören, wenn diese ihre sexuellen Bedürfnisse nicht auf dem Heuboden, sondern im gemeinsamen Schlafraum erfüllten. Das führt bei einem Mädchen in der vorpubertären Phase und ohne sexuelle Aufklärung unweigerlich zu Irritationen. Der Tag war lang und auch am Samstag wurde gearbeitet. Lediglich am Sonntag durfte sie ihre Familie besuchen. Der Fußweg war lang und führte durch einen Wald, wo sie bei Dunkelheit nicht selten das Gefühl der Angst überfiel. Meist pfiff sie in der Annahme, dass sie durch das Pfeifen als ein Junge wahrgenommen werden würde und daher weniger zu befürchten hätte. Nach Beendigung der Pflichtschule arbeitete sie als Köchin für die etwa 30 Bediensteten.

Johanna zählte mit ihren 160 cm nicht zu den größten Frauen, aber sie war hübsch mit braunen, langen Haaren und ein Energiebündel mit enormer Schaffenskraft. Als sich Ludwig und Johanna erstmals sahen, war das Liebe auf den ersten Blick. Erst später erfuhr Ludwig, dass Johanna bereits einen einjährigen Sohn namens Andreas hatte. Mit Johanna, ihren Eltern und Geschwistern kam Ludwig in eine große Familie, die ihm so fehlte. Darüber hinaus stand ihm mit Johanna eine kongeniale Partnerin für das Start-up-Unternehmen Bauernhof zur Seite. Im Mai 1948 schlossen Ludwig und Johanna den Bund fürs Leben und Ludwig adoptierte Andreas als Sohn, womit die damals noch nicht gesellschaftsfähige Patchworkfamilie verborgen blieb. Die Hochzeitsfeier in einem Landgasthof war nur dadurch möglich, dass Ludwig dem Gastwirt ein Schwein aus eigenem

Bestand lieferte, da Fleisch eine Mangelware war. Für Johanna war auch kein Hochzeitskleid aufzutreiben. Deshalb schneiderten sie und ihre jüngere Schwester Anni ein Hochzeitskleid aus bestehenden Vorhängen. Johanna hatte ein langes, weißes, hochgeschlossenes Kleid mit langen Ärmeln an. Auf ihren dunklen langen Haaren saß ein selbstgefertigtes Diadem, das in einen schulterlangen Schleier überging. Trotz der widrigen Umstände kam sie ihrer Rolle als Braut bemerkenswert nach und stach am Hochzeitsbild markant hervor. Ludwig trug einen geliehenen, dunkelgrauen Anzug, der nicht ganz seiner Größe entsprach. Die Hose war um einiges zu kurz und das Sakko hätte einem etwas fülligeren Mann besser gepasst. Sein weißes Hemd war keine Attrappe wie in früheren Zeiten, sondern hatte auch Ärmel und ein Rückenteil. Die Hochzeitsgäste räumten jeweils ihr bestes Kleidungsstück hervor, aus dem man zu diesen Zeiten in Ermangelung von Nahrung nicht herauswuchs.

Ludwigs Elternhaus war eine Ruine und irreparabel. Daher entschlossen sich die jungen Eheleute einen Bauernhof auf dem Truppenübungsplatz in der Nachbargemeinde zu pachten. Daran knüpften sie die Hoffnung, dass dieser nach dem Übergang vom Deutschen Reich in österreichisches Staatseigentum käuflich erworben werden könne. Da, den Friedensbedingungen entsprechend, Österreich nach dem Krieg über kein eigenes Militär verfügen durfte. Noch vor der Geburt ihrer gemeinsamen Tochter Gabriele übersiedelten sie mit den beiden älteren Geschwistern von Ludwig auf den gepachteten Bauernhof und starteten ambitioniert durch. Im Februar 1950 kam Martin, ihr gemeinsamer Erstgeborener, bei einer Hausgeburt auf die Welt. Um 06:00 Uhr morgens lief die Schwester von Johanna zu Ludwig in den Stall, der gerade mit dem Kuhmelken beschäftigt war, und teilte ihm mit, dass er einen Sohn habe. Sofort sprang er auf und lief in das Geburtszimmer, um seinen Stammhalter zu bewundern und in die Arme zu nehmen. Seine schwere Kindheit und die brutalen Erlebnisse im Krieg hatten dazu geführt, dass er Gefühlsregungen und sichtbare Rührungen als Schwäche ansah und weitestgehend unterband. Doch als er Martin sah, kamen ihm vor Freude und Stolz die Tränen.

Johanna kümmerte sich fürsorglich um die drei Kinder, um den Haushalt und darum, dass alle am Hof Wirkenden genug zu essen hatten. Denn Essen war in Zeiten der Handarbeit der Treibstoff. Zusätzlich schaute sie auch noch auf die von den Hühnern gelegten Eier und fand bald heraus, dass der Bruder und die Schwester von Ludwig den Ab-Hof-Verkauf auf eigene Rechnung immer noch praktizierten. Es kam zu einem Konflikt, der letztendlich dazu führte, dass die Schwester den Hof verließ und Magd auf einem Bauernhof im Traunviertel wurde. Der ältere Bruder von Ludwig wurde mit Hilfe des befreundeten Bäckers mit einer Stadtbäuerin im nördlichen Linz verkuppelt. Es war ein Kleinbetrieb, der durch Gemüseanbau und Grundverpachtung das Einkommen sicherte. Die Bäuerin verkaufte am Linzer Markt ihr Gemüse, während ihr Ehemann den Trank zum Füttern der Schweine von den Stadtwirten abholte.

Ludwig und Johanna waren mit ihren Kindern nunmehr allein am Bauernhof und hatten für arbeitsintensive Zeiten Tagelöhnerinnen engagiert. Frauen, die für einen Tageslohn arbeiteten, gab es genug, da zu diesen Zeiten fast nur der Mann einer erwerbsmäßigen Vollzeitstelle nachging und sich die Frauen gerne etwas dazuverdienen wollten. Gelegentlich kam auch Hans von der Nachbarfamilie und half bei den verschiedensten Arbeiten mit. Vor allem die Pferde hatten es ihm angetan. Nach Beendigung seiner Pflichtschule wurde Hans fixer Mitarbeiter am Hof von Ludwig und Johanna. In Erntezeiten war bei den landwirtschaftlichen Arbeiten auch die Mithilfe von Johanna unentbehrlich. In diesen Fällen kam öfters ihre verwitwete Tante aus der Stadt und kümmerte sich um die Kinder und das Essen. Eines Tages wollte die Tante das in steinernen Bottichen eingelegte Kraut aus dem Keller holen. Der Keller war kalt, finster und die Stufen waren durch den Temperaturunterschied nass und rutschig. Sie rutschte aus und stürzte kopfüber in einen Krautbottich und konnte sich selbst nicht mehr befreien. Ihre Hilferufe blieben ungehört, doch als sie nach einiger Zeit nicht zurückkam, ging Hans sie suchen und zog sie aus dem Krautbottich. Ihr Sturz ging glücklicherweise mit ein paar blauen Flecken glimpflich aus. Seit dieser Zeit war sie für alle die „Krauterl-Tante“.

Die schöne und glückliche Zeit am Bauernhof des Truppenübungsplatzes fand ihr Ende, als sich herausstellte, dass der Übungsplatz vom deutschen Eigentum in das Eigentum der Republik Österreich übergangen war und als militärisches Übungsgelände bestehen blieb. Somit waren die Gedanken von einem Erwerb illusorisch und die Suche nach einem anderen Bauernhof begann. Durch Zufall traf Ludwig seinen ehemaligen Kompaniekommandanten aus der Militärzeit, der zwischenzeitlich Bezirkshauptmann der nördlich von Linz angrenzenden Bezirksverwaltungsbehörde war. Dieser verriet Ludwig, dass in einer kleinen Gemeinde im fruchtbaren Eferdinger Becken ein Bauernhof mit 20 Hektar Grund zum Verkauf ausgeschrieben sei. Die verwitwete Bäuerin hatte den Hof ihrem Neffen vererbt, der kein Interesse am landwirtschaftlichen Betrieb hatte und diesen nunmehr an Ludwig und Johanna mit dem Wohnrecht seiner Tante verkaufte. Die Altbäuerin war sehr verärgert über diesen Verkauf. Die Freude bei den damals bestimmenden Großbauern im neuen Ort hielt sich ebenso in Grenzen, da sie selbst die Gründe kaufen wollten. Obwohl sie demnach einigen nicht sehr willkommen waren, kauften Ludwig und Johanna den Hof.

Im April 1950 zog das Ehepaar mit den Kindern, den Noriker Pferden Fritz und Bubi, den Rindern, Schweinen und Hühnern sowie mit Heu und Stroh von den hügeligen Wiesen und Felden im Osten von Linz nach Westen in die Tiefebene der Donau. Es erinnerte an die Tracks, die im 19. Jahrhundert vom Osten in den Westen der USA für ein besseres Weideland zogen. Andreas war vier Jahre, Gabriele eineinhalb Jahre und Martin sechs Wochen alt. Sie waren robust genug und überlebten ebenso wie die Hühner und die Schweine die Übersiedlung, ohne Schaden zu nehmen.

Gleich nach Ankunft erkundigte sich Ludwig beim Gemeindesekretär, der nebenbei auch Versicherungsvertreter war, über die Versicherungshöhe des Bauernhofes. Als er erfuhr, dass die Versicherungssumme des Gebäudes lediglich 100.000 Schilling betrug, wollte er sofort eine Erhöhung beantragen, was der Schreiber[2] wegen mangelnder Kaufvertragsurkunden nicht vornehmen konnte. Dieses Begehren sollte Ludwig noch Schwierigkeiten bereiten. Vier Tage nach dem Umzug fuhr er mit dem Fahrrad in das 6 Kilometer entfernte Lagerhaus, um Grassamen für die Neuanlage der alten Wiesen zu besorgen. Während seiner Besorgungstätigkeit hörte er, dass in seiner Gemeinde ein Bauernhof in Brand stehe. Gedanken schossen durch seinen Kopf, ob es vielleicht sein Bauernhof sei. Sein Blutdruck schnellte in die Höhe, während er den Sack am Gepäckträger befestigte, sich auf das Fahrrad schwang und wie ein Verrückter nach Hause radelte, wo er nur mehr die Brandruine seines Hauses vorfand. Die von der Freiwilligen Feuerwehr vorgenommenen Löscharbeiten verdienten nicht einmal ihren Namen: Der Schuster als Feuerwehrkommandant fand in der Hektik des Einsatzes nicht den Schlüssel zum Feuerwehrdepot. Erst mit einem Ersatzschlüssel gelang den Florianijüngern der Zugang zur Wasserspritze, die damals noch händisch bedient werden musste. Der Löschvorgang begann zu spät und die Löschwirkung war ähnlich gering, als würde man mit einer Wasserpistole ein Sonnwendfeuer löschen.

Johanna und Ludwig waren am Ende ihrer sonst so starken psychischen Kräfte angelangt und an eine therapeutische Hilfe war nicht zu denken. Nach dem zerbombten Elternhaus und den zweimaligen Übersiedlungen eines landwirtschaftlichen Unternehmens standen sie nunmehr wiederum vor dem Nichts. Sie kannten keine Menschen in diesem Ort und hatten deshalb auch keine Freunde, die ihnen mit aufmunternden Worten zur Seite hätten stehen können. Als die Kriminalabteilung der Gendarmerie feststellte, dass es sich bei diesem Brand um Brandstiftung gehandelt hatte, wurde Ludwig dieser Tat verdächtigt und stundenlang verhört. Verdächtigt wurde er, weil er sich vorher nach der Versicherungssumme erkundigt hatte, was objektiv gesehen als absoluter Schwachsinn bezeichnet werden kann. Wer

2 So wurde damals der Gemeindesekretär bzw. Amtsleiter genannt und sogar sein Sohn Josef hörte auf den Namen Schreiber Peperl.

zündet schon sein Haus an, wenn er der Meinung ist, dass es unterversichert ist. Für Ludwig, der stets um Redlichkeit bemüht war, brach eine Welt zusammen. Eine Welt, die es wirklich nicht gut mit ihm und seiner Familie meinte, die ihn permanent zurückwarf und seine Ehre zutiefst verletzte. Erst einige Wochen später konnten die Brandstifter ermittelt werden. Ein Knecht eines örtlichen Bauern war mit dem Pferdefuhrwerk in unmittelbarer Nähe des Hauses gewesen, als er zum Tatzeitpunkt zwei Buben im Alter von sechs und acht Jahren aus dem später brennenden Heustadel herauslaufen sah. Die minderjährigen Nachbarbuben gestanden gegenüber der Gendarmerie, dass sie von der Altbäuerin zu dem Brandanschlag angestiftet worden waren. Ludwig war damit zwar rehabilitiert, litt aber noch lange unter dem falschen Verdacht.

Der Wiederaufbau

Nach Ende des Zweiten Weltkriegs war etwa ein Zehntel aller Wohnungen in Österreich zerstört und die Verkehrsinfrastrukturbauten und Produktionsmittel waren so schwer beschädigt, dass das Bruttoinlandsprodukt 1946 erst rund 60 Prozent von 1913 oder 1937 erreichte.[3] Die Lebensmittelknappheit der breiten Masse, die mit 600 bis 800 Kilokalorien pro Person und Tag auskommen musste, führte zur Unterernährung der Bevölkerung.

1950 war die wirtschaftliche Situation durch die Kriegsereignisse immer noch trist. Nicht zuletzt durch den Verlust von Millionen Männern, die ihr Leben für einen gewalttätigen und sinnlosen Krieg gegeben hatten und nun beim Wiederaufbau in den von Krieg betroffenen Ländern fehlten. Dadurch musste ein beträchtlicher Teil der Arbeits- und Versorgungslast von den Frauen getragen werden. Erschwert wurde der Wiederaufbau durch die zerstörten Infrastrukturen und Industriebetriebe, die vornehmlich militärische Produkte erzeugten. Baumaschinen wie etwa ein Kran oder eine Mischmaschine waren nicht verfügbar. Die Ziegelindustrie musste neu aufgebaut werden und konnte den damaligen Bedarf nur sehr verzögert erfüllen. Deshalb wurden aus den Unmengen an Bauschutt von den zerbombten Gebäuden, brauchbare Ziegel herausgearbeitet, mit Maurerhämmern vom Mörtel befreit und wiederverwendet. Der Zusammenhalt und die Hilfsbereitschaft der Menschen nach dem Krieg waren größer als das Elend, das sie zu bewältigen hatten. Getragen vom unerschütterlichen Glauben, dass sie das alles schaffen werden, packten sie an, wo immer „Not am Mann“ war. So stellten mehrere Nachbarn unentgeltlich ihre Bediensteten für den Wiederaufbau des Bauernhofes von Ludwig und Johanna ab und halfen dadurch mit, dass die Neuankömmlinge am Ende des Jahres wieder ein Dach über dem Kopf hatten. Johanna war nicht

3 https://www.mediathek.at/staatsvertrag/wiederaufbau/nachkriegswirtschaft/

nur mit Kindererziehung und Hausarbeit beschäftigt, sondern auch als Kostgeberin für die helfenden Hände verantwortlich.

In derselben Gemeinde wie Ludwig und seine Familie waren kurz zuvor auch Karl und Anni gelandet. Die kinderlose Anni hatte den Hausbrand mitbekommen und sich sofort angeboten, sich um den sechs Wochen alten Martin zu kümmern. Für Martins Eltern war das gerade in der Zeit des Wiederaufbaues eine große Hilfe, zumal ein Baby mehr Aufmerksamkeit als laufende Kinder benötigt. Diese Obsorge wiederholte sich häufig, wodurch eine intensive und langjährige Freundschaft entstand. Der Zusammenbruch der Monarchie brachte es mit sich, dass der 1909 im böhmischen Pardubice geborene Karl nach Wien kam und dort seine Anni kennenlernte und ehelichte. Nach dem Zweiten Weltkrieg zog es die beiden nach Oberösterreich. Anni hatte den Beruf einer Schneiderin erlernt, war eine gepflegte, attraktive Frau und immer gut angezogen. Mit ihrer vornehmen Art versuchte sie eine Exklusivität zu vermitteln, die man eher Menschen am ehemaligen Kaiserhof zubilligen würde. Mit ihrer gewählten Sprache und ihrem vornehmen Gang unterstrich sie dieses Erscheinungsbild. Deshalb sagte sie auch immer, dass ihr Karl als Elektriker nicht zur Arbeit, sondern in den Dienst gehe. Von ihrer Eleganz blieb offenbar auch ihr Hausarzt nicht unberührt, der sie auch dann besuchte, wenn sie nicht krank war. Karl war von mittlerer Größe, sehr sympathisch und nicht arrogant.

Die ersten Jahre nach der Übersiedlung in die fruchtbare Niederung des Donauraumes waren für Ludwig und Johanna so etwas wie eine Herkulesaufgabe. Einerseits galt es die verwahrlosten Gründe wieder in einen ertragreichen Zustand zu bringen und andererseits die erforderlichen Bauarbeiten am Bauernhaus fertigzustellen. Für die Kinder blieb dadurch wenig Zeit. Andreas und Gabriele beschäftigten sich mit sich selbst, Martin schlief ohne Betreuung fest im Kinderwagen, sodass seine Mutter öfter Nachschau hielt, um sicherzugehen, dass es ihm gut ging. Obwohl das Leben am Land zu dieser Zeit höchst ungefährlich war, wurde Martin im Kinderwagen vom Haushund Strolchi „bewacht“. Er war von mittlerer Größe, kräftig gebaut und ließ nur Familienangehörige zum Kinderwagen. Hundemarken gab es nicht und sein Stammbaum war nicht belegbar. Aber auch ohne entsprechende Hundeschule wusste Strolchi, was an einem Bauernhof zu tun ist. Allerdings hatte er keine Freude mit uniformierten Personen. Der Briefträger Matthias war ein Mann wie zu Zeiten der Habsburger Monarchie. Er hatte einen großen Schnurrbart, einen aufrechten Gang und er trug seine Uniform, als würde er als Postbeamter über die gesamte Staatsgewalt verfügen. Was ja auch verständlich war, er überbrachte schließlich nicht nur Bescheide von Behörden, sondern wickelte auch den gesamten Geldverkehr ab, und Respekt gegenüber Uniformträgern hatten die Menschen so kurz nach dem NS-Regime irgendwie immer noch. Banken gab es ausschließlich in größeren Städten, Girokonten oder eBanking sollte es erst Jahrzehnte später geben. Wenn Briefträger Matthias zum Haus kam und Strolchi sah, beschimpfte er ihn als blöden oder hässlichen Hund. Gewiss, einen Preis für Reinrassigkeit und Schönheit hätte er nicht gewonnen, aber das wusste der treue Vierbeiner ja nicht. Als der Postbeamte eines Tages auch noch mit einer Fußbewegung andeutete, der Hund solle verschwinden, riss Strolchi die Geduld und er biss den Uniformträger in den Fuß. Das war ein Eklat. Wie kann ein dahergelaufener Hund einen hochangesehenen Beamten beißen? Ludwig und Johanna hatten große Mühe, Matthias zu beruhigen, wobei er weniger an seinen physischen Schmerzen litt als an der Verletzung seiner Autorität als Staatsbeamter.

Im zweiten Lebensjahr begann Martin zu laufen und war nur schwer unter Kontrolle zu halten. Krabbelstuben oder Kindergarten gab es nicht. Spielzeuge auch nicht und wenn, dann mussten sie aus Holz selbst gemacht werden. Vielfach diente einfach ein umgedrehter Radlbock, ein Schiebekarren mit Querlatten zum Transport von sperrigen Gütern wie Gras oder Heu, auf dem Martin saß und dessen frei laufendes Rad er drehte. Ein Stück Holz wurde als Auto umfunktioniert, das von den Kindern im Sandhaufen bewegt wurde. Unter den Christbäumen lagen keine Geschenke, sondern nur die Hoffnung auf bessere Zeiten und trotzdem strahlten die Kinderaugen im Glanz der Kerzenlichter.

Eines Tages entschwand Martin der Obhut von Krauterl Tante (die in den Krautbottich gefallene Tante aus Linz) und ging durch die offene Tür in den Pferdestall. Er näherte sich dem Pferd Bubi von hinten und hielt sich an dessen beiden Hinterbeinen fest. Ein Schlag mit einem seiner Beine hätte das junge Leben von Martin abrupt beendet. Aber Bubi blieb ruhig, als wüsste er, dass ihm keine Gefahr droht und er den Kleinen schützen muss. Die Krauterl Tante fiel beinahe in Ohnmacht, als sie Martin im Pferdestall entdeckte, und hatte keine Ahnung, wie sie Martin vom Pferd unbeschadet trennen sollte, ohne es zu erschrecken. Noch nie zuvor hatte sie eine so schwierige Entscheidung zu treffen gehabt. Mit dem Mut der Verzweiflung, jetzt ja keinen Fehler zu machen, ging sie mit ruhiger Ansprache in den Stall und brachte Martin wieder sicher heraus. Es war, als fiele ihr ein Stein vom Herzen. Nach einiger Zeit, als die Selbstvorwürfe über ihre unzureichende Aufsicht über Martin vergangen waren, war sie stolz über ihren Mut.

Wochen später waren Johanna und Hans, der mitgereiste Nachbarjunge vom Truppenübungsplatz, bei der Heuernte. Hans lud das Heu mit der Gabel auf und Johanna verteilte es geschickt, sodass eine hohe Heufuhre entstand. Martin spielte im Schatten eines großen Obstbaumes. Da der Weg nach Hause lang war, entschieden sich die beiden mit Martin auf dem Heuwagen Platz zu nehmen. Auf halbem Weg blieben plötzlich die Pferde stehen. Als nach dem dritten „Wia“ (Aufforderung an die Pferde zum Weitergehen) Bubi und Fritz immer noch standen, schauten sie hinunter und sahen, dass Martin von der Heufuhre gefallen war, zwischen den Pferden lag und sie deshalb stehen geblieben waren. Geschockt stieg Hans hinunter und holte den jungen Mitfahrer wieder an Bord. Dank der gutmütigen Pferde war nichts passiert. Bubi und Fritz waren offenbar deshalb gute Pferde, weil sie auch gut behandelt wurden. Wenn sie Ludwig im Stall abhängte, war ihr erster Weg zum Küchenfenster, wo sie von Johanna mit Würfelzucker verwöhnt wurden. 1953 gingen die beiden in den Ruhestand, da ab diesem Zeitpunkt ein Steyrer Traktor mit 30 Pferdestärken ihre Aufgaben übernahm.

Maschinen erobern die Landwirtschaft

Mit dem Traktor und seinen Einsatzmöglichkeiten änderte sich viel in der Landwirtschaft. Neben der höheren Leistung hatte diese Zugmaschine auch eine hydraulische Hebemöglichkeit und über die Zapfwelle mit ihrer Drehbewegung konnten Maschinen in Schwung gebracht werden. Damit konnten nunmehr Pflüge mit mehreren Pflugscharen und Eggen gehoben werden und man benötigte keine Räder mehr zum Wenden oder für den Transport. Darüber hinaus war das eiserne Pferd stärker und schneller. Je nach Motorleistung war ein Traktor bei der Feldarbeit um das 5- bis 10-Fache schneller als Pferde im Doppelgespann. Ein Traktor, vornehmlich aus der Werkstätte im oberösterreichischen Steyr, war zu dieser Zeit Ausdruck der Modernität und vielfach auch ein Prestigeobjekt. Häufig fuhren die Landwirte damit auch am Sonntag zur Kirche.

Auch Ludwig wollte dazugehören und kaufte 1953 einen Steyr Traktor mit 30 Pferdestärken (PS) und zwei Zylindern, während die meisten anderen Bauern im Ort sich mit einer 15-PS-Variante und einem Zylinder begnügten. Die neue Zugmaschine hatte noch keinen elektrischen Starter und musste daher mit einer Handkurbel gestartet werden. Das war schon ein Kraftakt samt Geschicklichkeit beim Start eines Dieselmotors. Denn der selbstzündende Motor benötigte eine sehr hohe Verdichtung im Zylinder und konnte ohne Dekompressor, der die Luft entweichen lässt und den Widerstand aussetzt, händisch nicht in Schwung gebracht werden. Erst bei entsprechender Umdrehung und dem Schließen des Entlüftungsventils entstand die erforderliche Kompression und der Motor sprang an. Bei sehr kalten Tagen im Winter musste der Selbstzündmechanismus im Zylinder durch ein „Brandl" (einen Brandbeschleuniger) unterstützt werden. Die Inbetriebnahme der Traktoren der ersten Generation erforderte starke und geschickte Menschen, die vornehmlich aus der Männerwelt kamen. Erst später wurden die landwirtschaftlichen Zugmaschinen mit einer Batterie und einem elektrischen Starter serienmäßig ausgestattet. Da in den fünfziger Jahren noch kein Frostschutzmittel im Handel erhältlich war, musste in der kalten Jahreszeit das Kühlwasser der Traktoren nach Stillstand abgelassen werden. Im Alter von 12 Jahren vergaß Martin nach dem Einparken den Kühlwasserhahn zu öffnen. Als nach Tagen die Zugmaschine wieder in Betrieb gehen und Kühlwasser eingefüllt werden sollte, stellte sich das Unglück heraus. Das Wasser war gefroren und hatte den Motorblock gesprengt, wodurch Kühlwasser in den Ölkreislauf gelangt war und eine Inbetriebnahme nicht möglich gewesen wäre. Martin war ziemlich zerknirscht, obwohl ihm seine Eltern infolge seiner jugendlichen Unerfahrenheit keine Vorwürfe machten.

Mit der Anschaffung dieser Zugmaschine war es nicht getan. Es mussten ein neuer Pflug und eine neue Egge angeschafft werden. Auch die Pferdeanhänger mit einer Deichsel und einer langen Wagenstange konnten nicht mehr benutzt werden. Daher kaufte Ludwig gebrauchte Achsen mit Rädern von demolierten Militärfahrzeugen und baute diese mit ebenen Bodenflächen und Bordwänden zu funktionsfähigen Traktoranhängern um.

Traktor und Anhänger waren die Universalgeräte in der Landwirtschaft und beschleunigten die Arbeitsprozesse gewaltig. Bei der Einbringung des täglichen Grünfutters für die Rinder und Schweine oder bei der Heuernte wurden nach der händischen Mahd zwei Zeilen mit dem Erntegut geschaffen, damit der Traktor samt Anhänger in der Mitte fahren konnte und die Landarbeiter links und rechts davon den Anhänger beladen konnten. Martin fuhr schon als 6-Jähriger mit dem Traktor so weit nach vorne, dass der Anhänger wieder im Bereich des Ladegutes zu stehen kam und das Heu oder das Getreide im kurzen Weg mit der Gabel aufgeladen werden konnte. Wegen seiner kurzen Beine musste er sich mit der Schulter am Ende des Fahrersitzes abstützen, um den langen Kupplungsweg durchtreten und den ersten Gang einlegen zu können. In dieser waagrechten Position verlor er den Überblick und sah nicht, was rundherum passierte. Erst als er die Kupplung wieder ausließ, er sich von der horizontalen in die vertikale Position brachte und der Traktor einen Sprung nach vorne machte, konnte er wieder steuernd eingreifen. Im Laufe der Jahre bekam Martin nicht nur längere Beine, sondern auch mehr Übung und wurde zum unverzichtbaren „Nachvornefahrer“, zum angesehenen Maschinisten, wie sein Vater Ludwig einer war.

Jahrhunderthochwasser 1954

Das Eferdinger Becken umfasst im Wesentlichen die Gemeinden Feldkirchen, Goldwörth, Walding und Ottensheim nördlich der Donau sowie Aschach, Pupping, Eferding, Alkoven und Wilhering südlich des Donaustroms. Seit Jahrtausenden wurde dieses Gebiet westlich von der Landeshauptstadt Linz vom längsten Strom Europas in unterschiedlicher Höhe überschwemmt. Daran hat sich die betroffene Landbevölkerung gewöhnt, da der Ertragsdruck in der Landwirtschaft früher noch nicht so hoch war wie heute. Die Donau hat durch ihre Hochwässer natürliche Retentionsräume in Form von großen und langen Gräben geschaffen, die kleinere Hochwässer auffingen und mit ihren Brackwässern und durch den Bewuchs von Stauden und Bäumen wichtige Rückzugsräume der dortigen Fauna bildeten. Durch das ebene Gelände im Eferdinger Becken verminderte sich die Fließgeschwindigkeit des Stromes und lagerte Sedimente in Form von Schlamm ab. Es entstanden äußerst fruchtbare Böden wie im Machland, Marchfeld und wie das in der Bibel als Paradies beschriebene Zwischenstromland, das Euphrat und Tigris im heutigen Irak eingrenzen. Im Jahr 1954 gab es im Eferdinger Becken entlang der Donau das Jahrhunderthochwasser. Tausende Hektar Wiesen und Ackerland wurden bis 3 m hoch überschwemmt.

Viele Familien wurden mit Schiffen von den Häusern abtransportiert, da ohne Strom und Trinkwasser selbst ein Wohnen im Obergeschoß nicht möglich war. Die Bauern schleppten ihre Rinder, Schweine und das Federvieh auf den Heuboden in der Annahme, dass sie dort sicher waren. Das war kein einfaches Unterfangen, denn welches Tier geht schon freiwillig aus dem Stall und dann noch über einen behelfsmäßig angelegten Aufgang in eine ihm unbekannte Umgebung. Hier waren Mensch und Tier in einem noch nie da gewesenen Ausmaß gefordert. Martin war mit seinen Geschwistern im Obergeschoß eingeschlossen, sah, wie das Wasser durch die Scheune in den Hof und von dort mit hoher Geschwindigkeit über die Hofausfahrt wieder hinausrann. Nur mehr zwei Stufen der Stiege ins Obergeschoß ragten aus dem Wasser. Der Vierjährige wollte unbedingt in das Wasser, weil er fälschlicherweise überzeugt war, schwimmen zu können. Dieses Bedürfnis erhöhte sich beträchtlich, als er seine Lederhose davonschwimmen sah. Ludwig blieb mit seinem Bediensteten Hans im Haus, um die Tiere zu versorgen. Damit dies möglich war, mussten sie ein Loch in die Feuermauer, die aus Brandschutzgründen das Wohn- vom Wirtschaftsgebäude trennte, machen, um zu den Haustieren zu gelangen. Johanna wurde mit ihren Kindern von der Freiwilligen Feuerwehr mit einem Boot abgeholt und in die Nachbargemeinde gebracht, wo sie am höhergelegenen Ortsteil Tabor bei Bekannten Unterschlupf und Versorgung für die nächsten Tage erhielten.

Für Ludwig und Johanna war diese Überschwemmung mit 1,76 cm Wasserstandshöhe im Erdgeschoß nach dem zerbombten Haus, dem kurzen Intermezzo auf dem Truppenübungsplatz und dem Brandanschlag vor vier Jahren erneut ein „Keulenschlag", der auch vitale Menschen depressiv werden lässt. Aber sie machten sich nach Abfluss des restlichen Wassers unverzüglich an die Arbeit. Das gesamte Haus musste rechtzeitig vom Schlamm befreit werden, da dieser nach seiner Austrocknung hart wie Beton wird. Ebenso waren die Wohnungsräume durch offene Fenster zu belüften und auf diese Weise zu trocknen, da es elektrische Trocknungsgeräte noch nicht gab. Die Fenster und Türen mussten ausgehängt werden, damit sie mit

Wasser gewaschen und in der Sonne getrocknet werden konnten. In den Häusern und auf den umliegenden Wiesen und Feldern existierte ein fremder Geruch des fauligen Schlamms. In den zahlreichen kleinen Vertiefungen befanden sich Fischen, die den Abfluss des Hochwassers verpasst hatten und im Brackwasser verfaulten. Die Wiesen mussten umgeackert und mittels Grassamen neu angelegt werden, da die Graswurzeln keine Chance gegen den oft 10 cm dicken Schlamm hatten. Ebenso wurde auch auf den Feldern der Schlamm mit dem Pflug eingearbeitet, damit sie bald wieder befahrbar waren und bebaut werden konnten.

Auch das geliebte Motorrad, Ludwigs einziges Fortbewegungsmittel, stand bis über den Lenker im Wasser und war instandsetzungsbedürftig. Vorsorglich hatte er zwar seine 1.000er Panter (1.000 Ccm Hubraum) auf die Hobelbank in der Werkstätte gestellt im Glauben, da könnte es vom Hochwasser unbeschadet bleiben. Dem war aber leider nicht so und er hatte viel zu tun, um den Einzylinder mit langem Hubraum mit nur etwa 60 Umdrehungen pro Minute im Standlauf[4] wieder in Fahrt zu bringen. Aber wie immer schaffte er auch diese Herausforderung mit viel Geduld und Ausdauer.

4 Die heutigen Bikes haben die 25-fache Umdrehungsgeschwindigkeit.

Die bescheidenen Bildungsmöglichkeiten

Im Jahr 1953 wurde in der 500-Seelen Gemeinde von Ludwig und Johanna eine neue Volksschule gebaut. Den Pflichtschulbesuch konnte man in Österreich bis in den 60er Jahren mit 8 Jahren Volksschule absolvieren. Erst später wurde mit dem polytechnischen Lehrgang die allgemeine Schulpflicht auf 9 Jahre verlängert und in der Folge der verpflichtende Besuch einer Hauptschule (als Sekundarstufe) nach dem vierten Volksschuljahr eingeführt. Wer eine Hauptschule besuchen wollte, musste am frühen Morgen mit dem Postautobus in den 6 km entfernten Nachbarort fahren und kam erst abends mit diesem wieder zurück.

Martin hatte eine große Freude, als er mit sechs Jahren in die Schule gehen und endlich lesen, schreiben und rechnen lernen durfte. So etwas wie einen Kindergarten gab es nicht und daher auch keine Vorkenntnisse für den Schulbeginn. Freudig erregt und angespannt machte sich Martin auf den Weg zum 300 m entfernten Schulgebäude. Die lederne Schultasche mit der hölzernen Federschachtel am Rücken marschierte er, entsprechend dem damaligen Rechtsgehgebot, am rechten Straßenrand der Schotterstraße im großen Bogen um den Mesnergarten, um zur Schulstraße zu gelangen. Normalerweise nahm er immer die Abkürzung durch den Mesnergarten, aber der erste Schultag war für ihn etwas Besonderes. So als würde er schon auf dem Weg zur Schule von den Lehrern für sein Verhalten benotet. Das Schulgebäude hatte zwei Schulklassen im Erdgeschoß und eine Schulklasse im ersten Stock, wo sich auch die Wohnung des Schuldirektors befand. Trotz der drei Schulklassen gab es nur zwei Lehrpersonen: eine junge Lehrerin und einen Lehrer, der gleichzeitig Schuldirektor war. Eine Hauptschulpflicht gab es im elften Jahr nach Ende des Zweiten Weltkrieges noch nicht. Außerdem waren die meisten Eltern der schulpflichtigen Kinder Landwirte oder bei solchen beschäftigt und sahen keine

Veranlassung, ihren Kindern einen höheren Schulabschluss, als sie ihn selbst hatten, zu ermöglichen, da sie ja auch ohne diesen durchs Leben kamen.

Diese Einstellung führte dazu, dass drei von vier Schülern die 8-jährige Volksschule bis zu ihrem Ende besuchten. Mit zwei Lehrpersonen in zwei Klassen. Wie ging das?, werden sich heute viele fragen, die lediglich den Präsenzunterricht von einem Jahrgang in einer Klasse mit einer Lehrperson oder dem Teamteaching mit zwei Pädagogen sowie das Homeschooling kennen. Die junge Lehrerin unterrichtete in ihrer Klasse die Jahrgänge 1 bis 3 und der Direktor brachte den Schülern der Jahrgänge 4 bis 8 das Grundwissen bei. Die Lehrerin unterteilte die Jahrgänge in die Abteilung 1 mit den Schulanfängern und in die Abteilung 2 mit den Jahrgängen 2 und 3. Der Schuldirektor unterteilte wiederum seine Jahrgänge in die Abteilung 1 mit den Jahrgängen 4 und 5 und in die Abteilung 2 mit den Jahrgängen 6 bis 8. Während die Pädagogen die Schüler einer Abteilung unterrichteten, wurde den Schülern der anderen eine Aufgabe gestellt und umgekehrt. Das bedeutete, dass die Jahrgänge 2 und 3 sowie 4 und 5 zwei Jahre und die Jahrgänge 7 bis 8 drei Jahre lang im Wesentlichen dasselbe präsentiert bekamen. Der Unterrichtsstoff war wenig, jedoch die geistige Verankerung durch das mehrmalige Wiederholen dauerhaft. Wettrechnen war eine sehr beliebte Methode des Direktors, um kognitive Fähigkeiten und logisches Denken bei den Schülern herauszufinden, und beeinflusste auch die Mathematikbenotung. Dabei stellte er verbal eine Rechenaufgabe und wer sie am schnellsten gelöst hatte, lief mit dem Ergebnis zu ihm und bekam ein Hakerl oder eine Eins. Martin musste sich in dieser Disziplin nur selten geschlagen geben.

Die pädagogischen und didaktischen Methoden von damals unterscheiden sich erheblich von den heutigen. Jede Woche wurden zwei Schüler verpflichtet für den Klassendienst: Die Tafel musste gelöscht werden und im Winter waren Holzspäne zum Anzünden des Klassenofens zu hacken, Brennholz in die Klasse zu tragen und die Aschenlade war zu leeren. Vor Unterrichtsbeginn mussten täglich die „Klassendienstler" in Ermangelung von Fließwasser frisches Wasser von einer Handwasserpumpe in einem Lavoir bereitstellen. Wer seine Hausaufgaben nicht gemacht hatte, musste nach Schulschluss mindestens eine Stunde in der Klasse nachsitzen und irgendetwas abschreiben oder das Einmaleins auswendig lernen. Kleinere disziplinäre Vergehen wie Schwätzen oder Abschreiben ahndete der Direktor meist durch Schläge mit dem Lineal auf die Finger oder durch Ziehen an den Haaren.

Der Schuldirektor hatte in Geschichte nie über den Zweiten Weltkrieg gesprochen und wenn die schrecklichen Kriegsereignisse trotzdem thematisiert wurden, beendete er die Diskussion mit dem Hinweis, dass die Schüler keine Ahnung davon hätten. Das war zwar richtig, aber kein Grund, nicht mehr darüber zu erfahren. Vielleicht war seine Zurückhaltung sogar besser, da den Schülern eine sehr subjektive Sichtweise vermittelt worden wäre. Augenscheinlicher wurde seine frühere politische Einstellung beim Turnunterricht. Geräteturnen war wegen der fehlenden Geräte nicht möglich. Statt Kastenspringen hüpften die Schüler laufend über ihre vorderen Kollegen, die einen „Bock" machten. Begonnen wurde aber jede Turnstunde der Buben mit dem Antreten in einer Reihe und der Größe nach. Mit „Habt acht!" und „Rechts um!" ging es im Laufschritt rund um die Tische im Klassenzimmer. Dabei mussten die Schüler über den Haselnussstab, den der Direktor in einer Höhe von 50 bis 60 cm hielt, springen. Wer das nicht schaffte, bekam den „Herrn von Haselnuss" zu spüren. Nur alle zwei Jahre gab es am provisorischen Fußballfeld eine Leichtathletik-Turnstunde, die Martin besonders liebte. Körperliche Ertüchtigung eigneten sich die Buben ohnedies auch in der einstündigen Mittagspause auf der „Blutwiese" an, einer Wiese in Schulnähe, wo die Halbwüchsigen durch unblutige Raufereien ihre Rangordnung herstellten. Rangordnungen in Gesellschaften sind auch heute noch festzustellen. Allerdings weniger in Form von körperlicher Kraft, sondern die eher durch Bildungs- und Vermögensunterschiede, die vornehmlich durch Markenklamotten, Smartphones u. dgl. dokumentiert werden.

Eröffnung des Kirchenwirtes

Das Bauerngasthaus neben der Kirche schloss Anfang der 50er Jahre seine Pforten. Damit gab es im unmittelbaren Umkreis der Kirche kein Gasthaus mehr, wohin sich die Männer am Sonntag nach dem Gottesdienst zurückziehen konnten, um ihren Frauen bei der Zubereitung des Sonntagsbratens nicht im Wege zu stehen bzw. ihnen die volle Entfaltungsmöglichkeit geben zu können. Angesichts dieser von der Männerwelt sehr positiv empfundenen Nebeneffekte wurde der Besuch der Sonntagsmesse in Kauf genommen. Diese Beweggründe hatte der Pfarrer, neben dem Lehrer der einzige „Gstudierte" im Ort, rasch erkannt und drängte Ludwig und Johanna ein Gasthaus zu eröffnen. Vor allem war ihm wichtig, dass Gösser Bier ausgeschenkt wird, was ihm selbst vermutlich am besten schmeckte. Als gläubige Menschen beugten sich Ludwig und Johanna den Wünschen des Botschafters Gottes auf Erden und eröffneten 1956 ihr Gasthaus neben der Kirche in der Annahme, dass mit kirchlichem Beistand nichts schiefgehen könne. Wie vermutet war das Gasthaus am Sonntag nach der Messe gut besucht. Bier und eine kleine Jause in Form von Würstel oder Gulasch ließen die mahnenden Worte des Pfarrers in seiner Predigt leichter verdauen. Überdies erfolgte in dieser medienarmen Zeit der Informationsaustausch vornehmlich in Dialogen, die nicht selten zu leidenschaftlichen Debatten über die besten Auto- oder Traktormarken führten.

Soziologisch interessant ist das Phänomen der Gruppierung der Gasthausbesucher:

- Da gab es den *Bürgertisch,* an dem der Pfarrer, der Schuldirektor, der Bürgermeister, der Jagdleiter und die „größeren Bauern" saßen (Bauern mit den meisten Grundflächen).
- Am *Jungbauerntisch* saßen die visionären Bauernsöhne, die in absehbarer Zeit den Hof der Eltern übernehmen sollten

oder aus der Landwirtschaft ausscheiden mussten, und diskutierten heiß über die technischen Entwicklungen und ihre künftigen Möglichkeiten. Die eigene Traktor- oder Mähdreschermarke war stets die beste und die Vorzüge der eigenen Landmaschinen wurden mit großer Leidenschaft diskutiert.

– Der *Arbeitertisch* war der Platz für die unselbständigen Männer und dort bildeten vorwiegend Arbeitnehmerrechte und dementsprechend politische Forderungen die Gesprächsgrundlage. Vielfach waren diese Themen auch eine Möglichkeit, die eigene Qualifikation oder den beruflichen Erfolg in der Runde bekannter zu machen, um das Image steigern zu können.
– Am *Junggesellentisch* nahmen mehrheitlich Junggesellen Platz (der Begriff Singles war noch unbekannt): Männer in allen Altersstufen und solche, die in Ermangelung von ausreichendem Selbstbewusstsein sich eher zu der wenig erfolgreichen Gruppe gesellten. Dieser Tisch stand am Eingang in die Gaststube und ersparte diesen Männern den Gang durch die gesamte Gaststube und von allen angesehen zu werden, ein Phänomen, das heute noch bei Besuchern von Vorträgen und Konzerten zu beobachten ist.

Diese nicht vorgegebene Sitzordnung blieb über Jahrzehnte als Verhaltensmuster unverändert und erhielt durch die vielen Wiederholungen sogar noch einen Verstärkereffekt. Ausnahmen bildeten lediglich Personen, die sich in einer Debatte nicht verstanden oder persönlich beleidigt fühlten und sich vorübergehend oder dauerhaft einer anderen Tischgruppe zuordneten. Sozialpsychologisch ist bekannt, dass Personen gefühlsmäßig jene Tischrunde bevorzugen, an der sie einen übereinstimmenden Meinungsaustausch mit ähnlichen Zielen und Meinungen erwarten dürfen. Umgekehrt führt eine Divergenz in der Kommunikation zu kognitiven Dissonanzen, also einem erkenntnismäßigen Unbehagen, das es allgemein zu vermeiden gilt. Daher wird von vielen Diskussionsteilnehmern im Gespräch versucht, andere Meinungen mit der eigenen in Einklang zu bringen.

Eine Ausnahme der vorhin erwähnten Sitzordnung ergab sich lediglich in den Sommermonaten, wenn man sich nach der

Sonntagsmesse im Gastgarten beim Kirchenwirt traf. Hier waren die Tische nicht separiert, sondern aneinandergereiht, sodass es eine große Tafel ergab. In diesen Fällen ergab sich die Sitzordnung chronologisch und zufällig. Soziologisch gesehen passierte es, dass neben dem einflussreichen Großbauern schon einmal ein Klein- oder Nebenerwerbsbauer oder gar ein Knecht mit geringem sozialen Status zu sitzen kam. Josef war ein solcher Diener der Bauern und an seiner Nachbarschaft konnten sich die angesehenen Gemeindebürger nicht wirklich erfreuen.

Aber Josef war kein gewöhnlicher Landarbeiter, er war der heimliche „Primar", der in der Gefangenschaft im Ersten Weltkrieg von einem Chirurgen gelernt hatte, wie man Schwangerschaftsunterbrechungen vornimmt. Josef hatte keine Ordination, sondern war zur Stelle, wenn junge Frauen wegen mangelnder Kenntnisse über Empfängnis oder Empfängnisverhütung schwanger wurden und ihr Leben einen Makel zu bekommen drohte, und er befreite sie von diesem bevorstehenden Übel.

Denn bis zu Beginn des 20. Jahrhunderts wurden Mütter von unehelichen Kindern von der katholischen Kirche geächtet und im Todesfall meist außerhalb der Friedhofsmauern beerdigt. Mütter lediger Kinder waren gesellschaftlich gebrandmarkt als

„leichte Mädchen" und dieses eingebürgerte Vorurteil begleitete sie wie ein unsichtbares Tattoo. Sie hatten kaum eine Chance, sich dieser unehrenhaften Bewertung zu entziehen. Der „Primar" Josef war weder in einem Telefonbuch zu finden, noch gab er seine Dienstleistungen öffentlich zu, trotzdem war er weit über die Gemeindegrenze hinaus eine wichtige Adresse, wenn Frauen durch ungewollte Schwangerschaften verzweifelt waren und Hilfe suchten, zumal durch das gesetzliche Verbot der Abtreibung von Ärzten keine Hilfe zu erwarten war.

Die Eröffnung des Gasthauses im Ortszentrum war allerdings nicht nur eine Win-win-Situation für Pfarrer und Wirtsleute, sondern für den gesamten Ort und darüber hinaus. Hochzeiten, Bälle, Konzerte der Blasmusikkapelle sowie kirchliche Veranstaltungen wären ohne gastronomische Versorgung nicht oder nur sehr eingeschränkt möglich gewesen. Vor allem wäre die Sehnsucht nach musikalischer Unterhaltung erheblich beeinträchtigt worden, da sich das Musikangebot auf den Rundfunk beschränkte, dessen Beiträge vorwiegend der älteren Generation und selten den jungen Menschen entsprachen.

Ende der 50er und Anfang der 60er Jahre kam mehrmals im Jahr das Wanderkino in den Ort und zeigte im großen Saal von Ludwig und Johanna bewegende Heimat- und Liebesfilme, die stets einen guten Ausgang nahmen. Das Bedürfnis nach Filmen, die anstelle von schöngefärbten Wochenschauen während der Kriegsereignisse nunmehr schöne Landschaften mit Liebesromanzen von Schauspielern wie etwa O. W. Fischer, Hans Moser, Maria Schell, Theo Lingen oder Heinz Rühmann zeigten, war kaum zu stillen. Sogar ein Wandertheater baute für einige Wochen seine Bühne auf, um den Menschen „Theaterluft" zu vermitteln. Davon waren auch Gabriele und Martin angetan und sie stellten eine vorgetragene Wildererszene mit einem Regenschirm als Gewehr auf dem meterbreiten Fensterbrett im Wohnzimmer nach. Offenbar hatte sich dabei ein „imaginärer Schuss" gelöst und die Fensterscheibe ging in die Brüche. Die Eltern waren alles andere als erfreut und die nachahmenden, jungen Künstler konnten ihre Ambitionen als Schauspieler begraben.

An einem normalen Wochentag kamen schon am Vormittag die ersten Gäste ins Gasthaus, um sich von oder vor der schweren Arbeit zu stärken. So passierte es nicht selten, dass sich im Laufe des Vormittags die Tischrunde erheblich vergrößerte mit Bauern, die ihre Dienstboten und ihre Familie am Feld arbeiten ließen. Der Schweinehändler Fritz besichtigte und kaufte schon am frühen Morgen die Ferkel von den Bauern und war einer der Ersten im Gasthaus. Er hatte die Angewohnheit, die weiche Masse einer Semmel stundenlang zwischen Daumen und Finger zu kneten. Dadurch wurden seine Finger zwar sauberer, aber der Teig immer unansehnlicher. Der Bäcker aus der Nachbargemeinde, der seine Brote bereits verkauft hatte, gesellte sich zu ihm. Vielfach nahm auch der Rayonsleiter vom Elektrizitätsversorgungsunternehmen am Stammtisch Platz, nachdem er bei Neubauten schaute, ob der Strom ungestört durch die Leitungen fließen konnte, und er die Anzahl der Steckdosen ermittelte. In bestimmten Abständen stieß auch der Rauchfangkehrer dazu, der manchmal seinen VW-Käfer mitten auf der Straßenkreuzung hinter dem Gasthaus bei laufendem Motor stehen ließ und sich an mehreren Glas Bier delektierte. Gelegentlich sah auch die Exekutive aus der Nachbargemeinde in dieser Runde nach dem Rechten und erfuhr so aus den Gesprächen viel über das Sozialverhalten der Gemeindebürger. Eine Amtshandlung des Gendarmes war nie notwendig, zumal die damaligen Delikte wie etwa ein Raufhandel eine Bagatelle und nicht ahndungswürdig waren. Und wenn dennoch alkoholbedingt eine Rauferei stattfand, warfen Ludwig und später sein Sohn Martin die aggressiven Männer aus dem Haus. Aus Erzählungen war bekannt, dass in der Zwischenkriegszeit bei einer Veranstaltung im zweiten Gasthaus des Ortes einmal eine Rauferei stattfand. Als Tage später ein Gendarm routinemäßig vorbeikam und sich über den Veranstaltungsverlauf erkundigte, meinte die Wirtin: „Nichts ist passiert, Herr Inspektor, alles war in Ordnung, lediglich einem Mann wurde das linke Auge ausgestochen." Was ebenso zu keiner Untersuchung führte. Verständlich, dass die Kriminalstatistik noch sehr gering war.

Ein Gasthaus zu dieser Zeit war auch ein Treffpunkt für junge, unverheiratete Männer wie etwa Joachim und Hubert, die mit ihrer Freizeit wenig anzufangen wussten. Joachim war als Gartenarbeiter beim Gartenamt der Landeshauptstadt beschäftigt und wegen seiner Hemmung gegenüber Frauen nie in einer weiblichen Beziehung. Der führerscheinlose Arbeiter fuhr an Wochenenden mit seinem Moped von einem Gasthaus in ein anderes, damit die Menge seines gesamten Bierkonsums an einem Tag nicht sichtbar wurde. Trotzdem wies er gelegentlich mit schwerem Zungenschlag darauf hin, dass der soeben bestellte Gerstensaft bereits sein 25. Glas Bier zu je einem halben Liter sei. Angesichts der großen Flüssigkeitsmengen konnte sich Joachim nicht über Nierensteine beklagen, jedoch seine angegriffene Leber verhinderte, dass er 50 Jahre alt wurde. Ähnliches Verhalten zeigte auch Hubert, der Sohn der örtlichen Greißlerin, der mit einem missgebildeten rechten Arm auf die Welt kam. Er spürte infolge seiner Missbildung die Geringschätzung durch seine soziale Umgebung und war sehr bemüht, durch ein aktives Verhalten Aufmerksamkeit zu erregen und Anerkennung zu erhalten. Das galt einerseits für seine Arbeitsweise als Maler, bei der er, sehr zur Verwunderung seiner Vorgesetzten und Kollegen, hervorragende Arbeit leistete. Andererseits suchte er den Anschluss an Gleichaltrige in seiner Umgebung, die er mit Einladungen in Gasthäusern und hohem Alkoholgenuss zu beeindrucken versuchte. Ein Viertelliter Glas Rotwein leerte er stets mit dem ersten „Schluck“ und seinem Schluckauf-Geräusch „Chup“ beinahe gänzlich. Deshalb erhielt Hubert den Spitznamen „Chup“. Das Erstaunen seiner Beobachter und deren Hinweise auf das ungesunde Trinkverhalten sah er nicht als Fehlverhalten, sondern als Leistungsstärke. Selbst im Krankenhaus, wo seine Organe gerettet werden sollten, spielte Hubert noch den „starken Mann“, indem er trotz Infusion im Krankenhausbuffet auf seinen Weinkonsum stolz war. Auch Hubert erreichte nicht das 50. Lebensjahr. Diese Beispiele erlauben den Hinweis an den Schweizer Arzt, Alchemist, Mystiker und Philosoph Paracelsus, der meinte: „... allein die Dosis macht's, dass ein Ding kein Gift sei.“

An Abenden kamen die Besucher einzeln und zufällig ins Gasthaus. Es waren ausschließlich Männer, die ihren Frauen, sofern bereits vorhanden, die Programmauswahl im österreichischen Zweikanalfernsehen überließen. Sie setzten sich an einem Tisch zusammen und redeten über aktuelle Themen, über ihre Erlebnisse und nicht selten über die damalige Politik und verglichen sie oftmals mit jener im Nationalsozialismus, die sie miterlebt hatten. Mit zunehmender Alkoholisierung, und je nach Sympathie für das erlebte Regime, wurden die Debatten leidenschaftlicher. Nichtkriegsteilnehmer hielten sich infolge von Unkenntnis und aus Respekt eher zurück, während Gleichgesinnte vielfach ihre verbale Übereinstimmung genossen, wenn sie einen Sinn in ihrer unfreiwilligen, langjährigen und folgenschweren Kriegsteilnahme suchten, um den Verlust ihrer besten Jahre, ihre Verwundung und das Sterben von Kameraden leichter verarbeiten zu können. Nach Ende des Zweiten Weltkriegs gab es kaum eine Familie, bei der nicht ein Mitglied verloren gegangen und ein Haus zerstört worden war. Manche Männer kamen ausgehungert von Krieg oder Gefangenschaft nach Hause und fanden ihre Ehefrauen in anderen Männerhänden. Mit dem Verlust des Krieges und dem Niedergang des „1.000-jährigen Reichs" hatten viele Soldaten den Sinn ihres Lebens verloren. Und das Verlustgefühl war umso höher, je größer das Engagement bzw. die Sympathie zu dieser Schreckensherrschaft war. Im Gegensatz zu heute gab es damals keine psychologische Betreuung in Form eines Kriseninterventionsteams (KIT). Notgedrungen rückten die ehemaligen Kriegsteilnehmer am Biertisch zusammen, redeten in einem Kreis, in dem sie sich verstanden fühlten, und sangen gemeinsam neben Heimat- auch Soldatenlieder wie etwa das Panzerlied. Bei entsprechender Alkoholisierung auch mit Hitler-Gruß:

„Ob's stürmt oder schneit, ob die Sonne uns lacht,
der Tag glühend heiß oder eiskalt die Nacht.
Verstaubt sind die Gesichter, doch froh ist unser Sinn.
Ja, unser Sinn.
Es braust unser Panzer im Sturmwind dahin. ..."

Der Biertisch war so etwas wie eine Couch in einer Psychotherapie der den Kriegsteilnehmern half, ihrer unrühmlichen Vergangenheit einen Sinn zu geben und das widerfahrene Leid erträglicher zu machen.

Einer der kein militärisches Trauma verarbeiten musste war Sepp. Der Bauernsohn war von kleiner Gestalt und kein Schwergewicht. Durch seine verkrümmte Wirbelsäule war er so beeinträchtigt, dass er als einer der wenigsten Männer im Ort vom Kriegsdienst befreit war. Am elterlichen Bauernhof arbeitete er im Rahmen seiner Möglichkeiten, um einen Beitrag für die Versorgung des deutschen Volkes mit landwirtschaftlichen Produkten sicherzustellen. Gerüchten zu Folge, sollte er sich während des Krieges auch um jene Frauen besonders gekümmert haben, die sehr an der Abwesenheit ihrer Männer litten. Ganz besonderes Geschick hatte Sepp beim Umgang mit den Pferden, den wichtigsten Zugtieren zu dieser Zeit. Und nach einigen Gläschen Rotwein, brachte er seine gute Beziehung zu den Pferden mit seinem Lieblingslied zum Ausdruck:

„I hab a paar kohlschwarze Rappen,
san eing'spannt in mein Jukkerwagn.
A Freud is's wia di zwoa so trag'n,
das kann i koan Mensch'n nit sag'n.
I schrei Hü! Aba i schrei Ho!
Ja i schrei alleiweil Hüst! A ha ho."

Als häufiger Gast und seinen gleichen Trinkgewohnheiten wusste das Wirtspersonal aufgrund seiner Stimmungslage ohne Angabe oder Aufzeichnung, was und wieviel der Sepp getrunken hatte. Saß eine Frau an seinem Tisch, die ihm aus Spaßgründen Avancen machte, fühlte er sich im endlosen Liebeshimmel und reagierte mit verbalen Küssen. Bekam er jedoch das Gefühl verarscht zu werden, konnte er bei entsprechendem Alkoholspiegel auch heftig reagieren und drohte seinem vermeintlichen Aggressor nicht selten mit dem Umbringen und Niederstechen. Was wegen seinem gewaltlosen Leben in der bekannten Runde stets für Gelächter sorgte. Sepp war ein Original im Ort und im

Gasthaus gerne gesehen. Vor allem aber, weil er sich stets bemühte, aus seinem Leben das Beste zu machen.

Manchmal gab es auch Spaß: Fritz, der Schweinehändler, war alles andere als ein Sympathisant von Hitler. Er war groß und hatte einen großen Bauch, der in der hochgeschnittenen Hose verschwand. Ähnlichkeiten mit Obelix waren sichtbar. Er hatte eine Glatze, die er stets mit seinem Spruch verteidigte: „Das Haar ist eine Sumpfpflanze, wächst nur auf einem Wasserkopf." Er rauchte helle Zigarren und seine Lieblingsgetränke waren Bier und gespritzte Weißweine. Auch er musste seinen Militärdienst in Afrika unter Feldmarschall Rommel leisten und kam später in die USA in Gefangenschaft. Von diesen großen Ereignissen und den schwarzen Menschen, die er vorher noch nie gesehen hatte, erzählte er ab einer bestimmten Promillehöhe oft und gerne. So wurde ihm scherzhaft manchmal unterstellt, dass er mehrere Liebschaften mit schwarzen Frauen gehabt hätte, was er eher mit einem gewissen Stolz nicht abstritt. Eines Tages besuchte ein Student der Technischen Universität Wien mit seinem schwarzen Studienkollegen das Gasthaus. Der junge schwarze Mann hieß Jason und wurde von einem Gast heimlich über den Militäreinsatz von Fritz informiert und sollte sich spaßhalber als sein Sohn ausgeben. Nach einem kurzen Gespräch von Fritz über seinen Einsatzort in Libyen stellte Jason fest, dass das auch sein Heimatort und seine Mutter von einem weißen Soldaten aus Österreich geschwängert worden war. Damit war für alle beteiligten Gäste Fritz als Vater ermittelt und Jason fiel ihm mit dem Wort: „Papa" rührend um den Hals. Fritz, dessen Alkoholspiegel schon ziemlich hoch war, glaubte diese Inszenierung tatsächlich und war zu Tränen gerührt. Für ihn gab es keine Zweifel, dass Jason sein Sohn war, nachdem dieser ihm auch das Gefühl dazu gab. Selbst nach einer Stunde hatte Fritz noch feuchte Augen und war noch nicht klar im Kopf. Die zwischenzeitlich geleerten Gläser Wein verschlimmerten eher die Gedächtnisleistung. Einerseits erfüllte es Fritz mit großem Stolz, einen weiteren Sohn zu haben, andererseits hatte er keine Ahnung, wie er das seiner resoluten Frau erklären sollte. „Die bringt mich um", war seine Befürchtung. Die

Teilnehmer an dieser Liebesgeschichte konnten sich vor Lachen kaum halten. Erst am nächsten Tag und bei entsprechender Nüchternheit wurde er von dem spaßigen Drehbuch informiert. Er nahm es wie immer mit Humor.

Fritz war so etwas wie ein Stammgast, der beinahe täglich und stets bis Mitternacht das Gasthaus besuchte. Und da er keine alkoholfreien Getränke konsumierte, war er nicht selten so betrunken, dass er sein Moped für die Heimfahrt selbst nicht mehr starten konnte und fremde Hilfe benötigte. Für die ersten Meter seiner wackeligen Fahrweise benötigte er noch die gesamte Breite des Kirchenvorplatzes. Mit zunehmender Geschwindigkeit wurde jedoch sein Fahrstil gradliniger. Im Dunkel der Nacht glaubte er ein Hindernis auf der Straße zu sehen und bremste plötzlich ab. Das Hindernis war ein Gendarmeriebeamter, den er beinahe überfahren hätte. Der Uniformierte meinte zu Fritz: „Jetzt hast du aber ein Glück gehabt!“ Worauf ihm Fritz antwortete: „Wer hat jetzt ein Glück gehabt, ich doch nicht, du wärst ja tot gewesen!“ Nachdem die vermeintliche Todesfrage ausdiskutiert war, fragte der Gendarm Fritz, von wo er herkomme. „Ich komme vom Kirchenwirt, dort gibt es lauter Betrunkene, ich war der einzige Nüchterne“, antwortete Fritz. Nachdem die Amtshandlung beendet war, ging der Gendarm zum Kirchenwirt und musste feststellen, dass das Gasthaus bereits geschlossen hatte und er angelogen wurde. Beim nächsten Zusammentreffen der beiden zahlte Fritz dem Staatsbeamten ein Bier und eine Jause, damit dieser seinen damaligen Ärger leichter verarbeiten konnte.

Musikboxen mit ihren kleinen Schallplatten gab es erst Mitte der 60er Jahre und dann nur in Bars. Daher war der Gesang von Volks- oder Wanderliedern in einer geselligen Runde ein beliebtes Mittel, um Harmonie und Entspannung nach einem arbeitsreichen Tag zu erlangen. Lieder aus der Jägerschaft und Wienerlieder, mit Texten über Wein und Fiaker, bereicherten die Gesangsliste. Kontemporäre Schlagermusik wie von Freddy Quinn, Peter Alexander, Roy Black oder Rex Gildo erweiterten die Gesangsauswahl. Die vielfach gesungenen Lieder waren deshalb auch textlich weitgehend bekannt. Jedenfalls die erste

Strophe davon. Textsicherer sind bekanntlich Musiker, weil es entweder ihr Beruf oder meist ihre Passion ist. Um den damaligen nicht orchestrierten „Gesangsverein" jederzeit unterstützen zu können, gab es fast in jedem Landgasthof eine Gitarre. Manchmal kam auch ein Ziehharmonikaspieler dazu und die Band war perfekt. Der Abend im Gasthaus wurde zum unvergesslichen Erlebnis.

Kinderarbeit infolge Landflucht

Mit Beginn der 60er Jahre im 20. Jahrhundert erhielt die maschinelle Entwicklung in der Landwirtschaft eine noch nie da gewesene Dynamik. Die Traktoren wurden größer und bekamen drei oder vier Zylinder, die ersten Mähdrescher und Ladegeräte wurden auf Bauernmärkte mit Volksfestcharakter präsentiert und veränderten die landwirtschaftliche Arbeit enorm. Die Mähdrescher trennten schon am Feld die Getreidekörner vom Stroh. Die Ladegeräte transportierten das Heu, das Stroh oder die schweren Blätter von Zuckerrüben mittels einer „Pick-up-Vorrichtung" und eines Förderbands auf den nachgezogenen Traktoranhänger. Vereinzelt waren schon Melkmaschinen im Einsatz und entleerten die Euter der Milchkühe ohne Handarbeit. Melklehrer wurden mit einem Schlag arbeitslos.

Die menschliche Arbeitskraft wurde zwar nicht zur Gänze, aber im hohen Maße durch halbautomatische Maschinen entbehrlich.

Die Abwanderung der Landarbeiter in den produzierenden Sektor wurde insbesondere durch die starke Industrialisierung vorangetrieben. Der Glaube an das eigene Land und nicht zuletzt der Wiederaufbauplan ERP (European Recovery Programm – „Marshall-Plan") der USA schafften ein Wirtschaftswunder namens „Golden Age" in Europa. Nachdem sich die Kriegsindustrie in eine Technologie- und Konsumgüterindustrie umgewandelt hatte, tausende Autos von den Fließbändern rollten und die Fabrikarbeiter allein mit ihrem Urlaubsgeld in den Süden fahren konnten, war das Arbeiten in der schlecht bezahlten Landwirtschaft für die meisten keine Alternative mehr. Arbeiteten zu Beginn der 50er Jahre noch 33 Prozent[5] der Erwerbstätigen im primären Sektor, so waren es knapp 60 Jahre später nur mehr 4,3 Prozent[6], die Freude an der landwirtschaftlichen Arbeit fanden. Ohne die Industrialisierung der Landwirtschaft wäre die Industrielle Revolution nicht möglich gewesen, da nicht genug Hände und Köpfe für die Fabriken und Dienstleistungsbetriebe zur Verfügung gestanden hätten.

Dieser Strukturwandel stellte die Landwirte vor kaum bewältigbare Herausforderungen. Auch die aus dem Mühlviertel stammende Magd Manuela und der aus Mittersill angereiste Knecht Heinz verließen 1960 den Hof von Ludwig und Johanna, obwohl sie sich hier wohlgefühlt hatten. Manuela war groß, für eine Frau unheimlich kräftig, und hatte riesigen Spaß, wenn sie den wohl kernigen, aber kleineren Dienstbotenkollegen Heinz ihre überlegene Stärke etwa beim händischen Lufteinpumpen von Anhängerreifen zeigen konnte. Manuela war schon zuvor der Liebe ihres Lebens begegnet und gründete mit dem etwas älteren Herrn aus der übernächsten Gemeinde eine Familie. Auch für Heinz war es ein „herzlicher Abschied", da

5 Institut für Wirtschaftsforschung: Die Wertschöpfung der österreichischen Land- und Forstwirtschaft in den Jahren 1937 und 1949 bis 1956. In: Beilage Nr. 47, XXX. Jahrgang, Nr. 6, Juli 1957

6 Bundesanstalt für Agrarwirtschaft: http://www.agraroekonomik.at/index.php?id=allgdaten

auch er zu seiner Angebeteten zog und künftig sein Geld in einem Industrieunternehmen verdiente. Dieser personelle Abgang konnte nicht allein durch den maschinellen Einsatz kompensiert werden. Im selben Jahre beendete der adoptierte Sohn Andreas seine 8-jährige Pflichtschulzeit und trat als Landwirtschaftslehrling in den Dienst seiner Eltern. Für arbeitsintensive Zeiten wie etwa im Frühling das Vereinzelnen der zahlreich aufgegangenen Zuckerrüben- und Zichoriepflänzchen (Einkornsamen wurden erst später gezüchtet), das Aufklauben von maschinell freigelegten Zuckerrüben, Kartoffeln und dem von den Bäumen heruntergefallenen Mostobst im Herbst wurden Hausfrauen aus dem Ort als Tagelöhnerinnen engagiert. Später verstärkte noch Gabriele mit ihren Händen den Familienbetrieb, bevor sie und ihr älterer Bruder Andreas sich nach neuen Beschäftigungsmöglichkeiten umsehen mussten.

Große Erwartung hatten Ludwig und Johanna auf Martin gesetzt, der als ältester gemeinsamer Sohn als Hoferbe vorgesehen war und daher nicht früh genug mit der verantwortungsvollen Aufgabe eines Landwirtes vertraut werden konnte. Vor allem aber auch seine Geschicklichkeit beim Traktorfahren war Ursache für das nicht selten vorzeitige Ende des Schultages, wenn Johanna vormittags in die Schule ging und dem Direktor eröffnete, dass Martin zum Pflügen oder Eggen benötigt wird. Diesem Begehren kam der damalige Schuldirektor nicht ungerne nach, wurde doch sein Entgegenkommen am sonntägigen Stammtisch meist mit einem oder mehreren Gläsern Rotwein honoriert. Auch beim „Saustechen" dachte man an die guten Beziehungen zur Schuldirektion und legte ein schönes Stück Fleisch für sie zur Seite. Die Frau des Schuldirektors, von allen Menschen in der Gemeinde als Frau Direktor angesprochen, nahm sich als Tochter eines Fleischhauers der weiteren Verarbeitung gerne an. An den Tagen ohne vorzeitiges Ende des Unterrichts wurde Martin zu Hause die Schultasche abgenommen und ihm die Tasche mit einem gewässerten Most, eingehüllt in ein nasskaltes Tuch zur Kühlung, ausgehändigt. Damit wurde er aufs Feld geschickt. Dort musste er mitarbeiten bis abends und fiel nicht selten erschöpft ins Bett.

Martin hatte oft nicht einmal Zeit, seine Hausaufgaben zu machen. Durch seinen leichten Schlaf stand er oft zu einer Zeit auf, wo noch Gäste anwesend waren, und legte sich wieder in das Bett. Nicht selten stand er um 2 oder 3 Uhr früh auf und machte bei Kerzenlicht seine Hausaufgaben. Erst danach konnte er wieder einschlafen. Schon mit sechs Jahren wurde Martin Ministrant und führte mit dem Pfarrer den liturgischen Dialog in lateinischer Sprache. Des Öfteren wurde er kurz vor 07:00 Uhr geweckt, wenn der Mesner zur Mutter lief und Martin als Ministrant für die tägliche Messe verlangte. Erst das 2. Vatikanische Konzil, das 1965 endete und u. a. den Priestern die Hinwendung zu den Kirchenbesuchern und den Dialog mit ihnen erlaubte, ermöglichte auch die Messfeier in der jeweiligen Landessprache. Damit wurden die Ministranten vom „kleinen Latinum" befreit und der überwiegende Teil der Kirchenbesucher verstand erstmals, was hier eigentlich gebetet wurde. Ein ähnlicher Vorgang wie die Übersetzung der Bibel vom Lateinischen ins Deutsche durch Martin Luther. Für Martin kam diese Änderung zu spät, da er 1964 nach acht Jahren Kirchendienst ausscheiden musste. Andererseits beherrschte er die lateinischen Texte im Zwiegespräch mit dem Priester längst perfekt. An Wochentagen gab es nur stille Messen ohne Orgelmusik oder gesangliche Begleitung. Entsprechend der gotischen Architektur war es an Tagen mit geringem Sonnenschein in der Kirche sehr finster und die wenigen, meist älteren Frauen mit ihren dunklen Kleidern waren kaum sichtbar – und hörbar schon gar nicht. Es hatte etwas Gespenstisches. Um 07:30 Uhr war die Messe aus und Martin lief nach Hause, um sich vor dem um 08:00 Uhr beginnenden Schulunterricht noch schnell am Frühstückstisch zu laben.

Ministrant zu sein bedeutete nicht nur eine liturgische Verpflichtung bei einer Messfeier, sondern auch einer Gemeinschaft von Gleichgesinnten anzugehören und für Gott und die Kirche etwas Positives zu leisten. Und alternative Gemeinschaften für Kinder und Jugendliche gab es in der kleinen Gemeinde ohnehin nicht. Vor dem Hintergrund dieser Gegebenheiten traten Martin und viele seiner Freunde der Katholischen Jungschar bei. Spielerisch und singend lernten sie die religiösen Werte kennen und wurden ermuntert, nach diesen Wertvorstellungen zu leben. Unvergesslich für Martin blieben ihre Aktivitäten, die von der Diözese Linz veranstaltet wurden. Einige Tage auf einer alten Burg im oberösterreichischen Kremstal wurden für alle 8- bis 10-Jährigen zum unvergesslichen Erlebnis. Die geisterhaften Nächte zwischen den Burgmauern, die nächtlichen und angsteinflößenden Entdeckungsmärsche durch den Wald sowie der Badeausflug über den bewaldeten Berg in die 12° Celsius kalte Steyr waren weitreichende Lernprozesse und unvergessliche Erlebnisse. Ebenso die Österreichische Jugend-Olympiade in der Steiermark, an der Martin mit seinem Freund Joachim teilnehmen durfte. Mehr als 2.000 Jugendliche im Alter von 10 bis 14 Jahren aus allen Teilen des Landes nahmen an den sportlichen Wettkämpfen mit großem Eifer teil. Die Jugendlichen schliefen in Zelten, wo sie sich auch von ihrem sportlichen Wettbewerben erholten. Martin und Joachim konnten sich mangels eines Trainers und mangels verfügbarer Trainingsgeräte nur für den 60 m-Lauf und im Schlagball vorbereiten, wo sie nicht so schlecht abschnitten. Im Schwimmen war Martin durch sein Donautraining ziemlich gut, als er auf dem dortigen Schwimmteich neben einer Ringelnatter seine Distanz bewältigte und schneller als sie war. Wie hoch dabei der Angstfaktor war, wurde nie erforscht.

Wenn allerdings saisonale Schwerstarbeit am Programm stand und mit den üblichen Personalressourcen nicht das Auslangen gefunden wurde, erwies sich die Großfamilie von Johanna als Glücksfall. Ihr älterer Bruder Edi und ihr jüngerer Bruder Hans halfen an Wochenenden, wenn der große Misthaufen auf die Felder auszubringen oder das Heu auf den Heuboden zu bringen war. Der Eisenbahner und der gelernte Glasermeister waren höchst motiviert und vermittelten das Gefühl, alles im Vorbeigehen erledigen zu können. Auch wenn ihr Gefühl mit der praktischen Umsetzung selten in Einklang zu bringen war. Der Eisenbahner war eher der Schlaue und etwas Schlitzohrige und hatte großen Spaß, wenn sich sein jüngerer Bruder ärgerte. So kam es schon manchmal vor, dass Edi beim Aufladen von Schweine- und Kuhmist zu schwungvoll war und sein

Bruder „irrtümlich“ etwas Mist im Gesicht abbekam. Wobei dieser wütend schimpfte und sich der Missetäter heuchlerisch entschuldigte. Ähnlich war es beim Abladen von Heu von einer hohen Fuhre, wo Edi nicht immer die Einzugsvorrichtung des Heugebläses, sondern seinen Bruder am Kopf traf.

Hans war schon frühzeitig von seiner Frau, einer Wirtin am Stadtrand von Linz, geschieden und hatte keine Familie. Sein früherer Bezug zum Gasthaus qualifizierte ihn, bei Bällen und Hochzeiten im Obergeschoß den Getränkeausschank zu bedienen. Edi, der Eisenbahner, war ein guter Schriftführer und notierte die Getränke der Kellnerinnen für die spätere Abrechnung. Beide machten einen hervorragenden Job und delektierten sich auch am frisch gezapften Bier. Es wurde sehr spät und die beiden waren froh, dass sie im Wohnzimmer ihrer Schwester schlafen konnten, denn am Montag um 05:45 Uhr mussten sie den Postbus erreichen. Als Hans am frühen Morgen in die Küche zum Frühstücken ging und seinen Schwager Ludwig und seine Geschwister traf, konnten sich diese nicht mehr halten vor lauter Lachen. Das war für ihn unverständlich und machte ihn wütend. Damit entstand eine wechselhafte Steigerung von Wut auf der einen und Lachen auf der anderen Seite. Erst als sich Hans in den Spiegel sah, verstand er, warum die anderen einen Lachkrampf bekamen. Er war im Gesicht schwarz von Ruß, der aus dem Kaminloch kam und ihn aussehen ließ wie einen Rauchfangkehrer. Sein Schwager hatte am Tanzboden einen weiteren Ofen in Betrieb genommen und dazu das freistehende Ofenrohr im Wohnzimmer abmontiert. Durch das offene Kaminloch blies der Wind den Ruß in den Raum und schwärzte Hans so sehr, als hätte er alle Kamine in der Gemeinde gereinigt. Als sich das Gelächter legte und sich Hans beruhigt hatte, versuchte er seine Schuhe anzuziehen. Edi machte ihn aufmerksam, dass er die falschen Schuhe anhabe, nämlich jene von seinem Schwager Ludwig. Da unter der Sitzbank mehrere Schuhe standen, war Hans irritiert und zog seine eigenen Schuhe wieder aus und schlüpfte erst recht in jene von Ludwig. Als ihm auch dieser Versuch ausgeredet wurde, griff er intuitiv erneut, aber höchst verunsichert zu seinen Schuhen. Seine

Verwirrung war perfekt. Dieses Spiel an unwahren Behauptungen und verständnislosen Entgegnungen dauerte an, und Hans wusste am Ende wirklich nicht mehr, welche Schuhe nun tatsächlich seine waren. Bis Johanna die Komödie mit klaren Worten beendete und ihre Brüder aufbrachen, um den Postbus gerade noch zu erreichen.

Ein besonderer Helfer in Zeiten mit Arbeitsspitzen und an Wochenenden zur Unterstützung der jugendlichen Kinder bei der Stallarbeit war Poschko. Poschko war ein groß gewachsener Mann aus Serbien, der im Zuge des Zweiten Weltkriegs in die Gemeinde von Ludwig und Johanna kam und dort eine Kriegerwitwe mit zwei Kindern kennen und lieben lernte. In seine Heimat wollte er nicht mehr zurückkehren. Seine Herkunft war ziemlich dubios, da er keinen Pass hatte und weder sein Geburtsdatum noch seinen Geburtsort kannte. Der damalige Gemeindesekretär schätzte sein Alter und stellte ihm eine Geburtsurkunde aus, damit er später eine österreichische Staatsbürgerschaft erhalten konnte. Einen Arbeitsplatz fand er in einem Ziegelwerk in der Nachbargemeinde, den der Führerscheinlose mit dem Fahrrad leicht erreichen konnte. Da niemand in seiner Umgebung Serbokroatisch sprach und er sich in Deutsch sehr schlecht verständigen konnte, war die Kommunikation mit ihm schwierig. Niemand wusste so richtig, ob seine auch nach Jahrzehnten noch schlechten Deutschkenntnisse an seiner geringen Lernleistung oder an seiner mangelnden Lernwilligkeit lagen. Ungeachtet dieses Mangels war Poschko ein Mann, der wie seine Partnerin gerne als Tagelöhnerin in seiner Freizeit bereitwillig am Bauernhof von Ludwig und Johanna anpackte. Als offensichtliche Motivation dafür konnte seine Liebe zu Schnaps, Zigarren und kräftigem Essen angesehen werden. Das ihm von Johanna heimlich zugesteckte Geld nahm er natürlich auch gerne entgegen.

An Wochenenden klopfte er bereits um 04:30 Uhr mit einer Stange an das Schlafzimmerfenster von Andreas und Martin, damit ihm geöffnet wurde. Da Andreas meist tief schlief und seinen Unterstützer nicht hörte, öffnete ihm meist Martin die Tür. Noch bevor er die Stallarbeit begann, verlangte er Schnaps und Zigarren mit der Begründung: „*So viel schlegte Magen, muss ma Stampal trinken, elpa zwei!*“ Diese Versorgungswünsche waren verständlich und mit 1/8 Liter Schnaps oder Weinbrand und mehreren Zigarren leicht erfüllt, da der Stallgeruch schon schwer zu ertragen war. An Samstagen waren auch die Schweineställe zu entmisten. Auch jener vom etwa 250 kg schweren Eber, der für die Zucht gehalten wurde, was sich im Poschko-Deutsch so anhörte: „*Muss ma Hutschivater seine Aport putzen!*“ Poschko wurde von seinen Bekannten wegen seiner sprachlichen Eigenheiten und seiner humorvollen Einstellung gleichermaßen geliebt und geschätzt. Nur wenige Ereignisse konnten ihn aus der Reserve locken. An einem Herbsttag brachte er Martin mit seinem Fahrrad auf die Weide, um das Vieh heimzutreiben. Die Kühe kannten zwar den Weg nach Hause, machten jedoch immer eine Abkürzung durch Nachbars Garten, wo leckeres Obst am Boden lag. Um Ärger zu vermeiden, versuchte der Serbe mit seinem Fahrrad die junge Kuh Berta zurück auf die Straße zu drängen. Davon unbeeindruckt stieg Berta mit ihrem Fuß in das Hinterrad und verbog die Felge derart, dass man mit dem Fahrrad nicht mehr fahren konnte. Poschko schimpfte, verfluchte das blöde Tier und schulterte seinen Drahtesel, um diesen nach Hause zu bringen. Er hatte sich noch gar nicht beruhigt, als es einen lauten Knall gab und nun auch die Luft draußen war. Damit war der ruhige Serbe am Ende seiner Geduld angelangt, war doch sein einziges und wichtigstes Fortbewegungsmittel unbrauchbar geworden. Er beruhigte sich erst wieder, als ihm Ludwig sein Fahrrad zur vorübergehenden Nutzung anbot. Als Poschko am Folgetag damit von der Arbeit wieder heimfahren wollte, wurde er von einem Gendarm wegen des defekten Lichts aufgehalten und mit 5 Schilling bestraft. Dafür zeigte er absolut kein Verständnis, da es ja nicht sein, sondern das Fahrrad vom Kirchenwirt war und dieser seiner Meinung nach dafür zahlen sollte. Seine Aufregung war groß und legte sich erst, als ihm Johanna einen Schnaps reichte und den Betrag refundierte.

Jugendliche brauchen Freunde

Freunde, mit denen man Erfahrungen sammeln und sich austauschen kann, sind in allen Altersgruppen unverzichtbar. Ganz besonders für jene, die sich noch nicht oder nicht mehr am Arbeitsplatz austauschen können. Bei Kindern und Jugendlichen ist dies besonders wichtig, da sie wegen ihrer geringen Erfahrungen ihre Persönlichkeit noch entwickeln müssen. Daraus leitet sich der landläufige Spruch ab: *„Sag mir, mit wem du zusammen bist und ich sage dir, wer du bist!*" Freundschaften entstehen meist zwischen Menschen mit ähnlichem Alter, gleichen Ansichten und Interessen. Vor dem Handy-Zeitalter war auch die räumliche Nähe ein Kriterium. Die Pubertierenden hatten zu Beginn der 60er Jahre keine Möglichkeit der sexuellen Aufklärung. Familiengespräche wurden mit der Bemerkung: „Schindeln am Dach" gestoppt, wenn die Themen der Erwachsenen in Richtung Sexualität abzugleiten drohten. Sexuelle Aufklärung stand zu diesen Zeiten an keinem Unterrichtsplan einer Pflichtschule und war kein Thema in den Massenmedien. Erst Ende der 60er und Anfang der 70er Jahre änderte sich das durch Oswald Kolle, den Aufklärer der deutschen Nation. Seine Beiträge in den Zeitschriften wie *Quick* und *Neue Revue* sowie seine Filme „Dein Kind, das unbekannte Wesen" oder „Das Wunder der Liebe" kamen für Martin und Pauli zu spät. So wurde Martin im Alter von 12 Jahren von einem älteren Jugendlichen informiert, dass sich auch mit Masturbation der Überschuss an Testosteron abbauen lässt.

Ähnlich ging es Pauli, dem zweitältesten Sohn einer achtköpfigen Arbeiterfamilie, die im alten Schulgebäude wohnte. In diesem, an den Pfarrhof angrenzenden Haus, war zuletzt noch das Postamt untergebracht. Geschlafen haben Eltern, Kinder und Großmutter in einem großen Raum, was selten störungsfrei ablief. Als „Waschküche" diente vor dem Haus, und damit im freien Friedhofsgelände, ein händisch zu bedienender Brunnen. Dieser Brunnen lieferte auch das Trinkwasser aus dem dortigen

Grundwasser. Weder die Behörde noch die sich versorgende Familie hatten Bedenken bezüglich der Genießbarkeit dieses unverzichtbaren Lebensmittels, zumal eine Überprüfung des Trinkwassers gesetzlich noch nicht geregelt war. Pauli hatte mit Fritz einen um zwei Jahre älteren Bruder, der geistig behindert war. Er konnte sich nicht verständigen, nahm als 15-Jähriger immer noch Steine in den Mund und lief planlos durch die Gegend. Für seine jüngeren Geschwister war er manchmal störend und peinlich, wurde aber von allen Kindern mehr oder weniger so akzeptiert, wie er war. Irgendwie gehörte er zu ihnen.

Für Pauli war es ein Bedürfnis sich vom engen Korsett der Familie innerhalb der Friedhofsmauern zu befreien und zu den umliegenden Bauern zu gehen, um an dem aktionsreicheren Leben in einer Landwirtschaft teilhaben zu können. Martin und Pauli begegneten sich beinahe täglich und es entwickelte sich eine dauerhafte Freundschaft. Gerne gingen beide oder Pauli allein zum Nachbarhof, wo Rupert mit seiner Frau Josefine und ihren drei Kindern Bertl, Gusti und Greti den Betrieb führten. Rupert musste den Bauernhof unvorhergesehen übernehmen, da sein Cousin als vorheriger Bauer und Sympathisant der Nationalsozialisten seine Zwangsarbeiter offenbar schlecht behandelte und nach Kriegsende von diesen mit einer Schaufel erschlagen wurde. Rupert war alles andere als radikal und für die jungen Buben so etwas wie ein Großvater, von dem die Jungs viel lernen konnten. Von März bis November ging er barfuß und selbst am etwa 40 Grad heißen Misthaufen verweigerte er Schuhe oder Gummistiefel, wenn der Dünger aufgeladen und auf die Felder auszubringen war. An Sonntagen ging er gerne in die Au und zeigte mit großer Erfahrung den Buben, wo die Vögel ihre Nester hatten oder wie man Fische im Bach mit der Hand fangen kann. In der großen Bauernstube von Rupert und seiner Familie waren die Buben gerne gesehen und durften sich am Jausenbrot bedienen, wann immer sie wollten. Zu dieser Zeit backten die Bäuerinnen ihr Schwarzbrot selbst und daher schmeckte das Brot beim Nachbarn anders und „besser“. Den Buben fiel auf, das Rupert stets die Rinde vom Brot trennte, was die beiden gerade wegen der Kruste gerne aßen. Erst später fanden sie heraus, dass seine wenigen Zähne der Grund dafür waren. Da sich Rupert nach dem Essen gerne eine Zigarette gönnte, hatte er auch nichts dagegen, wenn Pauli und Martin ebenfalls rauchten. Eine Solidaritätsbekundung der besonderen Art.

Da die Eltern von Martin durch die Land- und Gastwirtschaft sieben Tage in der Woche zwischen 15 und 19 Stunden arbeiteten, hatte sie keine Zeit für die Erziehung ihrer Kinder. Pauli und Martin waren gerne im Auwald, fischten im Bach und brieten sich die Barben an einer selbst gegrabenen Feuerstelle. Retteten einem Frosch das Leben, der zuvor von einer Ringelnatter geschluckt wurde, indem sie diese mit einem Messer öffneten. Bei einem Streifzug durch einen ausgetrockneten Wassergraben entdeckten sie ein für sie unbekanntes Kriegsrelikt und nahmen es mit. Am Heimweg trafen sie auf einen alten Mann aus dem Nachbardorf, der mit seinem Ziehwagen Grünfutter nach Hause brachte. Sie warfen mehrmals das Kriegsrelikt auf seinen Wagen, von dem es mehrmals wieder runterfiel. Zu Hause angekommen fiel der Vater von Martin fast in Ohnmacht, als er das Kriegsrelikt als Panzerfaust identifizierte. Glücklicher Weise ist nichts passiert, sonst wären alle drei Personen gestorben und die Kühe ohne Grünfutter gewesen.

Ein 10-Jähriger von damals hatte bis dato noch keinen nackten Menschen gesehen. Martin bekam Schamgefühle und errötete, als er mit acht Jahren vom Garten aus zufällig sah, wie sein kleiner Bruder Fritz von der Mutter am Fensterbrett gestillt wurde. Nacktsein oder sich so zu zeigen, war zu dieser Zeit höchst unmoralisch. Dennoch existierte am anderen Ende der Gemeinde in Donaunähe eine FKK-Siedlung, die Martin und Pauli nicht verborgen geblieben war. Im Sommerbetrieb schlichen sich die beiden an das Gelände heran, um die eine oder andere nackte Frau zu sehen. Das war immer ein gefährliches Unterfangen, denn meist wurden die unerwünschten Beobachter entdeckt und von den wütenden Männern durch den Auwald gejagt. Dabei hatten sie meist das Gefühl, als müssten sie um ihr Leben laufen.

Beliebte Gruppenspiele mit weiteren Schulfreunden waren neben der Errichtung von Schneemännern im Winter das Fang- und das Versteckspiel. Bei ersterem musste der Davonlaufende schneller und wendiger sein als der nachlaufende Fänger. Schnelligkeit und Geschicklichkeit waren wichtige Kriterien, um erfolgreich zu sein. Unbewusst trainierten die Jugendlichen damit ihren Körper, was für ihre Entwicklung bzw. ihr späteres Leben wichtig war. Beim Versteckspiel musste der Erstgefundene, nachdem er mit geschlossenen Augen an einem bestimmten Platz bis 30 zu zählen hatte, die anderen suchen gehen. Wenn jemand ungesehen seinen Zählplatz erreichte, konnte er sich mit den Worten: „eins, zwei, drei, ich bin frei!" freischlagen. Martin und Pauli liebten dieses Spiel auf einem Bauernhof, wenn sie sich mit einem Mädchen ihres Alters am Heuboden verstecken konnten. Um so wenig wie möglich gesehen zu werden, musste man sich natürlich eng zusammenkuscheln. Es ergaben sich die ersten Möglichkeiten, ein Mädchen zu berühren, zu küssen und auf seine Reaktion zu warten. Denn es sollte ja noch mehr geben als das bloße Aneinanderpressen der beiden Lippenpaare. Weniger angenehm war ein Versteckspiel von Martin mit seinem Freund Ferdinand in der Wohnung seiner Eltern. Der übermütige Martin lief von der Küche in das Wohnzimmer und hüpfte auf das dortige Sofa, das ihn mit seinen Federn an die Wand warf. Martin war einige Zeit nicht ansprechbar und bekam auf der linken Stirnhälfte eine riesige Beule. Aber den Eltern sagte er nichts davon, weil er Angst hatte, auch noch beschimpft zu werden. Und aufgefallen ist es ihnen auch nicht. Mit Ferdinand, der um eineinhalb Jahre älter war als Martin, sprang er auch gerne in den Bachtümpel, der in der Nähe seines Elternhauses war und einen einfachen Übergang hatte. Viele Stunden verbrachten die beiden in der natürlichen Umgebung. Durch den Besuch des Stiftsgymnasiums von Ferdinand schwächten sich die gemeinsamen Jugendaktivitäten leider ab.

Ein besonderes Ereignis für Kinder und Jugendliche war der jährliche „Leonhardikirtag", der am 6. November eines Jahres zu Ehren des heiligen Leonhard im Nachbarort abgehalten wurde. Zuvor allerdings musste Martin mit seinen Ministrantenkollegen den Pfarrer und die betende Prozession in den 3 km entfernten Ort begleiten und in der dortigen Kirche eine Messe zu Ehren des Heiligen aus dem 7. Jahrhundert mitfeiern. Die liturgischen Notwendigkeiten und den damit verbundenen Fußweg nahmen die Kinder und Jugendlichen aus dem Nachbarort gerne in Kauf, wenn sie an die vielen und seltenen Angebote dachten. Im Ortszentrum und den angrenzenden Wiesen standen einfache Karusselle und Ringelspiele, die die Kinder gerne nutzten, um in den Genuss der Fliehkraft zu gelangen. Schießbuden wurden gestürmt, um eine Rose für ein sympathisches Mädchen zu erlangen. Für die jugendlichen „Schleckermäuler“ gab es Schokolade in vielfältiger Art und Form, „Negerbrot“ (einfache Milchschokolade mit Haselnüssen), Lebkuchenherzen zum Verschenken an die Liebste, Schaumrollen und vieles mehr. Auch Strickwaren und Kleidungsstücke konnte man erwerben. Was Martin und seine Freunde jedoch am meisten interessierte, waren Revolver, die mit Stoppeln oder Kapseln geladen wurden. Die Stoppeln waren aus gepressten Sägespänen, gefüllt mit Zündplättchen und entsprechenden Oxidationsmitteln, die beim Abfeuern einen großen Knall wie eine echte Faustfeuerwaffe machten. Der aufgesetzte Stoppel flog 1 bis 2 m weit, was beim Einsatz zu berücksichtigen war. Der Kapselrevolver wurde bestückt mit einer kleinen Papierrolle, auf der die Knallkörper in Tropfenform eingeschlossen waren und erst durch einen Schlagbolzen explodierten und dadurch zu hören waren. Die jungen Knaben kratzten ihr Taschengeld zusammen, um sich mit „Waffe und Munition“ längerfristig einzudecken. Denn Cowboy- und Indianerspiele ohne Waffen waren angesichts der Karl May-Impressionen undenkbar.

Eine besondere Reizfigur für alle Jugendlichen im Ort war der Bauhilfsarbeiter August, der mit seiner Steffi in einem alten Haus eines Bauern wohnte. Bei ihm gewann man den Eindruck, dass seine Gedächtnisleistung mit seinen schnellen Aktivitäten nicht Schritt halten konnte. Steffi hingegen war eine äußerst gutgläubige Frau. In ihrer Wohnumgebung war ein Graben, der sich schon bei leichten Überflutungen der Donau mit Wasser füllte. Die Geschwindigkeit des Anstiegs war und ist ein wichtiger Indikator über die Höhe bzw. Gefährlichkeit des Hochwassers. August fühlte sich wie ein Mitarbeiter des hydrografischen Dienstes, wenn er den Wasserstand beobachtete und seine Einschätzung der übrigen Bevölkerung gerne und mit bestimmender Gewissheit mitteilte. Dazu steckte er einen

Holzstock am Wasserrand in die Erde und beobachtete diesen in Abständen von etwa von einer Stunde. Wenn sich das Wasser vom Stock entfernte, bedeutete das einen Rückgang des Hochwassers. Wenn jedoch der Stock im Wasser stand, war das ein Alarmzeichen für ein Ansteigen des Hochwassers. Martin und Pauli beobachteten ihn und in einem unbemerkten Augenblick zogen sie den hölzernen Messpegel heraus und setzten diesen ins Wasser. Als August seinen Kontrollgang machte und seinen Messstab tief im Wasser sah, schlug er Alarm und rannte zu seiner Steffi, um die Evakuierungsarbeiten im und ums Haus zu beginnen. Er war wie verrückt, denn, wenn das Hochwasser in dieser Geschwindigkeit weitersteigt, steht nach seiner Expertise das Erdgeschoß innerhalt von wenigen Stunden unter Wasser. Erst als die beiden begannen, das an der Hausmauer aufgeschichtete Holz auf den Dachboden zu bringen, wurden sie von Martin und Pauli aufgeklärt, dass sich „Unbekannte" einen Spaß erlaubten und den Messstab versetzten. August war wütend, jedoch wiederum froh, dass er und Steffi die Evakuierungsmaßnahmen beenden konnten.

Ein andermal machte August bei jenem Bauern, der ihm seine „Villa" zu einer Anerkennungsmiete überließ, Vorbereitungen für das Sprengen der Obstbaumstöcke. Der Bauer hatte die Obstbäume in seinem Garten umgeschnitten, weil er aus dem Obstgarten ein Feld machen wollte. Deshalb mussten die Baumstöcke mit ihren starken und weitverzweigten Wurzeln aus der Erde geschafft werden, um den Garten umpflügen zu können. Am einfachsten gelingt so ein Vorhaben durch eine Sprengung – und August war ein Experte dafür. Gegen Abend bohrte er die 20 Wurzelstöcke an, füllte die Löcher mit Schwarzpulver und verband die explosive Masse mit einer Zündschnur. Pauli und Martin waren interessierte Zuschauer dieses nicht alltäglichen Ereignisses. Da es nach Ende der Arbeit bereits finster war und bei einer Sprengung allfällige Schäden nicht eruierbar gewesen wären, entschied er sich, die Sprengung am nächsten Tag vorzunehmen. Pauli und Martin nahm er die Verpflichtung ab, den geladenen Baumstöcken nicht zu nahe zu kommen, was beide einmütig versprachen und sie entfernten sich. Doch ihre

Versuchung war stärker als ihr Versprechen und als August kaum zuhause beim Abendmahl saß, explodierten mehrere Baumstöcke mit ungeheuerlichem Lärm. Nachbarn, die den lauten Knall hörten, liefen zur vermutlichen Lärmquelle, um nach den Rechten zu sehen. Schreiend lief August durch das explosive Gelände und schrie: „Wo sind diese A...löcher, ich bringe sie um!" Im gesicherten Versteck beobachteten Pauli und Martin diese Erregung und hatten sichtlichen Spaß daran.

Die Freundschaft zwischen Pauli und Martin bekam auch durch den Griff zum Glimmstängel eine neue Qualität. In einer unversperrten Lade des elterlichen Gasthauses von Martin befanden sich die Zigaretten zum Verkauf. Die gängigsten Marken waren damals Austria 2 und Austria 3, hergestellt in der Tabakfabrik Linz. Sie waren ohne Filter und hatten eine ovale Form und passten sich den Lippen ergonomisch gut an. Die in der Umgangssprache 2er und 3er genannten Zigaretten wurden auch einzeln verkauft und die offenen Schachteln luden die Jungraucher förmlich ein, sich daran zu bedienen. Meist gingen sie, um beim Rauchen im Alter von 12 Jahren nicht gesehen zu werden, in die Au oder in eine wenig frequentierte Hütte. Wenn sie mit dem Fahrrad unterwegs waren und ihnen Menschen begegneten, steckten sie die Glimmstängel vorübergehend in das offene Rohr des Fahrradlenkers. Eines Tages, als Martin mit Pauli im oberen Geschoß der Holzhütte seiner Eltern aus einem großen, offenen Mostfass die Rauchwolken steigen ließen, wurden sie von Ludwig entdeckt. Pauli musste sofort nach Hause gehen und Martin wurde von seinem Vater so stark geschlagen, dass er drei Tage lang nicht schmerzfrei sitzen konnte und beim Esstisch mehr stand, als saß. Aufgehört zu Rauchen hatte er deshalb nicht, er wurde nur vorsichtiger. Vom Glimmstängel getrennt hat sich Martin erst mit 16 Jahren, als er das gesetzliche Mindestalter erreichte. Ohne Beratungshilfe, sondern aus eigener Vernunft. Er hat eingesehen, dass ihn der Tabakgenuss längerfristig krank machen würde und ihn in seiner konditionellen Entwicklung stark behinderte. Offensichtlich zählt die eigene Erkenntnis über den Sinn bzw. Unsinn von Maßnahmen zum wichtigsten Motivationsfaktor bei einer Zielerreichung.

Ein weiterer Begleiter von Martin als Jugendlicher war über mehrere Jahre der gleichaltrige Max. Er kam mit seinen älteren Geschwistern vom oberen Mühlviertel in die Gemeinde von Martin und hatte ähnliche Leidenschaften und Interessen wie dieser. Stimuliert von der Pop-Musik der Beatles und anderer Pop-Giganten sowie deren Frontmännern, die sich den Begeisterungsstürmen der Mädchen nicht entziehen konnten, starteten auch die beiden mit der autodidaktischen Gitarrenschule. An vielen Abenden zupften sie die Gitarren, ohne ein angenehmes Klangbild erzeugt zu haben. Die gedruckten Unterlagen dazu waren überdies nicht sehr umsetzungsfreundlich gestaltet und externe Hilfen in greifbarer Nähe waren nicht verfügbar. So mussten Max und Martin nach einigen Monaten ihre Träume, einmal als Bandleader auf einer Bühne zu stehen, wo einem die Mädchenherzen und Mädchen-BHs zufliegen, resignierend begraben.

Die Freundschaft der beiden überdauerte auch den Beginn ihrer Automobilität und führte sie 1970 in das für sie weit entfernte und vielfach unbekannte Kärnten und nach Triest. Sie besuchten in Rosenbach eine ehemalige Kur-Kollegin von Martins Mutter Johanna, die im slowenischsprechenden Teil Kärntens ebenfalls ein Gasthaus führte und den beiden gerne Quartier gewährte. Beide waren erstmals in Kärnten auf Urlaub und waren begeistert von den wunderschönen Seen und Bergen. Aber nicht nur davon. Schon nach der ersten Begegnung mit Margit, der Wirtstochter, schwärmte Max von ihr in einer leidenschaftlichen Art und Weise mit weitreichenden Folgen. Nach einer Phase der brieflichen Kommunikation und mehreren Besuchen entschloss sich Max für einen Wohnortwechsel und zog zu ihr. Am Bahn-Drehkreuz Villach nahm er einen Job bei den Österreichischen Bundesbahnen an, um in der Nähe seiner Freundin sein zu können. Kurz nach Dienstantritt als Zugbegleiter verunglückte Max tödlich. Alle seine Freunde waren geschockt und unendlich traurig. Vor allem konnten sie sich nicht vorstellen, wie ein Zugbegleiter im Alter von 25 Jahren ohne Fremdeinwirkung aus dem Zug fallen kann. Die Unfallursache wurde nie geklärt. Max wurde unter großer Anteilnahme seiner vielen Freunde in seiner Geburtsgemeinde beerdigt.

Landwirt als Berufung?

Der Werdegang von Martin als geplanter Erbe des Gast- und Bauernhofs war von seinen Eltern und der Beratung der Landwirtschaftskammer vorgegeben: 8-jährige Volksschule und 2-jährige landwirtschaftliche Fachschule. Wobei letztere nur in den Wintermonaten stattfand und deshalb auch als „Winterschule“ bezeichnet wurde. Gerne wäre Martin auch in das Stiftsgymnasium auf der anderen Donauseite gegangen. Aber auf der Grundlage seines höchst bescheidenen Kenntnisstandes im Bildungsbereich und der fälschlichen Annahme als Schulkind der Unterstufe, dass man dort Pfarrer werden musste, verringerten seinen Bildungswunsch. Darüber hinaus fühlte er sich als Hoferbe gegenüber seinen Eltern verantwortlich und fügte sich dem Gedanken, einmal Gast- und Landwirt zu werden. In Anbetracht seiner vorgezeichneten Berufslaufbahn musste Martin bereits im Alter von 14 Jahren nach dem Wintersemester im Februar 1964 den Schulbesuch nach siebeneinhalb Jahren regelkonform beenden. Das war für ihn schmerzlich, aber ohne jede Alternative. Frühere Interessenvertreter der Landwirte hatten in Österreich einen vorzeitigen Schulabgang von einem ganzen Semester aus landwirtschaftlichen „Notwendigkeiten“ bildungspolitisch durchgesetzt und damit legalisiert. Arbeit war damals offensichtlich wichtiger als Bildung. Das war eine ausschließlich branchenbezogene Zukunftsorientierung der Sozialpartnerschaft („Schattenregierung“) in ihren besten Jahren und ohne „Blick über den Tellerrand“ der eigenen Interessensvertretung.

Die beschränkten Bildungsmöglichkeiten waren eine Sache, der Neustart als Landarbeiter am elterlichen Hof und damit als erwachsen angesehen zu werden eine andere. Zur berufstätigen Gruppe zu gehören und dadurch in der Gesellschaft mehr Gehör zu erlangen, war für Martin schon ein erstrebenswerter Zustand, wenngleich er zu Recht noch immer als Jugendlicher mit physischem und geistigem Entwicklungspotenzial angesehen wurde.

Dieses Bewusstsein löste bei ihm eine unglaubliche Motivation in der Form aus, dass für ihn keine Anstrengung zu groß oder zu schwierig war. Vor allem, wenn an seiner Leistungsstärke Zweifel geäußert wurden. Er wollte allen beweisen, dass er zu Großem in der Lage war. Und in Anlehnung an Lucius Annaeus Seneca: Weil er wollte, konnte er es auch.

Martins Tag begann täglich (auch an Wochenenden) um 05:00 Uhr morgens und endete erst abends. Er musste den Kuhstall, in dem auch Jungstiere und Kälber waren, entmisten, frisches Stroh mit der Gabel von der Scheune holen und einstreuen, den Tieren ihren Futtertrog reinigen und mit frischem Wasser füllen. Später wurde der Futtertrog mit Silofutter, in Form von vergorenen Rübenblättern, gefüllt. Sofern die Tiere nicht auf der Weide waren, wurde ihnen im Sommer frisch gemähtes Gras verabreicht. Als „Dessert" bekamen sie noch Raufutter, wie getrocknetes Heu oder getrockneten Klee, verabreicht. Während dieses Ablaufes wurden sie mit einer Vakuummelkanlage von ihrer Milch befreit. Während der Großteil der Rinder von vorne über den sogenannten „Futtertisch" bedient werden konnte, mussten die an die Mauer zugewendeten Jungtiere von hinten betreut werden. Das war nicht ungefährlich und ging nicht selten ohne schmerzliche Körperkontakte ab: sei es durch ein Rempeln, einen Stoß mit den Hörnern oder einen Auftritt mit dem Bein eines schwergewichtigen Rindes. Einmal passierte es, dass Martin von einem 600 kg schweren Jungstier beim Reinigen seines Futtertrogs, als er ihm den Rücken zukehrte, von hinten angesprungen und nur durch Zufall nicht schwer verletzt wurde. Der Stall durfte ausschließlich besenrein in Richtung Frühstück verlassen werden. Diese Arbeit musste verständlicher Weise auch am Abend und an Sonn- und Feiertagen erledigt werden und gehörte somit zum Tagesrhythmus eines Landarbeiters.

Ungeachtet dessen ergaben sich die Arbeiten am Bauernhof nach saisonalen Erfordernissen: im Frühling durch den Anbau von Sommergetreide und Zuckerrüben, die, wie vorhin bereits erwähnt, vereinzelt werden mussten, sowie durch die Heuernte. Die Sommermonate waren geprägt durch die Getreide- und

Grummeternte.[7] Der Herbst war und ist in der Landwirtschaft Erntezeit. Demzufolge wurden die Zuckerrüben, Kartoffeln, das Obst und das Gemüse geerntet, Most gemacht und das Wintergetreide angebaut. Die übrigen Felder wurden zur „Schwarzbrache“ umgeackert, damit sich über die Winterzeit der Boden von den nährstoffzehrenden Pflanzen erholen konnte. Wenn die Tage kürzer und kälter wurden, stand die Holzarbeit im Auwald am Programm. Etwa für den Verkauf von Baumstämmen und um den eigenen Brennholzbedarf zu decken. Die Holzschlägerung im Winter, meist um die Wintersonnenwende, war bzw. ist ein qualitatives Erfordernis, da um die kürzesten Tage eines Jahres die Bäume das wenigste Wasser haben und dadurch beim späteren Austrocknen keine großen Risse bekommen.

Holzarbeiten zählten schon als Kind zu den Lieblingsbeschäftigungen von Martin. Kaum war das Brennholz in Ofenlänge geschnitten, griff er zur Axt und hackte mit unermüdlicher Ausdauer die runden Holzprügel zu Scheitern. Meist benötigte er beide Arme, um schwere und stark verästelte Holzprügel hochheben und mit großer Wucht auf den Hackstock werfen zu können. Seine sich mehrmals zugezogenen Verletzungen mit der Axt an der Hand konnten ihm seine Begeisterung von der Holzarbeit nicht nehmen.

Das richtige Handling der unterschiedlichen Äxte hatte Martin als Kind natürlich noch nicht gelernt. Da gab es eine Axt für den Zimmermann, eine zum Spalten des Brennholzes und solche mit einem kurzen und einem langen Stiel. Die kurzstielige Axt musste mit einer Hand, die langstielige Axt mit beiden Händen bedient werden. Da im Gastgarten im Winter die Tische, Bänke und deren Pflöcke entfernt wurden, mussten sie im Frühjahr wieder aufgestellt werden. Martin wollte seinem Vater behilflich sein und begann in seiner Abwesenheit mit dem Einschlagen der Pflöcke. Bedauerlicher Weise hatte er in seiner Unkenntnis dazu eine Axt mit einem kurzen Stiel gewählt.

---

7 Grummet ist die 2. Grasmahd im Jahr, während das im Herbst nachwachsende Gras (3. Gras) den Weidetieren überlassen wurde.

Damit er eine größere Wucht erlangen konnte, nahm er beide Hände und holte weit aus, um mit dem Rücken der Axt den Pflock in den Boden zu rammen. Da seine Axt mit einem kurzen Stiel jedoch nicht über den Kopf reichte, schlug er sich mit dem schneidenden Teil in den Kopf. Er hatte große Schmerzen und blutete stark, tat aber alles, um zu vermeiden, dass es seinen Eltern auffiel. Einerseits um dem damaligen Leitspruch der Kinder und Jugendlichen: „Ein Indianer kennt keinen Schmerz" zu entsprechen und andererseits von den Eltern nicht noch gerügt zu werden.

Obwohl er sich mehr als einmal von der Gefährlichkeit der Axt überzeugt hatte, wettete er leichtsinnig mit seinem um einige Jahre älteren Cousin aus der Stadt, dass seine neue Mütze keinen Schaden nehme, wenn er sie auf den Hackstock legt und mit der Axt „behandelt". Martin war geschockt, als er den Beweis erbringen wollte und die erst kürzlich erhaltene Mütze zerteilte. Die Magd Manuela hatte den widersinnigen Wettvorgang beobachtet und bekam nach einem Lachen doch Mitleid mit Martin, zumal sie wusste, dass die Zerstörung der Mütze von seinen Eltern nicht ohne Konsequenzen abgehen würde. Glücklicher Weise hatte sie kurz davor eine neue Nähmaschine erworben und nähte das Strickwerk wieder einigermaßen tragbar zusammen. Die Liebe zur Holzarbeit blieb Martin auch dann noch erhalten, als er sie beruflich machen musste und mit der Motorsäge bewaffnet in Begleitung seines Vaters in den Wald fuhr. Baumstämme und große Äste, mit einer kräftig geschwungenen Axt von kleineren Ästen zu befreien, vermittelte ihm stets das Gefühl der Geschicklichkeit und Stärke. Sein Kindheitstraum, Holzfäller in den unendlichen Wäldern Kanadas zu werden, ließ ihn erst Jahrzehnte später los, als sich die schwere Holzarbeit in der kalten Winterzeit wiederholte und zur Routine wurde.

Nach wie vor liebte Martin das Fahren mit dem Traktor, das er schon in frühen Jahren begann. Bereits im Alter von 11 Jahren übertrug ihm sein Vater die Aufgabe, die Jauchegrube zu entleeren. Beinahe zwei Tage brauchte er, um mit Traktor und Jauchefass die Abwässer der Haustiere bzw. die Gülle auf die

Felder zu bringen. Selbst die Begegnung mit einem Gendarm konnte ihn nicht stoppen. Im selben Jahre seines Übergangs vom Pflichtschüler zur landwirtschaftlichen Arbeit schaffte sein Vater eine neue Zugmaschine an. Einen Super Dexta aus der Ford Fabrik. Mit seinen vier Zylindern und 41 PS schnurrte das Gefährt ab 2.000 Umdrehungen/Minute wie ein zufriedener Kater auf der Ofenbank und war schneller als alle anderen Traktoren in der Gemeinde. Mit großem Stolz fuhr Martin ohne Lenkerberechtigung über die heimischen Wege und genoss bei jeder Begegnung mit Gleichgesinnten das Gefühl der maschinellen Überlegenheit. So, als würde sie sich auf seine ganze Persönlichkeit übertragen.

Das häufige Steuern eines Traktors mit schweren Anhängern auf Wiesen, Feldern und Straßen machte ihn zu einem sicheren und universellen Fahrer, der bereits mit 12 Jahren das Auto seines Vaters zu den Grundstücken ohne Einschulung lenkte. Martin machte mit 16 Jahren den Führerschein der Klasse F (Traktor). Bei der praktischen Prüfung musste er vor den Augen des amtlichen Prüfers den eigenen Traktor zwischen zwei engen Gebäuden wenden. Da er diese Aufgabe in kürzester Zeit erledigte, meinte der Prüfer: „Du fährst ja schon wie ein Alter“, worauf ihm der junge Prüfling antwortete: „Na ja, ich fahre ja auch bereits seit 10 Jahren.“ Als sein Vater diese Aussage bestätigte, zögerte der Beamte keine Sekunde, um das Prüfungsergebnis als bestanden zu beurkunden.

Ähnlich unproblematisch gestaltete sich zwei Jahre später auch die Führerscheinprüfung für den PKW. Ohne jemals zuvor eine Fahrstunde bei der Fahrschule genommen zu haben und im Prüfungsfahrzeug gesessen zu sein, schaffte er die Prüfung auf Anhieb. Das Handling eines Autos war durch jahrelanges Fahren mit einem komplizierteren Gerät wie eine Zugmaschine nicht das geringste Problem. Darüber hinaus fuhr Martin in den beiden Jahren zuvor bereits alle zwei Wochen mit Traktor und Anhänger in die städtische Brauerei, um Biertreber als Futtermittel für die Schweine zu holen und die Fahrten mit einem schlecht gebremsten und überbreiten Fahrzeug waren vergleichsweise schwieriger als jene mit einem Personenkraftwagen.

Schwerarbeit ergab sich auch bei der Getreideernte. Der erste Mähdrescher am Hof von Ludwig und Johanna war seitlich am Traktor montiert und von diesem über eine Zapfwelle angetrieben. Unterschiedliche Transmissionen bewegten die fahrbare Dreschmaschine und am Ende kamen Getreide und Stroh aus der Maschine. Während Ludwig seine aus der Jugendzeit stammenden Erfahrungen als Maschinist erfolgreich einsetzte und das Hybridgerät steuerte, stand Gabriele an der Abfüllanlage und sorgte dafür, dass die Jutesäcke ordentlich gefüllt und verschlossen im Feld zu liegen kamen. Martins Aufgabe war es, diese unbeweglichen 60 bis 90 kg schweren Getreidesäcke aufzuladen. Für einen Teenager keine leichte Aufgabe, an der heute sicherlich die meisten Erwachsenen scheitern würden. Aber Martin sah es als Kraftquelle an und beschwerte sich nicht, entsprechend dem vielfach beschriebenen und besungenen Motto: „Was dich nicht umbringt, macht dich nur stärker!“ Ein Open-Air-Training der anderen Art.

Die Kartoffelernte im September war ebenfalls eine so beschwerliche Arbeit. Mit einem traktorgezogenen „Kartoffelroder“ wurden die Erdäpfel maschinell ausgebuddelt. Je nach Zuggeschwindigkeit flogen sie unterschiedlich weit und trennten sich dabei von der Erde. Dieser Erntevorgang war nur dann erfolgreich, wenn die Erde nicht zu nass war, da ansonsten die Erdklumpen an den Kartoffeln hängen blieben und gegebenenfalls händisch entfernt werden mussten. Das Aufsammeln dieses kohlehydrathaltigen Lebensmittels verursachte erdige Hände und nach einiger Zeit erhebliche Rückenschmerzen. Alle 15 bis 20 m befand sich ein Jutesack mit einem Fassungsvermögen von etwa 50 kg, in den die geflochtenen Sammelbehälter (Zisteln) entleert werden konnten. Viele Hände waren notwendig, damit die von Christoph Columbus aus Lateinamerika nach Europa gebrachte und mittlerweile zum wichtigsten Grundnahrungsmittel gewordene Kartoffel freigelegt und gesammelt werden konnte. Am Ende des Tages wurden die Säcke mit einer starken Schnur zugebunden, auf den Anhänger verladen und abtransportiert. Dieser sehr beschwerliche Arbeitsvorgang wiederholte sich so lange, bis alle Kartoffelfelder abgeerntet waren.

Die ungefähr 25.000 kg geernteten Kartoffel waren nicht nur für den eigenen Bedarf, sondern auch für den Verkauf vorgesehen. Denn höchste Preise erzielten die Bauern schon damals durch Selbstvermarktung. So wogen auch Ludwig und Martin die Säcke mit 50 kg ab, verluden sie auf den Anhänger und fuhren am nächsten Tag in die zahlreichen Reihenhaussiedlungen der Stadt, um sie zu verkaufen. Sie läuteten unangemeldet an jeder Wohnungstür und boten den Hausfrauen ihre Speisekartoffeln an. Angesichts der geringen Erwerbsquote von den über 60-jährigen Frauen blieb das Klingeln an den Wohnungstüren selten ungehört. Insbesondere der älteren Generation war aus der Vergangenheit die Lebensmittelknappheit noch in Erinnerung und daher überwiegend bereit, eine größere Kartoffelmenge für den Winter einzulagern. Absatzpolitisch war dies eine erfreuliche Situation, logistisch eine oft kaum bewältigbare Aufgabe. So mussten Ludwig und Martin die 50 kg-Säcke schultern und in die entlegensten Kellerwinkel tragen und zwischen schmalen Regalen in verschiedene Behälter leeren.

Ein großer Teil der Kartoffelernte war für die Fütterung der Schweine vorgesehen. Meist waren dies weniger bekömmliche, aber sehr ertragreiche Erdäpfel wie die Sorte „Marita“. Sie wurden wie alle anderen auch in einem erdigen, dunklen und feuchten Raum gelagert, damit sie nicht austrockneten und runzelig wurden und damit als tägliches Futtermittel für die Schweine verfügbar waren. Die Kartoffeln wurden in einem großen Holzofen gedämpft, damit sie weich wurden, leichter zerteilt und verfüttert werden konnten. Das war eine sehr aufwändige Futtermittelbereitstellung (zeitlich und energetisch), die nach einem Schweinemastkurs von Johanna auf kalte Futtermittel umgestellt wurde. Mit einem großen Mixer wurden die Kartoffeln und die Futterrüben breiartig zerkleinert und mit gebrochenem Getreide dem Borstenvieh verabreicht. Also Smoothie bzw. Müsli für die Schweine in den 60iger Jahren bei fortschrittlichen Bauern. Der überwiegende Teil der verbliebenen Speisekartoffel wurde im folgenden Frühjahr als Knollensamen wieder ausgesetzt. Trotz der Dunkelheit im Lagerraum bekamen die Kartoffeln über die Winterzeit Keime, die den meisten Menschen von Sojasprossen bekannt sind. Diese mussten vor dem Setzvorgang entfernt werden und das war eine Arbeit für alte und anspruchslose Frauen, die ihre karge Rente etwas aufbessern wollten.

Dem Landmaschinenbau sei Dank, kamen gegen Ende der 60er Jahre Ladewagen auf den Markt. Bei den früher in Verwendung stehenden Förderbänder wurden Heu, Stroh oder Rübenblätter nur auf eine bestimmte Stelle am nachgezogenen Wagen geworfen und musste von dort händisch verteilt werden. Das war ebenso eine „Herkulesaufgabe" wie das händische Abladen und das fachgerechte Deponieren dieser Unmengen an landwirtschaftlichen Produkten. Der Ladewagen nimmt sie dagegen nicht nur auf, sondern befördert und verteilt sie im geschlossenen Wageninneren, bis der Wagen voll ist. Durch verbundene Förderketten am Wagenboden wird das transportierte Material auf die Tenne oder in der Nähe eines Häckslers ohne manuellen Einsatz abgeladen. Ein Entladen direkt in den Heuboden ist allerdings nur dort möglich, wo ein entsprechend großer Höhenunterschied durch eine Hanglage des Bauernhofes gegeben ist. Im ebenen Gelände muss das Futtermittel mittels eines Gebläses oder eines Greifers vom Boden der Tenne in die höher gelegenen Ebenen der Scheune befördert werden. Da Heu und Stroh durch die mechanische Beladung zusammengepresst sind, stellt sich eine händische Verfrachtung mit der Gabel als Schwerarbeit heraus. Besonders bei den schweren Rübenblättern, wenn diese händisch auf das Förderband eines Häckslers gegabelt werden mussten, um zerkleinert in den Silo geblasen zu werden. Schwielen an den Händen und schmerzende Arme waren bei dieser Arbeit tägliche Begleiterscheinungen.

Die Milchwirtschaft am Betrieb von Ludwig und Johanna hat sich im Laufe der Jahre als nicht mehr rentabel erwiesen. Das lag einerseits an der ungünstigen Preisentwicklung und andererseits an der mangelnden Fertilität ihrer Kühe. Nach einem Kalb oder zwei Kälbern wurden die Muttertiere aus unerklärlichen Gründen meist unfruchtbar, was naturgemäß gravierende Auswirkungen auf ihre Milchleistungen hatte. Deshalb beschlossen die Betriebsinhaber, die Milchwirtschaft aufzulassen und auf eine Schweinezucht umzustellen. Dazu bauten Ludwig und Martin den bestehenden Schweinestall um. Nachdem bis zum 19. Jahrhundert Betondecken noch unbekannt waren, wurden nicht nur in Kirchen und Schlössern, sondern auch in Bauernhöfen die Deckenkonstruktionen in Gewölbeform errichtet. Um den seitlichen Spannungsdruck ausreichend aufnehmen zu können, war ein dickes Mauerwerk von mindestens einem Meter erforderlich. Damit die Breite der Schweinebehausung vergrößert werden konnte, musste das Deckengewölbe entfernt und die beiden Außenmauern halbiert werden. Nur so konnte die Stallbreite um 1 Meter vergrößert und über den nunmehr mittig angelegten Gang die Anzahl der Schweineställe verdoppelt werden. Den Plan im Kopf, machten sich Vater und Sohn an die Arbeit. Zuerst mussten einige Tonziegel herausgestemmt werden, damit das Gewölbe an Spannung verlor und einstürzte. Nachdem sich die Staubwolke lichtete und das restliche Material der Decke am Boden lag, konnte mit dem Abtransport begonnen werden. Kleine Baufahrzeuge wie Minibagger gab es noch nicht, daher musste das Abbruchmaterial mit einer Schaufel zum Ausgang getragen und dort auf den bereitgestellten Anhänger geworfen werden. So wurde Gewölbe für Gewölbe abgetragen und Ludwig halbierte die Außenmauern mit einem kompressorbetriebenen Meißel. Es gab keinen Mund-Nasenschutz, keine Schutzbrille und keinen Gehörschutz. Die beiden Abbrucharbeiter rieben sich wiederholt die Augen frei, um sehen zu können, was sie überhaupt machten. Infolge ihrer verstaubten Nasen bekamen sie kaum Luft und konnten wegen des Lärmpegels wenig miteinander kommunizieren. Es war eine Bauhölle schlechthin, ohne Mindestanforderungen an Arbeitnehmerschutzbestimmungen. Alles blieb ohne Konsequenzen, da Arbeitgeber und Arbeitnehmer ident waren. Die Meißel wurden derart beansprucht, dass sie täglich vom Schmiedemeister neu gespitzt und gehärtet werden mussten. Aber auch die Hände bekamen den einen oder anderen Schlag ab, waren geschwollen und mehrmals in Blut getränkt. Mit Ende der Abbrucharbeiten hatten die beiden etwa 30 Tonnen Bauschutt händisch verladen und entsorgt. Die Verpflichtung zur Trennung und Behandlung von Bauschutt wurde in Österreich erstmals mit dem Abfallwirtschaftsgesetz 1990 und seinen Verordnungen verbindlich geregelt. Bauschuttdeponien waren daher vor dieser Zeit im Allgemeinen die eigenen Gräben im Auwald, um sie aufzuschütten und irgendwann einmal eine zusätzliche Nutzfläche zu gewinnen. Mit großer Sorgfalt haben Ludwig und sein Sohn die freien Stallflächen exakt vermessen, um die einzelnen Schweineboxen mit Eingangstüren, Futtertröge und Trennwände (auch innerhalb einer Box, um den kleinen Ferkeln einen sicheren Rückzugsraum zu gewähren) einbetonieren zu können. Dabei waren nicht nur die Abstände, sondern auch die unterschiedlichen Höhen zu berücksichtigen. Nachdem die Türen und Trennwände aus Holz gemacht und montiert wurden, konnten die etwa 30 Zuchtschweine samt Eber sukzessive einziehen und sich im frischen Stroh gemütlich machen.

Bauernhof ist kein Streichelzoo

Für das Wohl der Nutztiere gibt es zu Recht europaweit noch immer Petitionen. Die Notwendigkeit wäre global gesehen noch notwendiger, ist aber politisch nicht durchsetzbar. Ein Blick in die Vergangenheit zeigt, dass in den letzten Jahrzehnten sich einiges veränderte, wenn auch nicht alles zum Wohl der domestizierten Nutztiere. Früher wurden die Haustiere zur landwirtschaftlichen Produktion extensiv und mit geringen Ertragszuwächsen gehalten. Ihre Schlachtungen zur Versorgung mit Fleisch waren vielfach Vorgänge, die heute Empörung auslösen würden. Seit dem Ende des vergangenen Jahrhunderts wird das Schlachten der zu Fleisch verarbeitenden Tiere vielleicht nicht mehr so grausam wie früher vorgenommen. Andererseits hat sich der Wachstumsprozess bei Rindern, Schweinen und Hühnern durch Züchtungen, erhöhte Futtermittelabgaben und Massentierhaltungen auf engstem Raum mit hohem Einsatz von Antibiotika bei Jungtieren massiv beschleunigt und zu billigeren Fleischpreisen geführt. Den Konsumenten, die landwirtschaftliche Produkte nach biologischen und nachhaltigen Kriterien auswählen, und den Subventionsgebern sei Dank, dass in der Landwirtschaft mittlerweile ein Umstieg zur Freilandhaltung von Nutztieren feststellbar ist.

Das Pferdefleisch zählte, wegen seines süßen Geschmacks, nur in Hungerzeiten zum Nahrungsmittelangebot. Vorwiegend kamen Schweine-, Rind-, Lamm- und Hühnerfleisch auf dem Ernährungstisch. Fische waren wegen der geringen Verfügbarkeit, ihrer Gräten und der mangelnden Essenstechnik selten am Speiseplan der Landbewohner. Nicht so in den maritimen Bereichen. Im Gegensatz zu heute, wo insbesondere junge Mädchen Gefallen am Rücken der Pferde finden, waren diese früher fast ausschließlich als Zugtiere in der Landwirtschaft im Einsatz. Sie brauchten nach entsprechenden „Kilometerleistungen" keine Neubereifung, sondern lediglich zurechtgefeilte Hufe und neue Hufeisen, um den benötigten Gripp für ihre Aufgaben zu erhalten. Bauern und Pferdeknechte, die ihre „Zugmaschinen" fürsorglich und verständnisvoll behandelten, waren die Nutznießer ihrer Treue und die „Pferdeflüsterer" in ihrer Zeit ohne großes Aufsehen. Eine Win-win-Stituation, wie die Ökonomen von heute zu sagen pflegen. Ludwig und Hans hatten ein besonders gutes Verhältnis zu ihren kräftigen Zugtieren, wodurch auch der kleine Martin unbeschadet blieb.

Bei Rindern ist es schwieriger, zwischen Menschen und Tieren eine dauerhaft vertrauensvolle Beziehung aufzubauen. Vielleicht liegt es daran, dass, anders als bei Pferden und Hunden, die diffizile Aufgaben erfüllen müssen und dafür trainiert wurden, die Rindertierhaltung seit jeher lediglich aus Gründen der Fleisch- und Milchproduktion erfolgt. Bis zum Austrieb auf die Weideflächen im Herbst waren sie zehn Monate lang im Stall angekettet und spielten ziemlich verrückt, wenn sie erstmals in die Freiheit entlassen wurden. In Zeiten, wo es noch keine elektrischen Weidezäune gab, mussten die Rinder auf der Weide gehütet werden, damit sie nicht das Gras vom Nachbarn fraßen. Es war Aufgabe von Martin und seinem älteren Bruder Andreas dafür zu sorgen, dass sich die fressgierigen Paarhufer auf der eigenen Wiese den Pansen vollstopften. In einem unbeaufsichtigten Moment kam es einmal vor, dass sich einige Tiere nicht regelkonform verhielten und das verlockende Weideland am anderen Bachufer aufsuchten. Um den Bach zu überqueren, nutzten Andreas und Martin die beiden Jungochsen als Reittiere, um zum anderen Flussufer zu gelangen und die Ausreißerinnen wieder heimzutreiben. Somit dokumentierten die beiden, dass die Überquerung eines Flusses auf dem Rücken eines Tieres nicht nur in Westernfilmen vorkommt, sondern auch im Mühlviertel möglich sein kann.

Geschlachtet wurden die Kühe nur dann, wenn es aus Gesundheits- oder Verletzungsgründen notwendig war. In diesem Fall musste ein Fleischhauer herangezogen werden, um das Tier zu töten und fachgerecht zu zerlegen. In den 60er Jahren gab es keine Gefrierschränke, wo die große Fleischmenge über einen längeren Zeitraum eingefroren werden konnte.

Daher wurden potenzielle Abnehmer in der Nachbarschaft von dieser Hausschlachtung informiert und zum Kauf eingeladen. Kälber im Alter von sechs bis acht Wochen und mit einem Gewicht zwischen 80 und 100 kg wurden meistens an den örtlichen Fleischhauer verkauft. Kalbfleisch war und ist wegen der sehr zarten Konsistenz ein beliebtes Essen für besondere Anlässe wie Hochzeiten. Martin hatte einmal zugesehen, wie ein Fleischhauer ein junges Kalb für den Gasthausbedarf nach der Methode der Schächtung tötete. Ein Tier schächten bedeutet nach jüdischer und islamischer Religion das Töten ohne Betäubung durch Ausbluten und ist mittlerweile in Österreich verboten. Seit Martin das junge, sterbende Kalb mitansehen musste, ist ihm der Appetit nach Kalbfleisch vergangen. Nicht nur wegen der Tötungsart, sondern auch, weil einem so jungen Tier die noch vor ihm liegende Lebenszeit so früh genommen wird.

Etwas anders, aber nicht minder emotional gestaltete sich das Schlachten der Schweine für den eigenen Fleischbedarf am Bauernhof. Zu diesem Zweck gab es in jedem Ort einen „Saustecher", der für diese Aufgabe gerne herangezogen wurde. Allerdings war der Schweinekiller in Ludwigs Gemeinde schon sehr betagt und hatte oft Mühe, das vorgesehene Tier zur Strecke zu bringen. Das Schlachten eines Schweines war ein Ereignis, bei dem alle Hände gebraucht wurden. Schon am Vortag war dafür zu sorgen, dass alle Messer des Haushalts geschliffen bereitlagen. Dazu musste Martin den Schleifstein mit einer Kurbel in einem Wasserbad drehen. Ludwig drückte die Messer auf den umlaufenden und nassen Sandstein, wodurch die Messer scharf wurden. Die Aufgabe seines Vaters lag darin, das Messer im richtigen Winkel zu halten und die Qualität der Schneide zu prüfen. Es war langwierig und mühsam und Martin hasste diese Arbeitsverpflichtung. Die Umstellung auf Elektroantrieb erfolgte erst Jahre später.

Am Tag der Hinrichtung des vorgesehenen Schweins wurde ein großer Wasserkessel angeheizt, um das getötete Tier mit heißem Wasser von den Borsten befreien zu können. Zum Betäuben verwendete der Saustecher eine schwere, langstielige Axt und schlug mit deren Breitseite dem Schwein auf die Stirne, wodurch es ohnmächtig umfiel. Dieser Vorgang musste allerdings wiederholt werden, wenn sich die „Todgeweihte“ bewegte und der wuchtige Schlag sein Ziel verfehlte. Durch einen gezielten Stich in den Hals begann das Schwein auszubluten. Daher musste Johanna mit einem Weidling bereitstehen, um das ausfließende Blut für die spätere Produktion von Blutwürsten aufzufangen. Ständig rührte sie mit einer Hand das Blut durch, damit es beim Abkühlen nicht zu stocken begann und somit verwertbar blieb. Ludwig bewegte das liegende Schwein hin und her und bewirkte, dass auch der letzte Blutstropfen aus den Venen rann.

Im nächsten Arbeitsschritt wurden mit einem Messer die Achillessehnen der Hinterbeine für das Aufhängen des getöteten Tieres freigelegt. Zuvor wurde noch der Kopf abgetrennt und der Bäuerin ein Teil vom Hals für die spätere Jause übergeben. Der Sauschädel musste sorgfältig aufbewahrt werden, denn es war Brauch, dass dieser von Nachbarn oder Bekannten gestohlen werden durfte und für die Rückgabe eine Einladung zum Sauschädelessen ausgesprochen werden musste. Der Heimtransport des mit Fichtenzweigen geschmückten Sauschädels erfolgte auf einer Holztrage, geschultert von vier Männern, die nicht selten von Blasmusikanten oder Zieharmonikaspielern musikalisch begleitet wurden. An den Achillessehnen der Hinterbeine wurde das Schwein aufgehängt, ausgeweidet und in zwei Hälften zerteilt. Bevor es in alle verwertbaren Teile zerlegt wurde, kam es in den Kühlraum zur vorübergehenden Kühlung bzw. Aufbewahrung. Nach getaner Arbeit gab es ein „Bratl in der Rein“, in die die harten Arbeiter das Brot eintauchten, um so das salzige Bratfett mitzuessen. Kluger Weise wählte Ludwig immer alte und mindesten 200 kg schwere Tiere aus, sodass der Bedarf an Schweinefleisch für eine längere Zeit gedeckt war. Dadurch musste der Schlachtvorgang nicht so häufig vorgenommen werden. Um künftig das Töten von Schweinen „humaner“ gestalten zu können, bekam Ludwig zu Weihnachten von Johanna einen Schussapparat geschenkt.

Allerdings gab es auch Situationen, wo das Mitleid gegenüber Schweinen verloren ging. Obwohl Ludwig im Allgemeinen um ein gutes Verhältnis mit allen seinen Schweinen bemüht war, teilweise mit ihnen redete und sie oftmals streichelte, attackierte ihn so manches Borstenvieh schwer. Eines Tages brachte ein trächtiges Schwein mehrere Ferkel zur Welt. Und jedes Mal, wenn sie ein kleines, neues Leben gebar, drehte sie sich um und biss ihren eigenen Nachwuchs zu Tode. Als Ludwig das bemerkte, wollte er ihr das Neugeborene zum Schutz wegnehmen, wodurch auch er von ihr schwer angegriffen wurde. Nur dem resoluten Eingreifen von Martin war es zu verdanken, dass sein Vater den Stall unbeschadet verlassen konnte. Ebenso unerklärlich war für Ludwig die Attacke des knapp 300 kg schweren Ebers im Garten. Obwohl Martins Vater ihn immer wohlwollend betreute, wurde er von ihm überraschend zu Boden geworfen und konnte sich nur mit Rollbewegungen durch den elektrischen Weidezaun retten. So wie gelegentlich Menschen, sind auch manche Haustiere in ihrem Verhalten unberechenbar. In Anbetracht seiner Mitwirkungspflicht bei Hausschlachtungen konnte sich Martin nicht wirklich am „Saustechen" erfreuen. Deshalb fand er auch die als Kultur bezeichneten Mysterien-Orgien von Hermann Nitsch mit einem getöteten Stier, mit sechs getöteten Schweinen und 600 Liter Blut als abstoßend.

Hühnerhaltung war vor Jahrzehnten eine extensive Angelegenheit. Sie legten Eier, wann und wo sie wollten, und liefen, wohin sie wollten. Ihre Lieblingsplätze waren die umliegenden Hausgärten und der Misthaufen. Im Erdreich der Gärten scharrten sie erfolgreich nach Würmern und Larven. Mit den Flügeln warfen sie sich trockenes Erdreich zur Bekämpfung ihrer Läuse an die Haut. Am Misthaufen delektierten sie sich am Getreideschrott, den die Schweine aus den Futtertrögen warfen und der im Mist landete. Sie kratzten den Misthaufen so lange ab, bis kein Getreide mehr zu finden war. Die Hühner sorgten damit, dass das Getreide als wichtiges, landwirtschaftliches Futtermittel gänzlich verwertet wurde. Deshalb hatten solche Misthaufen keine würfelförmige, sondern eine pyramidenähnliche Form. Ihre Nester im Stadel oder am Heuboden blieben vielfach unentdeckt, weshalb diese Eier entweder verfaulten oder ausgebrütet wurden. Nicht selten kam eine Henne mit einer Schar Küken daher, von der niemand etwas wusste. Während unter normalen Umständen eine Henne bei einer Begegnung mit einem Menschen ängstlich reagiert und davonläuft, sollte man ihr in Begleitung ihrer Küken lieber nicht zu nahe kommen.

Der Hühnerbestand an einem Bauernhof wurde meist intern reguliert. Die Küken, die auf die Welt kamen, wurden nicht geschlechtsspezifisch aussortiert und hatten ein unbeschwertes Leben bis zum Erwachsensein. Den Hähnen ging es erst dann an den Kragen, wenn sie zu viel und erwachsen waren, da für die Fortpflanzung von etwa 30 Hühnern ein vitaler Hahn ausreicht und die ständigen Hahnenkämpfe Unruhen auf dem Bauernhof erzeugt hätten. Martins Bruder Fritz wurde im Alter von sechs Jahren von einem wild gewordenen Hahn grundlos so schwer attackiert, dass er beinahe das Auge verloren hätte. Er flog ihm auf die Schulter und hackte mit seinem Schnabel auf ihn ein. Das kostete dem rabiaten Hahn natürlich das Leben.

Die extensive Hühnerwirtschaft in der Vergangenheit hatte zur Folge, dass Hühnerfleisch am teuersten war und nur an besonderen Anlässen auf den Tischen gelangte. Hendlessen in einem Gasthaus war damals ungefähr vergleichbar mit dem Steakessen von heute. Erst durch die Massenhaltung in Legebatterien und Bodenhaltung fielen die Preise von Eiern und Hühnerfleisch in den Keller.

Wenn die Hähne ihr Schlachtgewicht erlangten und das zarte Fleisch dieses Federviehs am Sonntag am Speiseplan stehen sollte, erteilte Johanna samstags den Auftrag, zwei oder drei Hähne zu „entnehmen“. Aber dieser Auftrag war schwer zu erfüllen, denn die Hühner liefen gemeinsam und schnell von der Scheune in die Holzhütte und wieder retour. Und im Laufen waren sie unmöglich zu fangen und wenn sie eingeengt waren, drehten sie wieder um und liefen in die andere Richtung. Andreas und Martin waren ebenso erfolglos wie ratlos, bis ihnen ihr Freund Poschko eine Idee lieferte: *„Muss ma eine Stecke nehmen und schmeißen von hinten auf Kopf!“* Die beiden „bewaffneten“ sich dazu mit den gut einem Meter langen und daumendicken Stöcken, die zum Aufhängen und Trocknen von Gras und Klee in der Holzhütte lagerten, und schritten in Aktion. Als der gefiederte Schwarm an ihnen vorbeizog, warfen sie ihre Stöcke horizontal nach und trafen tatsächlich den einen und anderen Hahn, der benommen am Boden lag und leicht aufzunehmen war. Tötungsmethode war in ihrer Wirkung ähnlich der von Joseph-Ignace Guillotin im Zuge der Französischen Revolution entwickelten Guillotine, sie wurde jedoch nicht mit dem Fallbeil, sondern mit einer Axt am Hackstock ausgeführt. Sehr zur Verwunderung der jungen Akteure hüpften die geköpften Tiere noch einige Sekunden herum, bis sie ausgeblutet waren und ihre Lebensgeister sie verließen. Diese Fangmethode ging nicht immer gut und manchmal traf es zum Bedauern auch eierlegende Hühner, was Johanna sehr in Rage brachte. Um ihren anfänglichen Wutausbrüchen zu entgehen, tauchten die Beteiligten ein paar Stunden unter.

Freizeitverhalten am elterlichen Betrieb

Eine frei verfügbare Zeit war schon an einem bäuerlichen Betrieb sehr knapp. Wenn es keine saisonale Intensivarbeit gab, endete die Wochenarbeit samstagmittags. Davon ausgenommen waren die morgens und abends täglich zu besorgenden Stallarbeiten. Für Bauern, die gleichzeitig Gastwirte waren, gab es überdies auch kein freies Wochenende und keine freien Abende. So war es auch am elterlichen Betrieb von Martin. Erst nach Jahren, und als ihre Kinder teilweise schon erwachsen waren, hatte sich Johanna gegenüber Ludwig durchgesetzt und erreicht, dass an Montagen das Gasthaus geschlossen blieb. Aber in ihrer ganzen Zeit als Kinder und Jugendliche gab es für Andreas, Gabriele und Martin sowie für die nachfolgenden Geschwister Andrea, Fritz und Hubert nur den Heiligen Abend, an dem die gesamte Familie gleichzeitig an einem Tisch saß. Da es während des Jahres keine Zeit für abstimmende Gespräche zwischen Eltern und Kindern gab, wussten die Kinder am Weihnachtsabend auch nicht, was sie ihren Eltern ohne Konsequenzen anvertrauen hätten können. Die Gesprächsintensität war gering und oberflächlich.

Urlaube, die nach heutiger Gepflogenheit mehrere Wochen dauern, gab es kein einziges Mal. Einerseits konnte man Aushilfskräften keine so lange Zeit für die Betreuung der Nutztiere zumuten, andererseits waren Ludwig und Johanna „Gefangene“ ihres gewohnten, hohen Arbeitspensums und hatten Schwierigkeiten, eine Zeit ohne Arbeit zu verbringen. Vermutlich spielten auch die mit einem Urlaub verbundenen Kosten eine Rolle und sie investierten daher das Geld lieber in ihr Unternehmen. Dennoch gab es einmal im Jahr einen zwei- bis dreitägigen Ausflug, bei dem die Familie Kriegskameraden von Ludwig in der Steiermark, in Niederösterreich oder im Burgenland besuchte. Später nahmen die Wirtsleute auch an den Ausflügen des Sparvereines teil, die Ludwig organisierte. Erst als Ludwig und Johanna 60 Jahre alt waren, machten sie eine Busreise nach Lourdes und waren begeistert von der italienischen und französischen Riviera. Das mediterrane Essen mit Pasta, Pesci und Fruti di mare sowie mit Poisson und Fruit de mer traf nicht so ganz den Geschmack der Landbewohner und beide freuten sich nach ihrer Rückkehr wieder auf ein Wiener Schnitzel oder einen Schweinsbraten im eigenen Haus.

Martin war in seinen jungen Jahren zwar nicht in einer Verantwortungsrolle bezüglich der Arbeiten im Gasthaus. Doch gab es auch für ihn jede Menge Beschäftigungsmöglichkeit, auf die ihn seine Eltern wiederholt hinwiesen. Etwa das Entsorgen von leeren Flaschen, das Auffüllen der Getränkeflaschen in den Abstellräumen des Kühlraums, damit sie rasch über die Schanktüren entnommen werden konnten, oder das Abräumen der leeren Gläser von den verlassenen Tischen. Nach einer gewissen Einarbeitungszeit durfte der angehende Gastwirt bereits die Bier- und Weingläser füllen und servieren.

Das war nicht unbedingt Martins Leidenschaft und Freizeitvergnügen. Daher suchte er einen günstigen Moment, um heimlich auf den provisorischen Fußballplatz zu laufen. Von einem Rasen konnte nicht gesprochen werden. Es war eine Wiese, aber eben und wenn sie frisch gemäht war, rollte der Ball für die damaligen Verhältnisse schon zufriedenstellend. Es gab nur ein Tor, auf das beide Mannschaften spielten. Der Tormann schoss den Ball weit weg, um eine kurze Zeit Ruhe zu haben. Die jüngsten und meist noch nicht so begabten Anhänger des runden Leders holten den weit weg liegenden Ball und spielten diesen den älteren und meist besseren Spielern zu, damit diese ein Tor schießen konnten. Martin und seine Schulfreunde waren so etwas wie „Wasserträger“ für die arrivierten Spieler, bauten jedoch damit ihre läuferische Stärke erheblich aus. Bei diesen Fußballspielen gab es kein Zeitlimit. Es wurde an Wochenenden den ganzen Nachmittag ohne Pause, jedoch mit häufig wechselnden Mannschaften gespielt.

An heißen Sommertagen sprangen die erhitzten Sportler in den daneben liegenden Teich. Es war eine aufgelassene Schottergrube, die vom ehemaligen Schneidermeister gekauft und in einen Fischteich umgewidmet wurde. Martin konnte zwar nicht schwimmen, wusste aber, dass es in einer Entfernung von etwa 10 m eine seichte Stelle gibt, wo er Grund hatte. So tauchte er ohne Aufsicht als 6-Jähriger mit Schwimmbewegungen einfach darauf los. Hätte er die seichte Stelle verfehlt, wäre er ertrunken. Er fand Gefallen daran und wiederholte seine Wasserübungen so oft, dass er bereits nach einigen Wochen richtig schwimmen konnte.

Bereits im nächsten Sommer waren Pauli und Martin die Schwimmmöglichkeiten im Teich zu wenig attraktiv und sie wechselten zur eineinhalb Kilometer entfernten Donau. Die dortigen Möglichkeiten und Herausforderungen waren ungleich größer. Einmal war es die Wassertemperatur, die auch im Sommer nie über 22° Celsius hinauskam. Aber die beiden wollten nicht als „Warmduscher" angesehen werden und sprangen auch schon Mal zu Ostern bei 13° ins trübe Schneewasser. Vor allem, wenn sie von jungen und hübschen Mädchen beobachtet wurden. Eine noch größere Herausforderung waren die starken und unterschiedlichen Strömungsverhältnisse.

Zur Martins und Paulis Jugendzeit gab es noch kein Donaukraftwerk in Ottensheim, das mit dem Rückstau die Fließgeschwindigkeit der Donau im Eferdinger Becken verringerte. Die starke Strömung erzeugte in Bereichen, wo das Ufer mit riesengroßen Granitsteinen abgesichert wurde, große Wirbel, die ungeübte Schwimmer festhielten oder schlimmstenfalls hineinzogen. Die beiden entzogen sich der hydraulischen Gesetzmäßigkeit einfach dadurch, indem sie im Wirbel so weit abtauchten, bis er an Kraft verlor und sie wieder freiließ. Gegen die natürliche Strömung der Donau zu schwimmen ist nicht möglich. Daher haben die beiden gelernt, die Strömung für ihr Fortkommen im Wasser für sie zu nutzen. Etwa bei einem lückenhaften Sporn aus großen Steinen, um Flusswasser ausufern zu lassen und die Naturlandschaft zu bewässern. Bei einer solchen Lücke entsteht am unteren Ende eine starke Strömung ins Innere des stehenden Gewässers und am oberen Ende ein starker Wasserabfluss nach außen. Pauli und Martin schwammen von der einen Seite des Sporns auf die andere, wurden naturgemäß etwa 10 m ins stehende Wasser abgetrieben und landeten im oberen Bereich genau wieder in Spornmitte.

Einen großen Spaß bereitete Martin und seinen Schulkameraden das Schwimmen in den Wellen der Donauschiffe. Wenn Raddampfer wie „Schönbrunn“ oder „Stadt Wien“ gesichtet wurden, schwammen die jungen Draufgänger über die Spornlücke und liefen den Sporn weit stromaufwärts, wateten so weit in die Mitte der Donau, bis sie von der Strömung weggerissen wurden, und schwammen an die Schiffe bis auf einige Meter heran. Das ist bei Raddampfern sehr gefährlich, da die wuchtigen Schaufeln eine große Sogwirkung erzeugen und alles, was sich in unmittelbarer Nähe des Wassers befindet, mitgerissen wird. Das Nebelhorn heulte unentwegt, bis die jungen Draufgänger wieder aus dem Gefahrenbereich waren. Im Alter von 10 Jahren überquerte Martin mit jungen Männern die Donau, ging mit ihnen auf der anderen Seite stromaufwärts, um beim Zurückschwimmen wieder auf den Ausgangspunkt zu gelangen. Die Donau schwimmend zu überqueren gehörte für Martin und einige seiner Freunde zu einem ganz normalen Ereignis an einem Wochenende im Sommer. Als die Eltern von Martin von bekannten Gästen erfuhren, dass ihr Sohn bereits mit 8 Jahren in der Donau schwimmt, waren sie höchst erstaunt, da sie selbst ja zu den Nichtschwimmern gehörten und ihm das Schwimmen nicht beibringen hätten können.

Als ein im Zeichen der Fische Geborener war Martin gerne am, im und unter Wasser. Er entwickelte sich zu einem guten Schwimmer und tauchte weiter als alle seine Bekannten. Bereits mit 16 Jahren rettete er Herbert, einen 30-jährigen, großen Mann, aus einem Baggersee, der als Nichtschwimmer mit vorgetäuschten Schwimmbewegungen im Wasser ging und plötzlich in einem tieferen Bereich unterging. Er kämpfte um sein Leben ohne Aussicht auf Erfolg. Doch der 190 cm große Mann aus dem gleichen Ort wie Martin hatte Glück, dass Martin ihn als Nichtschwimmer in Erinnerung hatte, am Ufer saß und die Schwimmflossen anhatte. In wenigen Sekunden war bei ihm und zog ihn unbeschadet aus dem Wasser. Herbert erkannte den Ernst der Lage sehr und war seinem Retter stets dankbar. Zwei

Jahre später hat Martin als 18-Jähriger einen jungen Mann aus seinem Heimatort beobachtet, der durch das strömungsbedingte Abtriften in der Donau Angst bekam und gegen die Strömung zurückschwimmen wollte und dabei an Erschöpfung unterzugehen drohte. Wissend, dass dies nicht möglich ist und schlimm ausgehen konnte, sprang Martin zu ihm ins Wasser, brachte ihn aus der Strömung und sicher ans Ufer. Solche „Kleinigkeiten“ waren damals keine Berichterstattung in den Massenmedien wert.

Unterhaltung als Teenager

Das Alter von 16 Jahren zu erreichen, war angesichts zahlreicher und weitreichender Jugendschutzbestimmungen ein wichtiges Ziel von Jugendlichen. Vor allem, weil die Betroffenen (noch) nicht verstanden haben, warum sie zu schützen sind. Mit 16 durfte man rauchen, ein Moped lenken und am Abend länger ausbleiben. Ersteres war für Martin irrelevant, da er aus freiem Willen in diesem Alter zu rauchen aufhörte. Eine erhöhte Mobilität durch ein Moped war für ihn schon äußerst reizvoll. Lässt sich doch mit so einem Verkehrsmittel der Aktionsradius von der Nachbargemeinde zum Nachbarbezirk mühelos erweitern. Von seinen Eltern erhielt Martin das notwendige Geld, um ein Moped der Marke Puch mit 50 Ccm Hubraum gebraucht zu erwerben. Seine Fahrfähigkeiten hatte er schon zuvor mit geliehenen Geräten erprobt. Ungeachtet dessen hatte er im Alter von 15 Jahren das Motorrad seines Bruders Andreas repariert, das einen Motorschaden hatte. Natürlich musste er nach der Reparatur eine Probefahrt vornehmen und sich überzeugen, dass die 175er Puch auch problemlos lief, wenn er sie am Wochenende seinem vom Militärdienst heimkommenden Bruder übergab. Mopedfahren war also für Martin nicht wirklich eine Herausforderung – dachte er, als er den fahrbaren Untersatz von einer Gemeinde im Bezirk Perg über Linz heimbrachte. Leider begann es zu regnen und er musste stadtauswärts im spitzen Winkel die nassen Schienen der Mühlkreisbahn queren und stürzte. Niemand klärte ihn zuvor auf, dass Gummi auf nassem Eisen die Bodenhaftung verliert. Ab diesem Zeitpunkt wusste er es und querte künftig die Schienen langsam und, wenn möglich, im rechten Winkel. Leider wurde bei diesem Sturz die Bremse beschädigt und diese blockierte die Vorwärtsbewegung erheblich. So begann das neue Mobilitätszeitalter in der eigenen Werkstatt.

Die Reparatur war nur eine Frage von einigen Tagen und die gelegentlichen Touren der Teenager mit ihren „Hühnerstaubern“[8] brachten sie in Orte, die sie ausschließlich von Erzählungen her kannten. Die Landkarte ihres biologischen Navis vergrößerte sich mit jeder Ausfahrt. Vor allem entdeckten die jungen Rider, dass neben den heimischen Mädchen aus der Schulzeit auch in anderen Orten begehrenswerte Schönheiten existierten. Diese Erkenntnis befeuerte die postpubertierenden Jungmänner zu noch häufigeren Ausfahrten mit entfernteren Zielen.

Das Café-Haus in der Nachbargemeinde war ein sehr beliebtes und stark frequentiertes Lokal. Ingrid und Heinrich führten das „Tschecherl“, wie es im Volksmund genannt wurde, mit viel Freude, Spaß und Engagement und erzeugten ein ausgesprochen gutes Klima zum Wohlfühlen und Verweilen. Das führte oft zu langen Nächten und kurzen Schlafenszeiten. Ihr Lokal war ein Treffpunkt für vorwiegend jüngeres Publikum. Ein entscheidender Grund dafür lag neben den Wirtsleuten auch an der Musikbox. Endlich konnte man sich mit einem Schilling einen Song von The Beatles, The Rolling Stones, The Bee Gees oder Creedence Clearwater Revival anhören, ohne auf diese Titel im Radio warten zu müssen. Es war echt cool oder wie wir heute sagen würden: geil. Die kleinen Schellacks, die mit ihren Rillen schon die Grammophone in Stimmung brachten, waren in den 60er Jahren für jede Stimmungslage zu haben. Und mit einem Schilling konnte jeder seine Stimmungslage in die gewünschte Richtung lenken. Vor allem vermittelten diese weltweit berühmten Bands und viele Sänger eine Aufbruchsstimmung in eine friedliche Gesellschaftsordnung. Eine Abkehr von engstirnigen und konventionsreichen Verhaltensmustern, die über Jahrhunderte mehr oder weniger tradiert wurden und noch immer Vorgabe für die jungen Menschen sein sollten. Mit

8 Als Hühnerstauber wurden die kleinen und einfachen Puchmopeds genannt, da mit diesen häufig im bäuerlichen Umfeld gefahren wurde und dabei die Hühner vertrieben (verstaubt) wurden.

Slogans wie: „Give peace a chance“ oder „Make love, not war“ brachte die Flower-Power-Bewegung das zum Ausdruck, wofür sie stand. Martin sprach kein Wort Englisch, aber er verstand diese Botschaften auch ohne Übersetzung. Und sein damaliges Lieblingslied von Scott McKenzie „If you're going to San Francisco“ erzeugte bei ihm eine mitreißende Aufbruchsstimmung, die er aus vielen Gründen leider nur emotional ausleben konnte. Aber dieses starke Gefühl des Aufbruchs zu haben, war für ihn schon gut und irgendwie befreiend. Befreiend von einer Situation, in die er hineingeboren wurde und aus der es für ihn kein Entrinnen zu geben schien. Ähnlich den afrikanischen Sklaven in den Südstaaten, als sie versucht haben ihre aussichtslose Situation beim Baumwollpflücken durch ihre afroamerikanischen Lieder erträglicher zu machen.

Obwohl man annehmen hätte können, dass sich der Homo Sapiens nach 12.000 Jahren schon einigermaßen kulturell entwickelte, gab es 20 Jahre nach dem Zweiten Weltkrieg in Landkommunen vielfach noch archaische Gepflogenheiten. Nicht selten kam es zu einer Herausforderung von einheimischen Jungmännern, wenn ein Mädchen in ihrem Ort von einem „Auspfarrigen“[9] umworben wurde. So als wären diese weiblichen Geschöpfe ihr Eigentum oder hätten ihnen gegenüber ungeschriebene Verpflichtungen. Mit dieser Einstellung konnten sich nicht alle Jungmänner aus anderen Gemeinden abfinden und versuchten dennoch ihr Glück bei den unbekannten Schönheiten, wenn sie Chancen sahen.

Das bekam auch Martin zu spüren, als er mit Freunden in einer Mühlviertler Gemeinde eine Hochzeit besuchte, bei der ein Mädchen aus seiner Gemeinde den Braumeister der dortigen Bierbrauerei ehelichte. Als er die Hochzeitstafel verlassen wollte, blockierte ein einheimischer Mann im Alter von etwa 25 Jahren mit beiden Händen den Ausgang. Nachdem ihn Martin zweimal höflich ersuchte passieren zu dürfen und dieser keine Reaktion zeigte, nahm Martin seinen Arm vom Sessel und

9 Ein Mensch aus einer anderen Pfarre.

ging vorbei. Worauf dieser Martin einen kräftigen Stoß gab und ihn mit den Worten anbrüllte: „Kannst du nicht aufpassen, du Rutzbub!" Auf die Beteuerungen von Martin ging er gar nicht ein, sondern forderte ihn auf, mit ihm in den Garten vor dem Haus zu gehen, um die Sache zu klären. Martin war mit seinen 17 Jahren noch sehr jung und unerfahren in solchen Gesprächen, folgte aber trotzdem seiner Aufforderung. Einige Leute hatten diese Auseinandersetzung mitbekommen und begleiteten die beiden vor das Haus, da es offenbar etwas zu sehen gab. Während Martin noch dachte, dass nunmehr über diese Angelegenheit sachlich gesprochen wird, sah er, wie sein Gegenüber zu einem gewaltigen Faustschlag ausholte und auf ihn einschlug. Martin konnte noch rechtzeitig den Kopf seitlich drehen, wodurch er „nur" am Hals getroffen wurde. In diesem Moment schoss Martin der Ernst der Lage in den Kopf. Seine Muskeln begannen vor Erregung zu zittern und er war nunmehr fest entschlossen sich zu wehren. Mit seinen kraftvollen Armen hob er seinen Kontrahenten auf eine Mauer, wo ihm ein Blumenstock auf den Kopf fiel, holte ihn wieder runter und verpasste ihm so einen kräftigen Schlag auf den Kopf, dass er in den dreckigen Boden fiel und „liegend das Gespräch beendete". Erst nachher erfuhr Martin, dass dieser Mann ein notorischer Raufbold war, der sich schon mit Boxern und Polizisten geprügelt hatte. Damit waren Hochzeitsfeier und die Ausschau nach hübschen Mädchen für Martin beendet.

Raufereien gab es zu dieser Zeit nicht nur der Mädchen wegen, sondern auch unter Jungmännern. Sie dienten vorwiegend dazu, um die eigene Stärke zu demonstrieren und um eine gewisse Rangordnung herzustellen. So kam es vor, dass Martin in einem Jahr fünf Veranstaltungen besuchte, davon dreimal ein Mädchen kennenlernte und zweimal in einer Rauferei verwickelt war, ohne damit begonnen zu haben. Vor allem kam es vor, dass Freunde von Martin sich einer anbahnenden Rauferei nicht entzogen, wenn sie Martins Hilfe wussten.

Körperlichen Auseinandersetzungen musste sich Martin auch bei seiner Eigenschaft als Kellner im elterlichen Gasthausbetrieb stellen, wenn Gäste aus dem Lokal zu entfernen waren, weil diese randalierten oder zu raufen begannen und der verbalen Aufforderung das Lokal zu verlassen, nicht nachkamen. Zu Beginn der 70er Jahre, als Martin schon einer anderweitigen Beschäftigung nachging, eine Abendschule besuchte und von dieser müde nach Hause kam, rief ihn sein jüngerer Bruder Fritz zur Konfliktbereinigung in die Bar im ersten Stock. Es gab eine Musikveranstaltung der Katholischen Jugend, zu der sich ein betrunkener unbekannter Mann aus Eferding gesellte. Ungefragt trank er nach Belieben den Jugendlichen ihre Getränke aus und belästigte sie obendrein. Der Aufforderung des jungen Barkeepers Fritz schenke er nur ein Lächeln. Auch Martin nahm er nicht ernst, als dieser ihn aufforderte den Saal zu verlassen. Im Gegenteil, er wurde aggressiv und packte Martin am Hemd. Der ehemalige Boxer in der Landesliga hatte allerdings Martins Kräfte erheblich unterschätzt, als er ihn in Boxermanier ausschaltete, ihn anschließend schulterte und über die Stiege in den Garten warf. Seither machte dieser Mann einen großen Bogen um das Gasthaus.

Bildungsmöglichkeiten für Landarbeiter

Wie an anderer Stelle bereits erwähnt, war die Landwirtschaftskammer hochgradiger *Influencer* bei der betrieblichen Ausrichtung der Bauern und bei Bildungsfragen ihrer Kinder. Vor allem auch deshalb, weil die Menschen am Bauernhof wenig Zeit und Informationsmöglichkeiten für Alternativen hatten. Den Mädchen wurde der jahrhundertelangen Tradition entsprechend suggeriert, dass eine Haushaltungsschule für ihre künftigen Aufgaben als Ehefrau und Mutter die beste Ausbildung sei. Den Jungen wurde als Bildungshöhepunkt der Abschluss als landwirtschaftlicher Facharbeiter in einer Landwirtschaftlichen Fachschule eingeredet. Auch Martin und seinen älteren Geschwistern.

Um die eklatanten Defizite eines 7 ½-jährigen Pflichtschulbesuches etwas zu verringern, boten die Kammerverantwortlichen einen im Winter stattfindenden Lehrgang an, der mehrere Wochen dauerte. In Übereinstimmung mit seinen Eltern besuchte Martin diese Fortbildungsmöglichkeit in der Nachbargemeinde und radelte als 15-Jähriger täglich zu den Veranstaltungen in der dortigen Volksschule. Als Pädagoge fungierte der Direktor persönlich und war redlich bemüht, durch Wiederholungen und weiterführenden Stoff das geringe Wissen seiner Zuhörer anzureichern. Alle Schüler, wovon einige schon 20 Jahre alt waren, hatten Respekt vor seinem großen Wissen, obwohl er auffallend klein war.

Umfassender war der Lehrstoff einer landwirtschaftlichen Fachschule im Bezirk Perg, die Martin in den Wintermonaten 1967 bis 1969 besuchte. Der Besuch dieser Bildungsstätte war, mit Ausnahme der Schüler, die im selben Ort wohnten, nur als Internatsschüler möglich. Und das Internatsleben hatte es in sich: An Wochentagen wurden die angehenden Landwirte um 05:45 Uhr geweckt. Von 06:00 bis 07:15 Uhr war lautloses Selbststudium in der Klasse angeordnet, um den Stoff der

Vortage zu wiederholen oder sich für eine Prüfung vorzubereiten. Anschließend gab es im Speiseraum ein Frühstück, das ohne Verzögerung eingenommen werden musste, damit vor Unterrichtsbeginn um 08:00 Uhr noch der Morgenhygiene nachgekommen und das Zimmer perfekt aufgeräumt werden konnte. Die Mittagspause dauerte eineinhalb Stunden, um sich die Füße vertreten zu können, denn an einen Mail-, WhatsApp- oder Signal-Check dachte damals noch niemand. Nachmittags standen drei Lehrstunden am Programm, bevor die Internisten für zwei Stunden in die Freiheit entlassen wurden. Das Abendessen wurde um 18:30 Uhr ausgegeben und von 19:00 bis 20:00 stand wieder Selbststudium im Klassenzimmer auf dem Plan. Um 22:00 Uhr war definitiv Nachtruhe. Die Einhaltung der strengen Hausordnung wurde durch die dort unterrichteten Fachlehrer in ihrer Eigenschaft als Präfekt lückenlos überwacht. Für Martin war schon der „Bettenbau“ eine tägliche Herausforderung, um deren Anforderungen gerecht zu werden. Die Tuchent[10] hatte an der Oberfläche eben zu sein und am äußeren Rand eine Kante aufzuweisen, was er meist mit dem Besenstiel und seinen flachen Händen schaffte.

Trotz oder gerade weil die Internatsschüler so unter Druck standen, war die Gruppenkohäsion des jeweiligen Jahrgangs gut. Sie hielten zusammen, um den harten Vorgaben durch die Schulleitung entsprechen und einen positiven Abschluss erlangen zu können. Wie bei vielen anderen Gruppenbildungen ging es auch bei den Landwirtschaftsschülern nicht selten darum, wer das Sagen hat. Der Jahrgangssprecher war der von den Schülern gewählte „Bürgermeister“ und hatte die Aufgabe zwischen den Anforderungen der Schulleitung und den Wünschen der Schüler zu vermitteln. Martin wurde zum „Vizebürgermeister“ gewählt und erhob immer seine Stimme, wenn er es für berechtigt hielt. So auch beim jährlichen Redewettbewerb von der Landjugend. Offenbar, um genug Kandidaten aus der Bauernschaft für das Parlament zu haben, wo Bauernvertreter traditionell

10 Federbett

hochgradig vertreten waren. Dieser Bewerb fand bundesweit statt und wurde über die Bezirke und Länder in Österreich abgewickelt. Obwohl er sich bei seiner Präsentation gut fühlte, wurde er „nur“ Vierter und fragte sich, woran es wohl gelegen sei. Erst später fand er die Antwort durch das Reglement, wonach aus jedem Bezirk nur drei Personen am Landesbewerb teilnehmen konnten. Nachdem Martin aus einem anderen Bezirk war, hätte er über den Bezirk, an dem dieser Bewerb stattfand, für die Landesausscheidung nicht teilnehmen können und die dortige Teilnehmerzahl auf zwei reduziert. Daher war es für ihn nur die „Lederne“. Jedenfalls wurde Martin erstmals vor Augen geführt, dass für wichtige Entscheidungen nicht nur qualitative, sondern auch taktische Kriterien herangezogen werden können.

Angenehme Abwechslung brachte als externer Pädagoge der Direktor der dortigen Volksschule mit seinen Fächern Singen und Gesundheitslehre in den Unterrichtsplan. Vor allem waren es Fächer, bei denen sich der Lernbedarf in Grenzen hielt. Er war aber auch auf kommunaler und sportlicher Ebene eine treibende Kraft. Sein Herzblut galt der dortigen Turn- und Sportunion, die er zu einem Spitzenverein in der Leichtathletik machte. Als sogenannter Headhunter für Sportler mit Entwicklungspotenzial für seinen Verein schuf er für die Landwirtschaftsschüler jedes Jahr die Möglichkeit, das *Österreichische Sport- und Turnabzeichen* zu erlangen. Die meisten Schüler stellten sich den Bewerben von Weitspringen, 60 m-Lauf, Kugelstoßen, 5 km-Lauf und 300 m Schwimmen. Ohne Training und überwiegend in Straßenbekleidung stellte sich Martin diesen Herausforderungen und schaffte sie alle auf Anhieb für die 1. Klasse.

Highlights bildeten die jährlichen Hausbälle, bei denen die Schüler der Landwirtschaftsschule die Schülerinnen einer Haushaltungsschule empfingen. Unabhängig vom Geschlecht waren alle Teilnehmer gespannt, was da an interessanten Gegenüber auf sie zukommt. Es war so etwas wie ein Dating für beruflich sich nahestehende junge Menschen unter der Bezeichnung Hausball. Der Fokus lag primär darin, dass sich Jungmänner und Mädchen aus der Landjugend durch einen Tanz und einem Smalltalk näherkommen. Allerdings war die Zeit zu kurz, die

Musik zu laut und die Beobachtungen zu häufig für eine ausreichende Beurteilung einer möglichen Partnerin bzw. eines Partners. Es war eher ein Speeddating mit vielen Nebengeräuschen und Beobachtern. Martins Blicke gehörten einer dunkelhaarigen Schönheit aus dem Ort der Landwirtschaftsschule. Sie war groß, schlank und hatte ein faszinierendes Lächeln. Vermutlich war er zu schüchtern und noch nicht bindungswillig, wodurch er sie aus den Augen verlor und beim 50-jährigen Absolvententreffen erst wiedersah.

Abschließend betrachtet war der Besuch der Landwirtschaftlichen Fachschule ein wichtiger Punkt in der Entwicklung von Martin. Nicht nur weil er einen Lehrabschluss erlangte, sich in Deutsch und Mathematik verbessern und in den fachlichen Disziplinen wie Tierzucht, Pflanzen- und Obstbau ein wichtiges Grundwissen aneignen konnte, das weit über landwirtschaftlichen Einsatzbereich hinausgeht, wenn etwa von Gregor Mendel, dem Begründer der Vererbungslehre, gesprochen wurde.

Militärdienst als Neustart

„Österreich bekennt sich zur umfassenden Landesverteidigung. Ihre Aufgabe ist es, die Unabhängigkeit nach außen sowie die Unverletzlichkeit und Einheit des Bundesgebietes zu bewahren, insbesondere zur Aufrechterhaltung und Verteidigung der immerwährenden Neutralität. Hierbei sind auch die verfassungsmäßigen Einrichtungen und ihre Handlungsfähigkeit sowie die demokratischen Freiheiten der Einwohner vor gewaltsamen Angriffen von außen zu schützen und zu verteidigen. Jeder männliche Staatsbürger ist wehrpflichtig.“[11]

Vor dem Hintergrund dieser Verfassungsbestimmungen musste sich auch Martin bei der Stellungskommission einfinden, die ihn aufgrund seiner Vitalität als tauglich einstufte. Dem Alter entsprechend musste er am 1. Juli 1969 seinen Präsenzdienst in der Hiller Kaserne Linz antreten.

Die drei Monate zwischen Beendigung der landwirtschaftlichen Fachschule und dem Militärantritt arbeitete Martin noch verantwortungsbewusst im elterlichen Betrieb mit. Am Vortag seiner Einberufung eröffneten ihm seine Eltern Ludwig und Johanna, dass sie sich entschlossen haben, ihren Betrieb nicht wie vorgesehen dem Erstgeborenen Martin, sondern seinen um acht Jahre jüngeren Bruder Fritz zu übergeben. Begründet haben sie es damit, dass sie nicht so bald in den Ruhestand wechseln wollten. Der Empfehlung seiner Eltern entsprechend solle Martin nach dem Präsenzdienst entweder auf einen Bauernhof heiraten oder sich um einen Arbeitsplatz als Unselbständiger umsehen. Martin war sprachlos, zumal diese Entscheidung ohne Vorwarnung ausgesprochen wurde und nicht verhandelbar war. Wiederholt stellte er sich die Frage, warum ihn seine Eltern nichts lernen ließen, er ohne Bezahlung und bereits als Kind nur für sie

11 Bundes-Verfassungsgesetz, Fassung vom 29.01.2021 Artikel 9a, Abs. 1 + 3

schuften musste. Er kam zu dem Ergebnis, dass ihn seine Eltern deshalb ausnutzten, weil sie sich einen aufwändigen Dienstboten ersparen wollten. Nicht ausgeschlossen schien für ihn, dass sich bei der Entscheidungsfindung seine Mutter durchgesetzt hatte und ihren Lieblingssohn als Nachfolger sehen wollte. Glücklicher Weise war zu dieser Zeit die Nachfrage nach Arbeitskräften groß, denn von einer Arbeit am Bauernhof hatte Martin die Nase voll, gleichgültig wie schön eine mögliche Bäuerin und wie groß ihr Hof gewesen wäre.

Der Beginn der Militärzeit mit der straffen 6-wöchigen Grundausbildung war Ablenkung genug, um vom Lebensbetrug seiner Eltern abgelenkt zu werden. Während andere Menschen vermutlich in eine depressive Phase schlittern würden, dachte Martin darüber nach, wie er aus seiner fehlgeleiteten Lebenssituation herauskommen kann. Seine Einberufung in eine stadtnahe Kaserne von Linz verdankte er dem lieben Bekannten Rupert aus seinem Ort, der im Ergänzungskommando beschäftigt war und seinen Einfluss geltend machte. Er wurde dem Panzergrenadierbataillon 15, 2. Ausbildungskompanie zugeteilt. Beim Ausfassen der Panzerstiefel traf Martin den ehemaligen Schuster aus seiner Gemeinde, der sein Gewerbe mangels Schuhreparaturen aufgeben musste und beim Militär bis zu seiner Pensionierung eine Beschäftigung fand. Dieser Schuster war auch der Schwiegervater von Rupert und versorgte Martin gerne mit dem besten Schuhwerk, um als Panzergrenadier die vielen Fußmärsche gut überstehen zu können.

Die ersten sechs Wochen im Juli und August waren heiß und schweißtreibend. Besonders, wenn mit voller Ausrüstung eine Strecke von 30 km zu bewältigen war und der Kaserneneinmarsch im Gleichschritt und mit Gesang zu erfolgten hatte. Zum Schwitzen und Keuchen war es auch, wenn Sport auf dem Dienstplan stand und ein Leistungssportler des Bundesheeres die 240 Soldaten durch den Wald über den Schiltenberg jagte. Diese militärische Ertüchtigung war nach dem Geschmack von Martin, zählte er stets zu den ersten fünf dieser Läufergruppe. Weniger begeistern konnten ihn die nicht endenden Exerzierübungen in der Sonne, die von Kameraden, die an Hör- oder

Motorikschwächen litten und einen Gleichklang verhinderten, herbeigeführt wurden. Andere sangen beim Marschieren nicht den richtigen Text: „Wenn die Berge rot erglühen …“, sondern „Wenn der Berger rot erglüht …“, was den Ausbildner Berger ärgerte und er daher die Jungmänner weitere Runden drehen ließ.

Bereits nach zwei Wochen erkundigte sich der Spieß[12] Adolf, wer Erfahrung im Gastgewerbe habe. Martin meldete sich und wurde fallweise zum Ausschenken in den Aufenthaltsraum der Kompanie abkommandiert, was ihm sehr willkommen war. Adolf war ein großer, kräftiger und dunkelhaariger Mann aus dem Innviertel, eine Erscheinung in Uniform, die einem Gegner das Fürchten lernen konnte und den Frauen größte Bewunderung abrang. Er war 1939 geboren und sein Vorname war nicht wirklich eine Überraschung. Adolf war ein Soldat vom Scheitel bis zur Sohle, gewissenhaft, aber auch verständnisvoll gegenüber den Jungmännern und ihren Problemen.

Von einem Stabswachtmeister erfuhr Martin, dass es in Linz einen einjährigen Hauptschulkurs als Abendveranstaltung gab, der den Zugang zu einer Mittelschule ermöglichte. Um aus seiner Bildungsfalle zu gelangen, erkundigte sich Martin und meldete sich für den Herbstbeginn an. Unabhängig davon ging das Ausbildungsprogramm auch am Truppenübungsplatz weiter und Martin musste im Garten jenes Bauernhofs sein Schützenloch graben, wo er vor 19 Jahren das Licht der Welt erblickte. Ein eigenartiges und kaum beschreibbares Gefühl begleitete ihn dabei. Für ihn war diese Übung kurzfristig eine physische und emotionale Belastung, die er mit niemandem teilen wollte. Nach Beendigung der Grundausbildung wurden die Soldaten der Ausbildungskompanie zu anderen Einheiten dienstzugeteilt.

Durch die erneute Unterstützung seines Freundes Rupert kam Martin in die Stabskompanie des Panzerstabsbataillons 4 und musste erfreulicher Weise die stadtnahe Kaserne in Ebelsberg

---

12 Spieß ist der dienstführende Unteroffizier einer Kompanie und wird auch als Mutter der Kompanie bezeichnet.

nicht verlassen. Die Stabskompanie war, wie der Namen schon sagte, eine Sondereinheit für besondere Stabsaufgaben. Diese Kompanie wurde von einem Major geführt, der von Martin und seinen Kollegen sehr geschätzt wurde. Als ehemaliger Wasserballspieler in der höchsten Liga Österreichs war er groß, schlank und mit 50 Jahren bemerkenswert durchtrainiert. Er hatte großes Verständnis für die Jungmänner und ihre Wünsche. Er war ein Mann der klaren Worte und ein Verfechter von Ehrlichkeit. Wenn ein Rekrut bei ihm für einen Urlaubsschein über das Wochenende mit der Begründung vorstellig wurde, es gebe einen Todesfall in der Familie, lehnte er meist ab, weil er dieses Argument durchschaute. Wenn hingegen ein Jungmann als Begründung angab, er müsse sich um seine Freundin kümmern, um nicht verlassen zu werden, war der Urlaubsschein gesichert.

„Die Mutter dieser Kompanie" war Michael, ein Vizeleutnant, der höchste Rang im Bereich der Unteroffiziere. Er war zwar ohne Matura, bekleidete jedoch als Soldat im Zweiten Weltkrieg zuletzt die Funktion eines Majors. Durch seinen früheren Militärdienst in deutschen Verbänden brachte er auch eine für österreichische Verhältnisse ungewohnte Rhetorik mit, wenn es darum ging, Befehle besonders zu vermitteln: „Könnt ihr nicht oder wollt ihr nicht? Ich werde euch zeigen, wie das geht! Zentnerschwere Frauen … könnt ihr, aber Flurdienst machen könnt ihr nicht – ihr Himmelhunde!" Seine Sprüche galten offensichtlich als sein Markenzeichen und blieben in den meisten Fällen ohne schwerwiegende Konsequenzen. Vermutlich dienten seine Sprüche auch dazu, den jungen Rekruten seine ruhmreiche Vergangenheit als Offizier zu demonstrieren.

Von dieser Einheit wurde Martin in das Offizierskasino dienstzugeteilt. Das war ein Glücksfall aus mehreren Gründen. Die Teilnahme an den täglichen Standeskontrollen und Befehlsausgaben war nicht mehr verpflichtend. Ebenso waren Teilnahmen an waffenspezifischen Ausbildungen und Übungen im Gelände nicht mehr notwendig. Der Zugang von Unteroffizieren in das Offizierskasino war nicht gestattet. Das war für Martin und seine dortigen Kollegen insofern bedeutsam, da es dem UvD (Unteroffizier vom Dienst) nicht möglich war, die

Anwesenheit von den abkommandierten Soldaten zu überprüfen, und diese anderswo sein konnten.

Organisatorisch war das Offizierskasino gegliedert in den Kommandanten und den Leiter mit seinen fünf Ordonanzen. Kommandant des Kasinos war derselbe Major wie jener der Stabskompanie und in dieser Funktion ebenso geschätzt, da er seine Kompetenz nie zeigte und trotzdem als Problemlöser in Erscheinung trat. Problematischer war das Verhältnis vom operativen Leiter des Offizierskasinos Josef zu seinen Ordonanzen, die mit Ausnahme von Martin alle den Beruf des Kellners oder Kochs erlernt hatten. Einmal wöchentlich fuhr Josef mit zwei Ordonanzen zu einem bekannten Getränkegroßhändler, um einzukaufen. Als Stammkunde ging die eine oder andere Flasche Weinbrand nicht auf die Rechnung und füllte die „Hausbar“ von Josef. Da diese Mengen nie reichten, nahm er auch von abzurechnenden harten Getränken gerne einen Schluck, den er mit einem Kugelschreiberstrich am Etikett der Weinbrandflasche markierte und der so von den Ordonanzen abgerechnet wurde.

Josef war ein kleiner Mann mit großen Augenbrauen, aß kaum etwas, rauchte viel und war gezeichnet von seinem täglichen Alkoholgenuss. Nachdem das Mittagessen serviert war und die Offiziere das Casino verließen, legte sich Josef in seine Kammer, um zu schlafen. Natürlich in Uniform, denn er wollte ja stets bereit sein. Um etwa 16:00 Uhr wachte er auf, betrat das Kasino und teilte der ersten Ordonanz, die er traf, mit, dass sie entlassen sei und morgen nicht mehr zu kommen habe. Als Martin das zum ersten Mal hörte, war er völlig konsterniert und wusste nicht, was er sagen und tun sollte, bis ihn seine Kollegen aufklärten, dass dieser Befehl nicht befolgt werden muss, zumal Josef am nächsten Tag ohnehin nicht mehr wusste, was er am Vortag sagte. Josef war ohne familiären Anschluss und durch seinen Job dem Alkohol verfallen. Jahre später erfuhr Martin, dass er Suizid beging.

In der Hiller Kaserne wirkten rund 40 Offiziere. Vom Fähnrich, dem untersten Offiziersrang, bis zum Brigadier, als Höchstem in der Kaserne, waren die Dienstränge vielschichtig und das Verhalten dieser Funktionsträger interessant. Die jungen

Fähnriche und Leutnante fühlten sich durch ihre Ausbildung in der Militärakademie und durch die erstmalige Zugehörigkeit zur militärischen Elite als etwas ganz Besonderes. Sie zeigten das insbesondere den untergeordneten Soldaten mit großem Stolz und einer gewissen Überheblichkeit. Alle Menschen, die sich in ihrer unmittelbaren Umgebung davon eher unbeeindruckt zeigten, wurden nicht selten von ihnen über ihr fachliches Wissen bestimmend belehrt und auf ihre elitäre Zugehörigkeit aufmerksam gemacht. Erst wenn die Offiziere älter bzw. reifer an Berufs- und Lebenserfahrung wurden und vielleicht eine Familie hatten, so ab dem Dienstrang eines Hauptmanns, war offensichtlich ihr Selbstbewusstsein schon so gefestigt, dass sie manche Angelegenheiten gelassener und sich selbst nicht mehr so wichtig nahmen. Diese Verhaltensweisen wurden Martin und seinen Ordonanzkollegen vielfach vor Augen geführt. Parallelen zur universitären Entwicklung tun sich auf, wo Absolventen oder Assistenten einer Universität sich unheimlich gebildet vorkommen, denken alles zu wissen und dies bei jeder sich bietenden Gelegenheit gerne und leidenschaftlich demonstrieren. Die sokratische Erkenntnis[13] wird meist erst von habilitierten Universitätsgelehrten ausgesprochen, wenn sie zugeben, dass sie vom Wissen außerhalb ihres Fachgebiets wenig bis nichts verstehen würden.

Martin und seine Ordonanzkollegen im weißen Sakko und in Krawatte servierten den Offizieren, die sich dem Rang entsprechend an der u-förmigen Tafel gruppierten und an deren Spitze der Kasernen-Kommandant saß, ihre Getränke und Speisen. Der Kasernenkommandant war ein Oberst, der aufopfernd im Zweiten Weltkrieg diente und dabei den rechten Arm verlor. Das Mittagessen mussten die Ordonanzen nicht selbst zubereiten, sondern holten es aus der gemeinsamen Großküche. Obwohl nicht immer alle gemeldeten Offiziere im Kasino ein Essen einnahmen, verlangten die „Offizierskellner" die gesamte

13 Griechischer Philosoph Sokrates, 469–399 v. Chr.: „Ich weiß, dass ich nichts weiß."

Menge, was stets zu einem Überschuss an Hendln, Schnitzeln u. dgl. führte. Das blieb in der gesamten Zeit von Martin gängige Praxis und vermutlich auch danach, da die Kochverantwortlichen nicht wussten, wie viele Personen tatsächlich anwesend waren und eine Überprüfung vor Ort durften sie, wegen des unerlaubten Zutritts, nicht machen. Somit waren immer ausreichend Speisen vorhanden, die als Snack oder Jause an sympathische Offiziere oder an Freunden in der Truppe abgegeben werden konnten. Jedenfalls an Hunger litten die Ordonanzen nie.

Umgekehrt hatten sie die Möglichkeit, unsympathische Offiziere bei der Speisenabgabe zu benachteiligen, da jedem Offizier die Vor-, Haupt- und Nachspeise mit einem Schöpflöffel oder einer Zange auf ihre Teller gebracht wurde und gegebenenfalls die Portionen kleiner ausfielen. Auch Martin wurde von einem Leutnant aus unerklärlichen Gründen eine Standpauke mit herablassenden Äußerungen gehalten, die ihn in seiner Würde verletzten. Seine Gedanken beschäftigen sich vorrangig damit, wie er sich in irgendeiner Form revanchieren könnte. Bei einem der nächsten Mittagessen gab es einen Schweinebraten mit Semmelknödel und warmem Krautsalat. Dieses Menü war für Martins „Rachefeldzug“ bestens geeignet. Er stutzte den wohlriechenden Braten etwas zurecht, indem er das magere Fleisch fast gänzlich entfernte, und legte es dem unfreundlichen Leutnant mit der Servierzange auf den Teller, der höchst verdutzt schaute und zu Martin rief: „Ordonanz!“ „Ja bitte“, antwortete Martin gelassen. „Ich brauche eine Lupe, ich sehe das Fleisch nicht!“ Worauf der Kasernen-Kommandant im Befehlston rief: „Sind Sie ruhig, Herr Leutnant, gegessen wird, was auf den Tisch kommt!“ Er hatte jedoch die etwas umgestaltete Portion Gott sei Dank nicht gesehen. Womit dem Leutnant klar seine Grenzen aufgezeigt wurden und die Angelegenheit auch für Martin genugtuend erledigt war.

Nach dem Mittagstisch gingen viele der gesättigten Offiziere in das Klubzimmer, um zu rauchen und zu tarockieren. Auf kleinen Beistelltischen mussten die Ordonanzen die gewünschten Getränke abstellen. Das war mitunter eine schwierige Aufgabe, da die komfortablen Stühle kaum Platz zum Servieren ließen. Martin wollte gerade einen Espresso servieren, als ein Tarockspieler aus Freude über sein gewonnenes Spiel die Hände in die Höhe riss und dadurch den Espresso vom Tablett warf. Leider fiel die kleine Tasse mit dem heißen Inhalt in den Nacken eines Majors, der schmerzverzerrt laut brüllte, als ihm die schwarze Brühe langsam den Rücken hinunterran. Glücklicher Weise hatte der Major keine Waffe bei sich, da angesichts seiner Erregung sich Martin nicht sicher war, ob er dieses Missgeschick überlebt hätte.

An Wochenenden war das Offizierskasino klarerweise nur von jenen Soldaten besucht, die dienstliche Verpflichtungen hatten oder sich das Gratismenü nicht entgehen lassen wollten. Daher waren nur zwei Ordonanzen und am Sonntagnachmittag nur eine Person für die Verpflegung erforderlich. Mehrmals an Sonntagen suchte ein Oberst mit seiner Frau und seiner Tochter das Kasino auf. Der Oberst war schon etwas in die Jahre gekommen und seine Rundungen zeugten nicht unbedingt von einem sportlichen Freizeitverhalten. Vielmehr machte er mit seiner Familie im Kasino einen Spielenachmittag und lud Martin des Öfteren ein, daran teilzunehmen. Martin war sich nicht sicher, ob diese Einladung wegen eines erforderlichen vierten Spielers ausgesprochen wurde oder der einladende Offizier einen Schwiegersohn suchte. Um unnötige Komplikationen zu vermeiden und aus Respekt gegenüber der jungen Frau, die nicht unbedingt das Ziel seiner Begierde war, lehnte Martin höflich und dankend ab.

Wenn militärische Großübungen am Truppenübungsplatz Allensteig stattfanden und einige Rehe dem Kugelhagel nicht entfliehen konnten, gab es für die Befehlshaber und ihren Damen auch einen Rehbraten, der fachkundig von den Ordonanzen zubereitet und mit Rotwein kredenzt wurde. Dazu finanzierten die Offiziere die Getränke. Bevor die Gläser leer waren, füllten die Serviceleute im weißen Sakko die Weinkaraffen neu, nicht ohne vorher die Restmenge in eine mit Trichter bereitstehende Flasche gefüllt zu haben, und sorgten dafür, dass auch für die Dienerschaft etwas abfiel. Selbstorganisation kann nicht früh und oft genug gelernt und geübt werden. Eine weitere

Möglichkeit, das Taschengeld etwa aufzubessern, lieferte die Kaffeemaschine mit der vorgelagerten Kaffeemühle und ihrem Zählwerk. Wenn die mechanische Einlassöffnung nicht bis zum Anschlag betätigt wurde, löste sie das Zählwerk nicht aus und dieser Kaffee musste nicht abgerechnet werden. So führte das „schlampige" Betätigen der Kaffeemaschine „gelegentlich" dazu, dass in solchen Fällen der Kaffee wohl kassiert, aber nicht abgerechnet wurde. Trotz der geringen Preise von Getränken im Kasino und der „mangelhaften" Kaffeemühle waren die Tagesbilanzen stets positiv.

Der Präsenzdienst außerhalb des Offizierskasinos verlief ob der unterschiedlichen Verwendungen und vielen Restriktionen mehr oder weniger zufriedenstellend. Der Dienst für die Republik dauerte neun Monate. Davon bestand für die Einberufenen sechs Monate lang Uniformpflicht außerhalb der Kaserne. Wenn die Soldaten in ihrer Freizeit die Kaserne verlassen wollten, mussten sie einen Kontrollposten passieren, der die Adjustierung und den Haarschnitt prüfte, schaute, ob die Schuhe ordentlich geputzt waren und sich im Kamm keine Haare befanden. Um 22:00 Uhr war Nachtruhe; ein Heimkommen danach ohne Meldung und anschließenden Rapport war nur mit einem entsprechenden Ausgangsschein möglich. Erfreulicher Weise gab es auch Grundwehrdiener in den Schreibstellen der Kompaniekommandanten, die einen leichten Zugang zu diesen begehrten Scheinen hatten und liebevolle Kameraden waren. Ein unbemerktes Eindringen, etwa durch den Zaun um das große Gelände, war so gut wie nicht möglich. Außerdem wurde im Laufe des Abends vom Unteroffizier vom Dienst die Anwesenheit der Soldaten in den jeweiligen Zimmern geprüft.

In den Unterkünften gab es sechs Stockbetten für zwölf Personen. Ein Bewohner wurde zum Zimmerkommandanten bestellt und hatte gegenüber jedem eintretenden, ranghöheren Soldaten zu salutieren und eine Meldung zu machen: „Herr … melde Zimmer Nr. … beim Reinigen der Waffen/beim Schuheputzen …", während die übrigen Zimmerkollegen habt acht standen. Erst nach dem der höherrangige Besucher den Befehl: „Ruht!" gab, durften alle wieder in die Komfortstellung zurückkehren.

In Martins Zimmer gab es leider auch einen Kameraden, der trotz schweißtreibender Übungen um den Wasch- und Duschraum stets einen großen Bogen machte. Mit seinem Handtuch machte er eine Trockenreinigung, womit seinem höchst unangenehmen Geruch nicht im Geringsten beizukommen war. Da halfen auch seine verschiedensten Düfte nicht. Seine Zimmerkameraden machten ihn auf diesen für sie unhaltbaren Zustand aufmerksam und rieten ihm eindringlich, seine Körperreinigung auf ein übliches Wasch- und Duschprogramm umzustellen. Diese Appelle waren ebenso ohne Erfolg wie eine Zwangsdeportation in den Duschraum. Seine leidenden Kollegen griffen nunmehr zur Ultimo-Ratio-Disziplinierungsmethode im Soldatenleben und „gaben ihm die Decke". Operativ gesehen wird dabei dem Übeltäter eine Decke über den Kopf geworfen, damit er nicht sieht, von wem er mit Hosenriemen gezüchtigt wird. Die Decke verhindert überdies grobe Verletzungen. Sofort nach Einstellung dieser Disziplinierung lief der Hygieneverweigerer zum Unteroffizier vom Dienst und beschwerte sich über seine Misshandlung. Der diensthabende Unteroffizier ging auf das Zimmer, um sich über den Vorfall zu erkundigen. Allerdings konnte er keinen einzelnen Täter, sondern nur alle übrigen Zimmerkollegen verdächtigen. Am Folgetag mussten die Verdächtigen zum Rapport, wo sie gegenüber dem Kompaniekommandanten die Ursache für ihr gemeinsames Vorgehen darlegten. Da auch ihr oberster Vorgesetzter kein Verständnis für die vernachlässigte Hygiene hatte und die Disziplinierung als militärisches und probates Mittel hielt, gingen sie alle straffrei aus. Der Beschwerdeführer wurde ab diesem Zeitpunkt jede Nacht vom Unteroffizier vom Dienst kontrolliert, ob er ausreichend gewaschen war.

Die ungeliebten Wachdienste mussten mehr oder weniger von allen Präsenzdienern der Stabskompanie vorgenommen werden. Dabei kam im schneereichen und kalten Winter auch Martin einmal an die Reihe. Die Bewachung des Munitionsdepots am entlegenen Schiltenberg war eine Aufgabe von drei Soldaten. Einem Kommandanten, in der Regel ein Grundwehrdiener mit mehr als sechs Monaten Dienstzeit und vielfach Gefreiter und zwei dienstzeitlich jüngere Soldaten. Die Bewachung des Munitionsdepots erhielt durch die Überfälle auf Munitionslager, Geiselnahmen und Sprengstoffattentate von Mitgliedern der „Baader-Meinhof-Bande", eine *linksextremistische und terroristische Vereinigung* in der *Bundesrepublik Deutschland,* eine besondere Brisanz. Ihre Hauptprotagonisten waren *Andreas Baader* und *Ulrike Meinhof,* die ihre terroristische Gruppe zur Rote Armee Fraktion (RAF) weiterentwickelten, die für mindestens *33 Morde* an Führungskräften aus Politik, Wirtschaft und Verwaltung, deren Fahrern, an *Polizisten, Zollbeamten* und amerikanischen Soldaten sowie für mehrere *Banküberfälle* mit über 200 Verletzten und für die *Schleyer-Entführung* verantwortlich war. Die Wachaufgaben unter den sich bereits abzeichnenden Ereignissen im Nachbarland wurden verschärft vorgenommen und die jungen Soldaten waren angespannt bei ihren Rundgängen.

Das Munitionsdepot am Schiltenberg war tief im Wald und von einem starken und hohen Zaun umgeben. Ein Eindringen wäre nur mit technischen Hilfsmitteln möglich gewesen. Darüber hinaus wurden das Wachgebäude und der Depotzugang von außen hell erleuchtet. Beim Rundgang wurde der Bewacher von Flutlicht stark geblendet und sah außerhalb des Scheinwerferlichts im Wald nur Dunkelheit, während er im Scheinwerferlicht stand und als Zielscheibe bestens sichtbar war. Das erzeugte bei Martin ein mulmiges Gefühl trotz der Annahme, dass der deutsche Terrorismus in Österreich noch nicht angekommen war. Außerdem war es ziemlich kalt. Die Wache lief in einem 6-Stundenrhythmus ab. Der Rundgang dauerte 2 Stunden, während ein Kollege 2 Stunden im geheizten Wachzimmer Bereitschaftsdienst hatte und der andere Soldat sich 2 Stunden ausruhen durfte. Während die Rundgänge tagsüber vom Biorhythmus her unproblematisch waren, brauchte man in der finsteren und kalten Nacht schon mehr Überwindung. Durch den verschlossenen Zutritt konnte auch der Offizier vom Dienst zu Kontrollzwecken nur einfahren, wenn ihm vom Wachpersonal geöffnet wurde. Es war daher geübte Praxis, dass sich in der nächtlichen Winterzeit das gesamte Wachpersonal im geheizten Dienstraum aufhielt und nur bei Kontrollen über den Hinterausgang sich in

Wachposition brachte. Dieses Ansinnen trug Martin bei seinem Einsatz auch dem Wachkommandanten vor, was dieser leider ablehnte. Also änderte Martin seine Taktik dahingehend, dass er bei seiner Wache in der kalten Finsternis nach kurzer Zeit den Dienstraum betrat und dem Kommandanten mitteilte, es habe sich etwas bewegt im dunklen Wald und er Angst habe. Worauf ihn der Kommandant bei seinem 2-stündigen Einsatz mit dem Gewehr im Anschlag begleitete. Nach Ende der Wache von Martin war turnusgemäß der Kommandant an der Reihe, wodurch dieser beinahe auf vier Einsatzstunden in Folge kam. Als er seinen Dienst beendete, war er so ausgekühlt und müde, dass er die ganze Nacht durchschlief und nicht mitbekam, wie es sich seine Kollegen im Dienstraum gemütlich machten. Nach der Wachablöse und der Meldung über die Vorkommnisse musste sich Martin gegenüber dem Spieß rechtfertigen, der ihm nicht glaubte, aber kein Vergehen feststellen konnte.

Glück hatte Kurt bei seiner nächtlichen Wache. Kurt war ein attraktiver Jungmann, der Sprachprobleme hatte und bei der Standeskontrolle oft nicht mal seinen Namen sagen konnte. So unangenehm war ihm die Kommunikation vor einer größeren Menschenmenge. Jedoch in geselliger Runde mit seinen Kameraden, in der womöglich auch Mädchen waren, war Kurti gelöst und zeigte keine Sprachprobleme. Bei einem seiner Wachdienste, in der es finster und kalt war, suchte er im Kasernengelände einen passablen Unterschlupf und kroch in einen abgestellten Schützenpanzer. In voller Montur und mit dem Sturmgewehr kein leichtes Vorhaben. Noch bevor er einen Sitzplatz einnahm, löste sich ein Schuss und die Kugel sauste als Querschläger durch den Innenraum des stählernen Gefährts. In seinem Schock tastete er seinen Körper ab und untersuchte seine Uniform auf Blutspuren. Gott sei Dank blieb er unverletzt, beim Panzer waren jedoch einige Armaturen unbrauchbar. Wegen seiner Wachdienstverletzung und der Sachbeschädigung musste Kurti drei Tage lang in den Bau (Arrest).

Am Zimmer hatten wir ab einer verbleibenden Militärzeit von 100 Tagen einen „Lagemeter“ mit 100 cm aus Kunststoff, den wir jeden Tag mit einer Schere um 1 cm verkürzten. Damit zeigte er den Präsenzdienern in analoger Form jederzeit die noch zu verbleibenden Tage an. Diese Prozedur wurde mit großer und freudiger Zeremonie vorgenommen, die einem Staatsakt glich, wenngleich die Akteure anstelle von Anzug und Krawatte im Schlafanzug handelten. Etwa ein bis zwei Wochen vor dem Abrüsten[14] wurden von den Ordonanzen ihre Aufgaben an deren Nachfolgern übergeben, wodurch sie auch die dortige Schutzfunktion verloren hatten.

So ging es auch Martin, der in die Stabskompanie zurückkehren musste. Zwischen dieser Rückkehr und dem Termin der Abrüstung lag nur mehr ein Wochenende. Zu allem Verdruss war für den Samstag noch eine Haarschnittkontrolle angesagt, da ein Kurzhaarschnitt verlangt wurde. In Anbetracht der allgemeinen Langhaarzeit eine Aktion, die um jeden Preis vermieden werden musste, um nicht unnötig einen Rückschlag bei der „Aufholjagd" zu den Langhaarträgern zu erhalten. Da half nur ein Urlaubsschein von freitagabends bis sonntagabends. Als Martin mit diesem Wunsch Spieß Michael kontaktierte, fragte ihn dieser nach einer Begründung. Der Gesuchsteller dachte kurz nach und erinnerte sich, dass am vergangenen Wochenende seine Mutter drei Wildschweine für die rd. 150 Grundbesitzer des Jagdreviers kochte, die von der Jägerschaft kostenlos bereitgestellt wurden, und gab dieses vergangene Ereignis als Grund an. Der Entscheidungsträger schmunzelte süffisant und machte Wildschweinbraten als Gegenleistung zur Bedingung. Vor dem Hintergrund dieser fiktiven Argumentation kam Martin ins Schwitzen und wies darauf hin, dass er sein Feldgeschirr schon abgegeben habe und dadurch den Braten nicht mehr transportieren könne. Doch er hatte nicht mit dem schlitzohrigen Major der Reichsarmee gerechnet, der ihm, ohne zu zögern, sein eigenes Feldgeschirr aushändigte und den Urlaubsschein unterschrieb. Dieser Deal

---

14 Ein Wort, das bei der Aussprache von Abrüstern bei ihnen unbeschreibliche Glücksgefühle und eine gewisse Überheblichkeit gegenüber den noch zu verbleibenden Kameraden auslöste und nicht oft genug wiederholt werden konnte.

bereitete Martin ein unangenehmes Gefühl im Magen das sich erst auflöste, als er seiner Mutter davon erzählte. Johanna lachte und erklärte ihrem Sohn, dass es zwar kein Wildschweinfleisch mehr gebe, sich jedoch noch ein Rehfleisch in der Kühlanlage befinde, welches sie für diesen Zweck gerne zubereiten wolle. Gesagt, getan. Am Sonntagabend kehrte Martin in die Kaserne zurück und überbrachte seinem Spieß den „Wildschweinbraten", der ihn dankend entgegennahm. Bei der persönlichen Verabschiedung am folgenden Mittwoch fragte Martin seinen Spieß, ob ihm der „Wildschweinbraten" geschmeckt hatte, worauf dieser fragend antwortete: „War das wirklich ein Wildschwein?" Daraufhin teilte ihm Martin die Wahrheit mit und der Spieß merkte lachend an: „Ich habe es nicht erkannt, aber meine Frau hatte auf einen Rehbraten getippt. Egal, er war exzellent!"

Rückblickend gesehen hat Martin durchwegs positive Erinnerungen an seine 9-monatige Militärdienstzeit. Er hat anschaulich und nachhaltig gelernt, sich unterzuordnen, mit Ungerechtigkeiten zu leben, wenn Strafen nach dem Prinzip „einer für alle" zu verbüßen waren. Gespürt hat er auch die Kraft der Gemeinschaft, wenn er im Verband von 240 Kameraden marschierte und mit ihnen sang. Eine nicht unwesentliche Erkenntnis für den Jungsoldaten war aber festzustellen, dass es trotz befehlender Führungsstruktur immer noch Spielräume gab, die mit Mut, Raffinesse und Engagement persönlich gestaltet werden konnten. Ungeachtet von einigen bedeutungslosen Wichtigtuern gab es eine Reihe von Offizieren, die, sofern sie dienstlichen Obliegenheiten nicht entgegenstanden, persönliche Entwicklungen guthießen und teilweise sogar unterstützten. Davon konnte auch Martin profitieren und während seines Präsenzdienstes einen Hauptschulkurs in Linz besuchen und die herrschende Bettruhe legitim umgehen. Während viele seiner Kameraden ihre Freizeit im Buffet oder in den umliegenden Gasthäusern verbrachten, radelte Martin jeden Tag 18 km von Ebelsberg nach Linz in die Fadingerschule und zurück. Er wollte auf seinem Bildungsweg keine Zeit verlieren und startete den Kurs bereits während seiner Militärzeit und schloss ihn drei Monate danach positiv ab.

Arbeitssuche mit falscher Qualifikation

Die Suche nach einer erwerbsmäßigen Arbeit mit einer Ausbildung, der man künftig nicht mehr nachgehen will, ist ein schwieriges Unterfangen. So ging es auch Martin nach seiner Militärzeit und kurz vor seinem Hauptschulabschluss im Juli 1970. Arbeitspolitisch gesehen war diese Zeit jedoch ein Glücksfall, weil die Wirtschaft prosperierte und die Unternehmen um Arbeitskräfte buhlten. Es war die Zeit des „Golden Age", wo nominelle Wachstumsraten zwischen sechs und neun Prozent lagen. Mit seiner Erfahrung als manueller Schwerarbeiter und getragen vom Wunsch, durch eine entsprechende Ausbildung einmal zu den Kopfarbeitern zu gehören, versuchte er sein Berufsziel vorerst im Dienstleistungsbereich zu verwirklichen. Über Befreundete der Familie gelangte Martin zu einem Vorstellungsgespräch beim Bundesamt für Eich- und Vermessungswesen, was er nicht so als sein Metier ansah. Eine weitere Bekanntschaft führte ihn zum Amt der Oö. (Oberösterreichischen) Landesregierung, wo in Anbetracht der vielfältigen Dienstverwendungen sein Beschäftigungswunsch verwirklicht werden konnte.

Am 19. Mai 1970 fuhr Martin erstmals zu seiner neuen Arbeitsstätte. Sein Freund Ferdinand hatte schon ein eigenes Auto und am Weg zu seinem Arbeitsplatz nahm er den Anfänger bis zum Hauptbahnhof Linz mit. Navigationsgeräte gab es noch nicht und die eigene Routenberechnung war vermutlich nicht ganz exakt, wodurch Martin bei seinem Arbeitsantritt eine Viertelstunde zu spät kam. Martin hatte wegen seiner Verspätung am ersten Arbeitstag ein äußerst ungutes Gefühl, das sich auch im Magen bemerkbar machte. Doch als er in das große Hofgebäude mit etwa 1.000 Beschäftigten an der Kärntnerstraße eintrat, merkte er angesichts der Größe seine geringe Bedeutung. Er klopfte an die Tür des Personalchefs der Landesbaudirektion und eine weibliche Stimme bat ihn hinein. Martin landete bei seiner Sekretärin, die ihn zu ihrem Chef weiterleitete. Der Chef in diesem technischen Haus war naturgemäß ein Absolvent der Höheren Technischen Lehranstalt (HTL) und somit auch ein Techniker von großer Gestalt und mit einer tiefen Stimme. Er begrüßte Martin kurz und teilte ihm mit, dass er als Privatangestellter (PA) in Dienstverwendung genommen und organisatorisch der Abteilung Straßenbau, Unterabteilung „Boden- und Baustoffprüfung", zugeteilt wird. Der Regierungsrat wünschte ihm noch alles Gute und bot Martin im Bedarfsfall seine Hilfe an.

Die Boden- und Baustoffprüfstelle war und ist eine unverzichtbare Einrichtung, um sicherzustellen, dass Häuser, Brücken und Straßen nicht in Böden versinken oder wegen mangelhaften Baumaterials einstürzen. Sie hatte ihre Büros und Labors im Erdgeschoß und in den Kellerräumen. Organisatorisch gliederte sich diese Dienststelle in den Bodenbereich, der die verschiedenen Böden auf ihre Tragfähigkeit hin untersuchte, und den Bereich, der die Baustoffe, der Asphalt und Beton überprüfte.

Ehrfurchtsvoll und mit großem Respekt ging Martin zum Leiter der Unterabteilung und meldete sich zum Dienst. Martin wurde der Baustofftruppe zugeteilt, deren Leiter ein Regierungsrat war. Ein großgewachsener Mann, der stets Ruhe und Kompetenz ausstrahlte und im Dialog seine Gesprächspartner gerne in der dritten Person ansprach – wie früher die Majestäten ihre Untertanen. Unabhängig davon war sein Gesprächsstil sehr gepflegt und konsensorientiert. Im Führungsverhalten hielt er sich im Arbeitsprozess zurück und beschränkte sich vornehmlich auf seine Unterschriftsberechtigung, wenn Prüfungszeugnisse auszustellen waren. Sein Vertreter war ein ausgebildeter Bauhandwerker und hatte lediglich die persönliche Anrede in der dritten Person mit ihm gemein. Ansonsten war er als Vorgesetzter von Martin ganz anders zu erleben. Er war ziemlich klein und machte sich unentwegt wichtig, vor allem pushte er die Mitarbeiter durch vermehrte Arbeitsaufträge und kurzfristige Termine an.

Die anfängliche Aufgabe von Martin als Laborant war die Untersuchung von Asphalt-Bohrkernen. Diese Bohrkerne wurden den Straßenbelägen entnommen und im Labor gewogen, gemessen und die Hohlräume bestimmt. Anschließend wurden sie bei einer Temperatur von +180° C zerlegt und mittels Trichloräthylens extrahiert in Bitumen und Steinmaterial. Nach der Trennung von Bitumen und Kiesmaterial wird der Anteil am Bitumen ermittelt und durch eine Siebanalyse die Struktur des verwendeten Kiesmaterials untersucht. Die Ergebnisse mussten den Richtlinien und Vorschriften für den Straßenbau entsprechen. Andernfalls wurde kein positives Prüfungszeugnis ausgestellt. Dieses war jedoch für die Abnahme und Abrechnung von Bauvorhaben zwingend vorgeschrieben. Die Einhaltung dieser Vorschriften war und ist für die Haltbarkeit insofern wichtig, weil bei zu geringem Bitumenanteil der Asphalt schneller abbröckelt und etwa bei zu viel Feinanteil beim Kies die Belastbarkeit leidet und es vorzeitig zu Belagsverformungen (Spurrinnen) kommt. Andererseits ist bei zu hohem Anteil an großen Steinen beim Oberflächenbelag rasch mit „Ausmagerungen“ und einem Abbröckeln des Asphalts zu rechnen. Nach entsprechender Einarbeitungszeit im Labor durfte Martin auch Proben an den Straßen entnehmen und Dienstreisen im ganzen Bundesland machen, was seine Arbeit anreicherte. Martin verstand sich sehr gut mit seinen Kollegen und Kolleginnen, trotzdem wollte er sich in Richtung Schreibtischarbeit verändern.

Der Hauptgrund für seinen Veränderungswunsch war der geplante Besuch der 4-jährigen Handelsakademie für Berufstätige neben dem Vollzeitjob, um nach Abschluss befähigt zu sein, eine Bankfiliale leiten zu können. Zumal der Leiter einer Bankfiliale in den diesen Zeiten in den Regionen und Gemeinden eine wichtige und anerkannte Persönlichkeit war und daher zum Berufsziel von Martin wurde. Kurzschrift und Maschineschreiben waren dabei wichtige Kriterien, die nur bei einer Schreibtischarbeit geübt werden konnten. Um als sogenannte Schreibkraft verwendet werden zu können, war eine amtsinterne Prüfung erforderlich. Da Martin vor dieser Prüfung lediglich sechs Stunden Unterricht in Maschineschreiben hatte, scheiterte er an den geforderten 2.500 fehlerfreien Anschlägen pro zehn Minuten. Deshalb wurde er Ende 1971 als schreibende Vorzimmerkraft einer Dienststelle in der Abteilung „Wasserbau“ zugeteilt und als Vertragsbediensteter in die Verwendungsgruppe D (unterste Gruppe) überstellt. Sein monatliches Einkommen betrug, unter Berücksichtigung der Inflationsraten, etwa 990 Euro.

Ein junger Mann als Schreibkraft in einem Vorzimmer war sehr ungewöhnlich, da diese Aufgaben in der Regel von weiblichen Bediensteten wahrgenommen wurden. Das gelegentliche Schmunzeln von Kollegen und Kolleginnen nahm Martin mit Gelassenheit und Ignoranz entgegen, da er dies nur als eine vorübergehende Aufgabe am Weg zu seiner beruflichen Veränderung ansah. Und sein Ziel war ihm wichtiger als die damalige berufliche Situation. Er schrieb endlos lange Listen von Mitgliedern der Genossenschaften, die für Entwässerungsprojekte (Melioration) von landwirtschaftlichen Flächen gegründet wurden. Die Aufstellungen mit den einzelnen Grund- und Beitragsanteilen waren erforderlich, damit die Endabrechnung vorgenommen und die anteiligen Beiträge geleistet werden konnten. In Anbetracht der Tatsache, dass die landwirtschaftliche Produktion in Österreich erst Mitte der 70er Jahre autark und damit weniger vom Ausland abhängig wurde, förderten die Länder lange Zeit und großzügig Projekte zur Trockenlegung von sumpfigen Wiesen sowie zur Begradigung von Flussläufen. Erst Jahrzehnte später, als die meisten Biotope und Mäander verschwanden, kamen die Kulturtechniker zur Einsicht, dass man Ertragssteigerungen in der Landwirtschaft auch durch Erfolge in der Pflanzenzucht sowie mit dem Einsatz von Dünge- und Spritzmitteln erzielen kann.

Clara war die Chefsekretärin dieser untergeordneten Dienststelle und hatte gleichzeitig die Aufsicht über Martins Arbeitsleistung. Sie war 40 Jahre alt und damit beinahe doppelt so alt wie Martin, unverheiratet, von großer Gestalt und hatte schulterlanges, brünettes Haar. Sie war über Martins Mitwirkung im Vorzimmer sehr erfreut und stolz, da ihre Kolleginnen in den anderen Sekretariaten keinen so jungen und attraktiven Mann an ihren Seiten hatten. Clara war auch höchst zufrieden mit der Arbeitsleistung, die ihr Schreibtischnachbar leistete. Sie hatte Martin mehrmals zu einem Drink nach Dienstschluss eingeladen, was dieser stets ablehnte. Dafür war ihm der Besuch der Abendschule nach einem langen Arbeitstag zu wichtig. Andererseits gab es ein Mädchen in seinem Alter, das ihm wichtiger war. Weitere Ablehnungsgründe waren ihr Alter und ihr Lebenswandel.

Clara rauchte viel, natürlich ebenfalls im gemeinsamen Büro, und trank auch während der Dienstzeit nicht gerade wenig Alkohol. Zu dieser Zeit gab es im obersten Geschoß ein Buffet, das während den Dienstzeiten geöffnet hatte. Mindestens einmal pro Woche erreichte an einem der drei langen Arbeitstage Clara der Anruf ihres übernächsten Vorgesetzten, ob sie ihn in das Buffet auf einen Kaffee begleiten möchte. Das war für sie weniger eine Frage als vielmehr ein dienstlicher Auftrag, dem sie sich nicht entziehen „konnte" und für ihre Absenz am Arbeitsplatz Rechtfertigung genug. Diese „Kaffeekränzchen" begannen um etwa 10:00 Uhr und endeten nicht selten nach Schluss der Regeldienstzeit um 18:00 Uhr, sodass sie von Kollegen in ihrem betrunkenen Zustand so wenig wie möglich gesehen wurde. Alkoholgenuss während der Dienstzeit war damals kein Dienstvergehen. Für jeden Dienststellenleiter gehörte es sogar zu einer gepflegten Gesprächsführung, ihren Kunden nicht nur Kaffee, sondern auch etwas „Geistreiches" anzubieten. Geraucht wurde ohnedies in allen Räumen bis vor einigen Jahren.

Martins Obliegenheiten durch seine Weiterbildung neben einer 40-Stunden Arbeitswoche und die persönlichen Gründe für seine Abneigung gegenüber Clara, verhinderten eine Vertiefung der beiden auf der privaten Ebene. Dadurch war Clara sehr enttäuscht. Nach einiger Zeit begann sie formelle Dinge und Unwesentliches bei seinen Erledigungen als Fehler darzustellen. Solche, die einer objektiven Überprüfung nicht standgehalten hätten. Plötzlich warf der stellvertretende Leiter der Dienststelle Martin mangelhafte Arbeitsleistung vor, obwohl er gar keine Ahnung von seiner Arbeit hatte. Martin erlitt plötzlich so etwas wie Mobbing im klassischen Sinn, wenn versucht wird, eine Person zu isolieren, zu schwächen oder auszugrenzen bzw. vom Arbeitsplatz zu vertreiben. Es kann auch als Bossing angesehen werden, da es von Vorgesetzten kam, und hatte dazu noch den Beigeschmack eines sexuellen Motivs. Externe Hilfen oder Beratungsmöglichkeiten gab es nicht, da Mobbing als Delikt noch nicht definiert war. Martin hatte durch seine vielen Übungen die Prüfung in Maschineschreiben locker geschafft und verließ diesen Arbeitsplatz, so schnell er konnte.

Von der Schreibkraft zum Straßenbauer

Ähnlich der großen politischen Anstrengung von heute, das digitale Netz im Land auszubauen, hatte in der zweiten Hälfte des 20. Jahrhunderts das Ausbauprogramm des Straßennetzes große Priorität. Der Bedarf an Straßenbautechnikern im weitesten Sinne war auch im öffentlichen Dienst groß und Martin bewarb sich erfolgreich für eine Beschäftigung in der Straßenverwaltung. Räumlich gesehen machte er vom vierten in das zweite Stockwerk einen Abstieg, bezogen auf seine Verwendung jedoch einen Aufstieg, als er bei der Landesstraßenverwaltung seinen Dienst begann. Damit landete er wieder in der Abteilung Straßenbau. Sie war die größte Abteilung in der Landesverwaltung und zählte mit den Arbeitern in den Straßenmeistereien insgesamt rd. 2.500 Mitarbeiter. Die Straßen in Oberösterreich wurden durch zwei Verwaltungseinrichtungen betreut: eine Bundesstraßen- und eine Landesstraßenverwaltung. Erstere kümmert sich um das Straßennetz des Bundes (Bundesstraßen). Die zweite kümmert sich um das autonome Straßennetz des Landes (Landesstraßen) und subventionierte darüber hinaus das Straßennetz von den Gemeinden in Oberösterreich (Gemeindestraßen, Rad-, Güter- und Wanderwege).

Martin wurde bei seinem Dienstantritt einem Oberbaurat dienstzugeteilt. Ein großer, kräftiger Mann, stets mit einem Lächeln auf den Lippen und humorvoll. In seinem Auftrag musste Martin ein optimales Routing für die Streifendienstfahrten in den Betreuungsbereichen der einzelnen Straßenmeistereien erstellen. Was heute mittels Satelittennavigation in kürzester Zeit und exakt erledigt werden kann, war damals eine Herkulesaufgabe für mehrere Monate. Martin ging mit großer Freude an die Arbeit, bot sie ihm doch die Möglichkeit, sich zu präsentieren und seinen arbeitsbezogenen Bekanntenkreis zu vergrößern. Auf Straßenkarten der einzelnen Straßenbezirke zeichnete er verschiedenfärbige Fahrtrouten ein in der Annahme, dass sie optimal sind. Anschließend ging er zu den jeweiligen Straßenbezirksleitern, um seine Ergebnisse zu präsentieren und sie gegebenenfalls zu korrigieren.

Eines Tages wollte er diesbezüglich Rücksprache mit einem Leiter des Straßenbezirkes machen und kam in sein Vorzimmer. Seine Sekretärin erlaubte Martin ins Chefbüro einzutreten. Martin klopfte dreimal an der gepolsterten Tür, hörte aber kein Herein. Er dachte nun, dass er das Herein vielleicht nicht gehört hatte, öffnete die Tür, grüßte und trat ein. Der Bezirksleiter las in seinen Unterlagen weiter und sah seinen Besucher mit keinem Blick an. So, als würde er gar nicht existieren. Für Martin waren die Sekunden der Ignoranz höchst unangenehm. Am liebsten wäre er im Boden versunken und wieder gegangen. Nach etwa einer halben Minute hob er den Blick zu Martin und sagte: „Eigentlich habe ich nicht *herein* gesagt, aber wenn Sie schon da sind, sagen Sie, was Sie wollen.“ Nach Klärung der offenen Fragen ging Martin aus diesem Büro. Noch nie zuvor wurde er so von oben herab behandelt. Er fühlte sich gedemütigt und seine Gefühle sannen nach Rache, um das emotionale Gleichgewicht wieder einigermaßen zufriedenstellend herzustellen. Wie es der Zufall manchmal will, ergab sich ein Jahr später diese Gelegenheit. Martin war inzwischen Mitarbeiter bei der Budgetstelle für die einzelnen Straßenbauprojekte, als es eines Tages an der Tür klopfte und der vorhin beschriebene Straßenbezirksleiter eintrat. Demütig wandte er sich zu Martin und ersuchte um Aufstockung der Budgetmittel für eine teurer gewordene Baustelle in seinem Bezirk. Martin sah ihn an und sagte zu ihm: „Ich habe zwar auch nicht herein gesagt, aber für mich ist das nicht so wichtig.“ Das hat der Straßenbezirksleiter verstanden, ebenso die Tatsache, dass sich die Rollen ändern können und man selbst von einem Genehmiger zum Bittsteller werden kann. Ab diesem Zeitpunkt hatte Martin das Gefühl, dass ihre Begegnungen auf einer respektvollen und freundlichen Ebene stattfanden.

Obwohl Martin sein berufliches Ziel außerhalb der Landesverwaltung sah, war er engagiert und innovativ, was den dortigen Führungskräften nicht verborgen blieb. Schon nach kurzer Zeit wurde er mit höherwertigen Aufgaben betraut und daher auch in die höhere Verwendungsgruppe überstellt. Friedrich, als sein unmittelbarer Vorgesetzter, war als Techniker für den Bau und die Erhaltung der knapp 50 Straßenmeistereien und Bauhöfe in Oberösterreich und für die in Verwaltung stehenden Budgetmittel von rd. 500 Millionen Schilling verantwortlich. Friedrich war klein und korpulent, aber ein „Hansdampf in allen Gassen". Er war mutig und gerissen und fand immer einen Lösungsweg. Von ihm lernte Martin viel.

Bekanntlich reichen die Budgetmittel für das eine oder andere Projekt nicht aus, wodurch auch zu dieser Zeit Umschichtungen oder Verstärkungsmittel erforderlich waren, die beantragt und von der Finanzstelle genehmigt werden mussten. Friedrich schrieb vier bis fünf seitenlange Begründungen mit unendlich vielen Details wohl wissend, dass sich niemand die Mühe machen würde sie zu lesen und zu bewerten. Und in Unkenntnis der Begründungen stimmten die Bearbeiter eher zu, um zu vermeiden, dass im umgekehrten Fall nachträglich auf ein wichtiges Begründungsdetail hingewiesen und offensichtlich wird, dass die Genehmiger die Begründung nicht gelesen hatten. Manchmal kontaktierte er den Bearbeiter im Voraus, um die wichtigsten Argumente für eine Genehmigung zu erfahren und im Antrag zu berücksichtigen. Bereits in jungen Jahren war Friedrich ein „alter Hase", was Werner, der Leiter der Straßenverwaltung, sehr an ihm schätzte und nutzte.

Werner war Hofrat und sein Führungsstil konnte als patriarchalisch eingestuft werden. Seine väterliche Autorität als Führungsleitbild wurde von seinen Mitarbeitern gerne angenommen und geschätzt. Vor allem war er froh, wenig administrative Arbeiten oder Entscheidungen treffen zu müssen, und hatte gerne und viel delegiert. So gesehen hat er bewirkt, dass wenige Rücksprachen und Besprechungen erforderlich waren, was sich verwaltungsökonomisch positiv auswirkte. Er war für die Probleme der Mitarbeiter zugänglich und ausgesprochen humorvoll. Am liebsten war ihm, wenn „der Laden ohne ihn lief" und er sich gedanklich seinem nächsten Campingurlaub widmen konnte.

Anlässlich eines Betriebsausfluges ersuchten ihn Friedrich und Martin einer internen Umschichtung von Budgetmitteln in Höhe von 30 Millionen Schilling für ein Hochbauprojekt einer Straßenmeisterei zuzustimmen. Er hatte einen riesigen Spaß am dramaturgischen Betteln der beiden um Genehmigung und handelte den Betrag auf 25 Millionen herunter. Er genoss dieses „Theater“ und spielte vergnüglich mit. Zuletzt glaubte er fünf Millionen eingespart zu haben, was rechnerisch ja richtig war. Allerdings wusste er nicht, dass sie ohnehin nur 19 Millionen benötigten.

Wie vorhin bereits erwähnt, war Werner lieber kontrollierend auf den Straßen unterwegs als im Büro bei den Akten. Zwischenzeitlich stapelten sich des Öfteren die Anträge, mit denen die Straßenbaumittel in einer Sitzung der Landesregierung genehmigt werden sollten. Ohne diese Genehmigung durften die Bauarbeiten nicht vergeben und begonnen werden. Werner musste diese Mittelanträge zweimal unterschreiben. Einmal bevor sie der Regierung vorgelegt werden und nach deren Genehmigung musste er das Informationsschreiben über die Genehmigung unterzeichnen. Friedrich und Martin nahmen ihren Chef in die Mitte eines Tisches und „verpflichteten“ ihn zur Unterschriftleistung. Sogar seinen Toilettenwunsch lehnten sie lachend ab und legten ihm einen Antrag nach dem andern mit der Bemerkung vor, er brauche den Akt nicht lesen, da er ihn nach Genehmigung ohnedies noch einmal sehen wird. Friedrich öffnete die zahlreichen Akte, Werner leistete seine Unterschrift mit dem ersten Buchstaben seines Namens und Martin klappte die Umschläge zu und stapelte sie. Als nun jene Akte zu unterzeichnen waren, die von der Genehmigung zurückkamen, meinten seine Mitarbeiter, dass er auch die nicht ansehen müsse, da er sie schon einmal unterschrieben habe. Spätestens zu diesem Zeitpunkt merkte er, dass von den beiden hinters Licht geführt wurde und schimpfte sie mit einem Lächeln im Gesicht als Gauner. Friedrich und Martin hatten einen Spaß, weil sie ihren Chef trickreich arbeiten ließen. Werner war froh die Arbeit vom Tisch zu haben und die Techniker konnten die Arbeiten endlich an die Firmen vergeben. Eine Win-win-win-Situation für alle.

Eine besondere Stellung nahm der Virginia rauchende Johann ein. Johann war wegen seines groß gewachsenen Körpers und seines behäbigen Ganges schon von weitem eine Erscheinung, die Aufmerksamkeit erregte. Sein Gehör war nicht zum Besten und in seiner langsamen und nuschelnden Aussprache lag etwas Adeliges. Johann führte den Ingenieur-Titel, was auf einen Abschluss an einer HTL (früher Staatsbauschule) schließen ließ. Der Arbeitgeber stufte ihn jedoch als Technischen Fachoberinspektor ein. Vermutlich wurde ihm, wie vielen Studenten in der Hitlerzeit, der Titel trotzdem verliehen, obwohl er das Studium wegen Kriegsdienst vorzeitig beenden musste.

Johann wurde als straßenbautechnischer Sonderberater bei Gemeindebauvorhaben eingesetzt, wo so etwas Ähnliches wie ein Mediator benötigt wurde oder es großen politischen Einfluss gab. Es waren nur etwa acht bis maximal zehn Gemeinden, die er in unterschiedlicher Intensität betreute. Von den dortigen Bürgermeistern besonders geschätzt wurden seine diskret vorgetragenen Informationen aus der Landespolitik, da es zu dieser Zeit wenige Medien und noch keine Postings bzw. Social Media gab. Sein Interesse galt aber auch dem Sozialverhalten von bestimmten Personen in der Gemeinde. Er war belesen, geschichtlich sehr bewandert und reicherte damit seine Erzählungen und Anekdoten überzeugend an. In bestimmten Lokalen, wo Johann seine „Besprechungen" mit Bürgermeistern und Firmenvertretern abhielt, wurde er deswegen auch scherzhaft als Hofrat bezeichnet, was er mit einem Grinsen und genugtuend über sich ergehen ließ. Eines Tages begleitete ihn sein Chef Werner zu einer solchen Besprechung. Als die Runde Johann bemerkte, fragten sie ihn, ob er, als Hofrat, heute seinen Mitarbeiter dabeihabe. Sehr zum Gelächter aller Beteiligten, als sie über den Fauxpas aufgeklärt wurden. Aber auch sein Chef, der wirkliche Hofrat, konnte darüber lachen.

Straßenbautechnisch hatte Johann jedoch ein profundes Wissen und war auch bereit, dieses an Martin weiterzugeben. Er zeigte dem Newcomer, wie man einen Theodolit und ein Nivelliergerät bedient und wie man einfache Trassenführungen ohne Gerätunterstützung abstecken kann, was bei den meisten Gemeindestraßen möglich war. Wenn er vom Stammwirt in einer Gemeinde gesehen wurde, legte dieser vorausschauend die Schnapsflasche aufs Eis, um den Ingenieur wunschgerecht bedienen zu können.

Einmal begleitete ihn Martin in eine Gemeinde im Bezirk Vöcklabruck. Sie kontaktierten den Amtsleiter und erkundigten sich nach dem Bürgermeister. Der Amtsleiter schickte die beiden in ein Gasthaus und versicherte ihnen, dass das Gemeindeoberhaupt unverzüglich zur „Besprechung" nachkommen werde. Was auch geschah. Zunächst wurde eine Jause eingenommen, bei der alle wichtigen Informationen ausgetauscht wurden. Schneller als erwartet wurde es Mittag und Johann wollte nicht unhöflich sein und sich der Gemeindeeinladung nicht entziehen. Nachdem der Nachtisch verzehrt und es inzwischen 14:00 Uhr war, fragte Martin leise an, wann nun die Trasse abgesteckt werden solle, was Johann mit einer Geste der Gleichgültigkeit und den Worten abtat: „Das machen wir nächste Woche!" Das war nicht so im Sinne von Martin, aber er musste sich fügen.

Johann war vier Tage in der Woche auf Dienstreise und lediglich am Freitag im Büro anwesend, um sich die Dienstreiseaufträge für die kommende Woche genehmigen zu lassen. An einem dieser Freitage war Johann aufgeregt wie nie zuvor und kaum zu beruhigen. Erst nach einigen Schimpftiraden teilte er Martin mit, dass er am Vortag mit etwas zu viel Alkohol von der Fahrbahn abkam und sein Auto im Straßengraben beschädigte. Zur damaligen Zeit gab es zwar eine Promillegrenze im Straßenverkehr, die jedoch kaum kontrolliert wurde. Für Schäden beim Einsatz des privaten Fahrzeugs bei Dienstreisen gab es auch keine Vergütung, wodurch Johann selbst für den Schaden von 20.000 Schilling aufkommen musste. In seiner Verzweiflung rief er einen bekannten Prokuristen einer Straßenbaufirma, den er gelegentlich Aufträge vermittelte, an und beklagte, dass er wegen der Geschäftsanbahnung für sie zu Schaden gekommen sei. Das angerufene Bauunternehmen überwies ihm den halben Betrag ohne Quittung.

Aufgrund der Personalaufnahmen wurde die Raumsituation problematischer und die annähernd 1.000 Dienstnehmer im hofartigen Amtsgebäude an der Kärntnerstraße mussten zusammenrücken. Zwei oder drei Personen in einem Zimmer waren mit Ausnahme von Führungskräften die Regel. So mussten sich auch Martin und Erich ein Büro teilen. Diese Zuordnung war nicht ganz ohne Brisanz, zumal Erich einige Monate zuvor bei Vorwahlen für die Funktion als Vertrauensperson sein Mandat an Martin verlor. Diese Niederlage hatte er lange nicht überwunden, jedoch nie so wirklich gezeigt. Altersmäßig hätte er der Vater von Martin sein und im Geheimen eine väterliche Rolle einnehmen können. Was er allerdings nicht tat.

Erich war für das Straßenbuch verantwortlich. In dieser Aufzeichnung wird das autonome Straßennetz des Landes exakt mit Namen, Nummer und Länge beschrieben. Die hunderten verschiedenen Landesstraßen mit einer Gesamtlänge von über 4.000 km mussten in ihrer Länge genau gemessen werden, um die Wegweiser mit korrekten Kilometerangaben aufstellen, Unfallorte genau beschreiben und Straßenbauprojekte abschnittsweise durchführen zu können. „Bewaffnet" mit einem Messrad und einer umgehängten Schreibtafel war er in der eisfreien Zeit ständig auf den Straßen in Oberösterreich unterwegs, um die Daten zu ermitteln bzw. aufzunehmen. Gleichzeitig zeichnete er die zu produzierenden Wegweisetafeln, was er hervorragend machte. Erich war ein unerkanntes Zeichentalent und zeigte nur selten seine künstlerischen Qualitäten.

Gesellschaftspolitisch war er sehr streng und wiederholte stets den Ruf nach mehr Ordnung durch verstärkten Polizeieinsatz. Etwa, wenn sorglose Landesbürger Papier wegwarfen, ungebührend laut waren oder sich nicht an die Straßenverkehrsordnung hielten. Martin merkte bald, dass der Ordnungsbegriff von Erich und sein ständiger Ruf nach Polizeigewalt zur Durchsetzung seiner Vorstellung von Ordnung aus einer autoritären Zeit stammten, die er keinesfalls erleben wollte. Martin ließ seine Ansichten weitgehend unkommentiert und schaffte damit einen Modus Vivendi, mit dem beide gut leben konnten. Martin ignorierte bei seinem Gegenüber auch seine Angst vor Zahnärzten und sah über die Jahre kommentarlos zu, wie in seinem Mund die Zähne verfaulten und er nur mehr mit vorgehaltener Hand lachte.

Zu Beginn der 70er Jahre erlebten die Länder außerhalb der Warschau-Pakt-Staaten einen noch nie da gewesenen Wirtschaftsaufschwung. Die Bereitstellung von Straßen galt als wichtigstes Infrastrukturprojekt in der Politik. Die bestehenden Straßen mussten dem rasant wachsenden Verkehrsaufkommen entsprechend ausgebaut und asphaltiert werden. Damit wuchsen auch die Verwaltungsaufgaben und es erhöhte sich das dazu benötigte Personal, das vorwiegend mit jüngeren Personen abgedeckt wurde. Die jungen Menschen waren vielfach engagiert, innovativ und hinterfragten manchmal die gewohnten Arbeitsprozesse. Von den länger dienenden Kollegen wurden solche Ansinnen meist mit der Begründung: „das haben wir immer so gemacht!", zurechtgewiesen.

Den Frauen wird nachgesagt, sie seien in vielen Fällen aufmerksamer und gefühlsbetonter als Männer. Was bei übereinstimmenden Werten und Zielen heute noch feststellbar ist und bei Kooperationen sich vielfach als Vorteil herausstellt. Ein anderes Bild zeigen Frauen gelegentlich, wenn sie untereinander im Wettbewerb bei der Gunst von Männern oder Vorgesetzten stehen. Nicht selten hatte Martin erlebt, wie jüngere, moderner gekleidete und meist auch hübschere Frauen von den männlichen Kollegen umschwärmt wurden, während etablierte und ältere Kolleginnen von der amtsinternen Männerwelt weniger Beachtung erhielten. Das blieb nicht ohne Folgen. Die Chefsekretärinnen zeigten dem weiblichen Nachwuchs, wer das Sagen hatte, und versuchten belanglose Fälle zu dramatisieren. Viele junge Mitarbeiterinnen waren verzweifelt und fühlten sich hilflos. Martin erkannte sehr früh die Wünsche und Probleme der jungen Mitarbeiter, da er selbst noch im jungen Berufsalter war, und engagierte sich für sie, indem er dem Jungenausschuss (JAS) beitrat. Es war ein Gremium innerhalb der Dienstnehmervertretung in der Landesverwaltung, das sich speziell um die Interessen von jugendlichen Mitarbeitern kümmerte. Wenn man so will, eine Vorfeldorganisation der Dienstnehmervertretung, wo sich angehende Funktionäre etablieren konnten. Von den Mitgliedern wurde er zum Obmann-Stellvertreter des JAS gewählt.

Auf der Leiter nach oben konnte es Martin nicht schnell genug gehen, zumal er von seinen Eltern einen Baugrund erbte und diesen nicht länger unbebaut wissen wollte. Die Handelsakademie für Berufstätige (HAK) war für Martin eine noch nie erlebte Herausforderung. Nach einem langen Arbeitstag begann der Unterricht um 18:00 Uhr und endete um 22:00 Uhr. Diese Fülle an völlig neuen Informationen, die auf ihn zu nächtlichen Stunden niederprasselten, raubte Martin jede Energie. Wenn er nach Hause fuhr und vor der Garage stand, hatte er nicht die geringste Ahnung, was auf der Straße passierte. So sehr wurden seine Gedanken vom Lehrstoff in Beschlag genommen.

Im ersten Schuljahr starteten knapp 100 Studenten in zwei Klassen ihre Weiterbildung. Eine Anzahl, die weder räumlich noch pädagogisch zu bewältigen war. Der Professor für Mathematik war gleichzeitig auch Direktor der Abendschule. Gleich zu Beginn machte er die Studenten mit der Mengenlehre vertraut und nach vier Wochen gab es die Schularbeit dazu, die allgemein gesehen verheerend ausfiel. Von elf Aufgaben erledigte Martin acht richtig und erhielt die Note +5 (auf der Skala 1 bis 5). Auf die Frage warum antwortete der Professor: „Was wollen Sie, die Arbeit ist ja eh positiv." Martin verstand die Welt nicht mehr und fragte sich, wie das wohl weitergehen wird. Aber er blieb hart und gab nicht so schnell auf. Erst nach einiger Zeit, nachdem sich die Anzahl der Schüler um die Hälfte auf ein vertretbares Maß reduzierte, verstand er den Sinn dieser Benotung. Es war eine klare Drop-out-Prüfung, mit der die Zweifler gleich zu Beginn heimgeschickt wurden.

Interesse hatte Martin beinahe an allen Fächern, vermittelten sie ihm doch so viel neues und vor allem brauchbares Wissen, dessen Bedarf er als Berufstätiger schon erkannt hatte. Seine Defizite waren in allen Belangen exorbitant, aber sein Lernwille ungebrochen. Eine besondere Herausforderung waren die Fremdsprachen Englisch und Französisch, da er null Vorkenntnisse und mit einfacher Grammatik sowie mit einfachen Wörtern schon Mühe hatte, während seine Kollegen bereits in der 4-jährigen Hauptschule Englisch lernten. Der Englisch-Professor war jahrelang in den USA und hatte eine Aussprache wie ein Südstaatler. Er war für Englischsprechende schon kaum verständlich und nahm auf den sprachlich völlig unbedarften Martin keine Rücksicht. Um die Fremdsprachenlehrer einigermaßen zu verstehen, hing Martin förmlich an ihren Lippen. Erst Jahrzehnte später wurde er von einem HNO-Arzt über seinen leichten Hörfehler durch enge Gehörgänge aufmerksam gemacht, die er sich als Kind beim Tauchen im kalten Wasser geholt hatte. Insbesondere die Unterscheidung von Konsonanten wie „n" und „m" fiel ihm schwer.

Eher größere Freude hatten Martin und seine Studienkollegen mit den Fächern Kurzschrift und Maschineschreiben, was weniger am fachlichen Inhalt, sondern an der Präsentatorin lag. Gundula war an die 30 Jahre alt, hatte eine sympathische Stimme und eine Figur, die dem männlichen Teil der Studierenden nicht verborgen blieb und ihn häufig gedanklich ins Abseits führte.

Seine zwischenzeitlich erworbenen Kenntnisse im dritten Jahrgang reichten der Externistenprüfungskommission für die Beamten-Aufstiegsprüfung und Martin konnte schon vorzeitig in die Verwendungsgruppe von Maturanten übernommen werden. Dieser Gehaltssprung war für Martin sehr wichtig, zumal er sich schon mit der Planung seines Hauses beschäftigte und die Errichtung jede Menge Geld erforderte.

Im ersten Jahr seiner Weiterbildung fuhr Martin an seinen dienstfreien Nachmittagen nach Hause, um die Schulaufgaben zu erledigen und sich für den Unterricht am Abend vorzubereiten. Kopfarbeit war für seine stets manuell arbeitenden Eltern keine Arbeit. Ebenso nicht für seinen älteren Bruder Andreas, der den lernenden Martin geringschätzig als *Schüler* bezeichnete. Die Eltern erwarteten, dass Martin in der Gaststube lernen und die ohnedies wenigen Gäste bewirten könnte, was zu einem unerträglichen Störungsprozess führte. Nach kurzer Zeit reichte es Martin. Zuerst wurde ihm eine entsprechende Ausbildung verwehrt, dann brachen sie ihr Übergabeversprechen und „warfen" ihn auf dem Arbeitsmarkt mit unqualifizierter Ausbildung und schließlich wollten sie ihn bei seiner nebenberuflichen Ausbildung noch missbrauchen. Martin zog nach Linz und wohnte bei einer Witwe in einer Einzimmerwohnung mit Bad- und WC-Mitbenützung. Damen waren laut ihrer Hausordnung nicht erlaubt. Die Wohnungsverhältnisse waren schon eine Herausforderung für ihn, aber sie führten zum erforderlichen „Abnabelungsprozess" bzw. zur Beendigung des arbeitsbezogenen Missbrauchs seiner Eltern.

Die Bedeutung von Mädchenfreundschaften

Heute haben Kinder im Kindergarten schon einen Freund bzw. eine Freundin. In ihrem Verständnis ein Mensch, der einem nahesteht und zu einem hält, wenn es sein muss. Wenngleich es sich dabei um keine Liebesbeziehung im klassischen Sinn handelt, lernen Kinder aufeinander Rücksicht zu nehmen und im heterogenen Fall das andere Geschlecht zu verstehen. Auf diese Erfahrungen konnten die Geburtsjahrgänge der 50er und 60er Jahre nicht zurückgreifen. Jedenfalls nicht auf dem Land. Die Begegnungen von Jugendlichen verschiedenen Geschlechts in der präpubertären Phase sind eher durch ein Kennenlernen geprägt und in vielen Fällen ambivalent. Entweder man findet sich sympathisch und mag sich oder das Gegenüber wird als unsympathisch empfunden und nicht gemocht. In der postpubertären Phase bekommt die hormongesteuerte Begegnung eine neue Qualität. Der Wunsch nach Liebe, Geborgenheit und Sexualität wird zur Triebfeder für das Aufsuchen von Orten, wo die Erfüllung dieser Sehnsüchte möglich werden könnte.

Martin hatte es in Bezug auf Mädchenbekanntschaften nicht leicht. Er war zwar ein attraktiver Jugendlicher, aber sein bescheidener Bildungshintergrund reichte kaum für vertiefte Gespräche, sofern das überhaupt erwünscht war. Er wusste nicht recht, wie man ein Gespräch mit einem Mädchen richtig beginnen sollte. In den damaligen Ratgebern fanden sich immer noch Hinweise auf das Wetter, was nicht wirklich ankam. Bei besonders hübschen Mädchen hatte Martin Angst, abgewiesen zu werden, und versuchte es vielfach gar nicht. Was sich mit zunehmender Erfahrung als Fehler herausstellte. Aber seine große Stärke war die Fähigkeit zu zuhören, mitzufühlen und das Schreiben. Diese Empathie machte ihn sympathisch und führte ihn später in das politische Geschehen.

Bereits mit 12 Jahren bekam Martin in seiner Schule große Augen, als durch einen familiären Neuzugang in der Gemeinde zwei etwa gleichaltrige, sehr hübsche Mädchen das Klassenzimmer betraten. Eveline hatte dunkles, kurzes Haar, eine tolle Figur und ihre aufkommende Weiblichkeit war nicht zu übersehen. Sie war eine Augenweide, an der sich nicht nur Martin delektierte. Sie war noch nicht einmal 16 Jahre alt, als sie von einen um 15 Jahre älteren Mann zu seiner Frau auserkoren wurde. Da man als Mann mit 16 Jahren noch an keine feste Bindung dachte und einer Frau nichts bieten konnte, kam sie für Martin leider nicht in Frage.

In einer Regionalzeitung fand er eine Anzeige, womit ein Mädchen eine Brieffreundschaft suchte. Nachdem die „Strukturdaten" stimmten, startete Martin eine Anfrage mit seinen wichtigsten Kennziffern. Beide waren 17 Jahre jung und auf der Suche nach der „Liebe des Lebens". Jedenfalls haben das beide so formuliert. Michaela schrieb interessiert zurück und legte ein Foto von ihr bei. Leicht vorgebeugt stützte sich auf einem Schnurgerüst einer Baustelle ab, hatte brünettes, schulterlanges Haar und schon eine weibliche Figur. Dieses Bild hat bei Martin „eingeschlagen". Er besorgte sich ein ausgefallenes Briefpapier und offenbarte mit einer goldfärbigen Kugelschreibermine mehrere Seiten lang seine Gefühle und seine Empfindungen für sie. Der Postweg von Martins Donaugemeinde dauerte eine Woche zu ihrem Wohnort im Traunviertel, ehe eine Woche später ihre Antwort bei ihm im Briefkasten lag. Schneller ging es nicht und die Kommunikation verlor mit der Zeit an Intensität. Und bevor sich die beiden persönlich begegneten, fand diese Brieffreundschaft schon ihr Ende. Offenbar hatte auch hier ein Mann vor Ort, mit häufigeren Begegnungsmöglichkeiten und vielleicht einem höheren Alter, „das Rennen gemacht".

Dass Long-Distance-Beziehungen ohne digitale Kommunikationsmöglichkeit und damit ohne jederzeitige Erreichbarkeit kaum Chancen auf Bestand haben, wurde Martin in der „Start-up-Beziehung" mit Roberta bewusst. Sie hatten sich in einer berühmten Diskothek im Mühlviertel kennengelernt und Sympathie füreinander empfunden. Allerdings wohnte sie an der Grenze zu Niederbayern und da es noch keine Donaubrücke in Ranna gab, dauerte der 50 km lange und beschwerliche

Weg zu ihr mehr als eine Stunde. Das war selbst mit einem VW Käfer nicht in kürzerer Zeit zu schaffen.

Unter Berücksichtigung dieser Erfahrungen sah sich Martin das weibliche Angebot in seiner näheren Umgebung etwas genauer an und wurde im Nachbarort fündig. Sein Blick fiel auf Monika, eine etwas kleinere, junge Frau, mit schulterlangen brünetten Haaren. Sie erwiderte sein Lächeln und begleitete ihn zum Tanz. Monika war eine temperamentvolle Frau mit auffallender Behaarung an Armen und Beinen. An einem ruhigen Platz in der Bar konnten sich die beiden eingehender austauschen und fanden heraus, dass ihr Vater ein Arbeitskollege von Martin war. Auch ihre fünf Geschwister waren Martin wegen der räumlichen Nähe teilweise bekannt. Monika arbeitete ebenfalls in der Landesverwaltung, jedoch in einer von Martins Arbeitsplatz etwas entfernten Bezirksverwaltungsbehörde.

Monika war nicht nur eine Frau zum Präsentieren, sondern sie packte auch an, wo immer sie fehlende Hände vermutete. Das freute ganz besonders Martins Eltern, wenn bei größeren Veranstaltungen nicht genug Helfer verfügbar waren. Aus ihrer Sicht gesehen hätte ich keine bessere Wahl treffen können. Monika begleitete Martin auch bei seiner Teilnahme an der Leichtathletik Staatsmeisterschaft in Ebensee und feuerte ihn bei seinen Mittelstreckenläufen an. Gerne war sie auch Urlaubsbegleiterin in den Süden und genoss das italienische Flair und das dortige Essen.

Nach zwei Jahren lernte Martin Theresia kennen und nahm an, seine Frau fürs Leben gefunden zu haben. Schweren Herzens eröffnete er Monika die Situation und seine Trennungsabsicht. Beide saßen noch minutenlang schweigend im Auto und versuchten unter Tränen für ihre Gefühle Verständnis zu erlangen. Der Abschied fiel beiden schwer.

Familiengründung

Im Gegensatz zu Monika war Theresia groß, mit 180 cm für eine Frau in den 70er Jahren ungewöhnlich groß, und gab ihre Größe stets mit 179 cm an. Martin kannte Theresia bereits vor seiner Zeit mit Monika und traf sich bereits einige Male mit dem um fünf Jahre jüngeren Mädchen. Theresia war gerade 16 Jahre alt, als Martin sie einlud, gemeinsam eine Sexmesse zu besuchen. Dieser Besuch im freien Gelände eines Schlosses haben die beiden mehr als Mutprobe als Inspirationsquelle angesehen. Das zarte Pflänzchen einer sich anbahnenden Beziehung wurde durch Theresias Vater zerstört, als er bei einem Besuch im Gasthaus von Ludwig und Johanna ihnen gegenüber so nebenbei anmerkte, dass sie vielleicht bald verwandt sein könnten. Das war Martin angesichts der unverbindlichen Begegnungen einfach zu verfrüht und zu viel. Er mochte zwar Theresia, war jedoch noch nicht bindungswillig und empfand es als Kuppelei, wenn die beiden Elternteile bereits im Voraus über seine Zukunft „bestimmten". Daher zog sich Martin von Theresia zurück und begann die bereits vorhin beschriebene Freundschaft mit Monika.

Erst zwei Jahre später brachte der Zufall die beiden wieder zusammen. Es war die Hochzeit ihres Onkels im elterlichen Gasthaus von Martin, wo Theresia als Gast anwesend war. Martin half seinen Eltern, indem er die Getränke der Kellnerinnen für die Abrechnung notierte, wenn sie vom Schankraum in den Tanzsaal liefen. Daher konnte er seinen Arbeitsplatz nur bei Ersatz verlassen. Die Aufforderung zum Tanz war traditionell dem männlichen Geschlecht vorbehalten. Es war verpönt, dass eine Frau einen Mann zum Tanz einlud. Hartnäckige Ausnahmen waren die Ehefrauen, die ihre Ehemänner auf die Tanzfläche ziehen durften. Um diese geschlechtsspezifische Ungleichheit etwas abzumildern, erteilten die Musikbands phasenweise Ausnahmen, indem sie zur Damenwahl aufforderten. Auf diese Gelegenheit hatte auch Theresia gewartet und Martin zu einem

Tanz eingeladen. Martin bedauerte seine Unabkömmlichkeit und gab Theresia so etwas wie einen „Korb", was sie nicht sonderlich erfreute. Martins Vater war zufällig anwesend und hatte den Vorgang mitbekommen. Er erklärte sich spontan bereit, die Aufgabe von Martin vorübergehend zu übernehmen, wodurch der Eingeladene keine Ausrede mehr hatte.

Theresia war inzwischen 18 Jahre alt, ihr Baby-Speck wurde zwischenzeitlich von weiblichen Körperformen ersetzt und sie bewegte sich leicht über das Tanzparkett. Martin war mit seinen knapp 23 Jahren mittlerweile auch etwas reifer geworden und hatte Bindungen eher als familiäres Erfordernis und nicht mehr als so enges Korsett angesehen. Der Tanzimpuls von Theresia erzeugte eine Wirkung, der sich Martin kaum entziehen konnte oder besser wollte. Es war, als wäre sein loderndes Feuer der Liebe durch eine starke Sturmbö zu einem Flammenmehr der Liebe angefeuert worden. Da Martin, trotz Mitglied der örtlichen Freiwilligen Feuerwehr, kein geeignetes „Löschmittel" fand, waren Bekenntnis und freundschaftliche Neuausrichtung erforderlich. Er folgte seinem Gefühl und da er ein Mann mit klaren Verhältnissen sein wollte, musste er sich schweren Herzens von Monika verabschieden.

Nachdem Theresia ihre Lehre zur Speditionskauffrau beendete, widmete sie sich intensiv ihren Zukunftsplänen mit Martin. Theresia war das einzige Kind ihrer Eltern Jörg und Roswitha, die mit der kinderlosen Schwester von Roswitha und ihrem Ehemann in der Nachbargemeinde von Martin ein Zweifamilienhaus errichtet hatten. Jörgs Elternhaus war in derselben Gemeinde wie das Gasthaus und der Bauernhof von Martins Eltern. Daher waren seine Eltern bestens bekannt: Der Vater von Jörg war Bindermeister, machte neue oder reparierte alte Mostfässer. Ein ruhiger und besonnener Mann, dessen größtes Erlebnis die sonntägige Einkehr ins Gasthaus nach dem Kirchenbesuch war, wo er sich ein Bier gönnte. Seine Frau war, wie in früheren Zeiten nicht anders üblich, nur Hausfrau. Ihre Rhetorik war überschwänglich und bestimmend und die meisten Menschen in ihrer Umgebung machten einen weiten Bogen um sie und versuchten sich nicht mit ihr anzulegen.

Jörg machte eine Lehre zum Installateur. Kriegsbedingt musste er sie unterbrechen, um den Bestand an Soldaten durch die vielen gefallenen Uniformträger im „1.000-jährigen Reich" partiell kompensieren zu können. Als 17-Jähriger war er fasziniert von der Ideologie der Nationalsozialisten und der Militärmacht Deutschlands, die Deutschland und Österreich wieder zu jener Größe machen sollten, die ihnen durch den Verlust des Ersten Weltkriegs genommen worden war. Die von Joseph Goebbels betriebene Propagandamaschinerie unterstützte den unwissenden und unaufgeklärten Jungsoldaten, der sich freiwillig zur SS-Junkerschule meldete. Diese *Schulungsstätten der SS* während des *Zweiten Weltkriegs* hatten die Aufgabe, militärischen Führernachwuchs für die *Waffen-SS* auszubilden.[15] Mit *sozialdarwinistischen* Lehren, die den „Lebenskampf der arischen Herrenrasse" begründeten, mit *Antikommunismus* und *Antisemitismus* wurden die Offiziersanwärter (OA) zusätzlich ideologisiert. Als OA wurde Jörg gegen Ende des Krieges noch eingesetzt und am rechten Bein schwer verletzt. Jörg brauchte Jahre, um die Sinnlosigkeit des Zweiten Weltkriegs und seine Verbrechen zu erkennen und zu bedauern.

Roswitha war eine altruistische Frau, die sich für ihre Familie bis zu ihrem Lebensende aufopferte. Nachdem ihre Mutter bei der Geburt ihres siebten Kindes starb, zogen ihr Vater und seine sieben Kinder in den 30er Jahren des vorigen Jahrhunderts von einem Dorf im Mühlviertel in die Nachbargemeinde von Martin und seinen Eltern. Roswitha war mit 13 Jahren das älteste Mädchen und musste den Haushalt der Großfamilie führen. Als zwei Jahre später auch ihr Vater starb, war Roswitha allein verantwortlich für den Haushalt und die vielen hungernden Mäuler. Sie arbeitete phasenweise bei drei verschiedenen

---

15 Die Waffen-SS stilisierte sich nicht nur selbst zu einer Truppe, deren Angehörige als hart und männlich, verwegen und tapfer sowie unerschütterlich treu und aufopferungsvoll bis in den Tod galten, sondern sie hatte auch den Ruf, im Krieg besonders draufgängerisch, vor allem aber rücksichtslos und brutal gegenüber Gefangenen und der Zivilbevölkerung zu sein.

Arbeitgebern als Reinigungskraft, um ihre Geschwister in der von Hunger geprägten Zeit ernähren zu können. Sie hatte Glück, bei einem Bäcker einen Teilzeitjob erhalten zu haben, wo altes Brot den hohen Kalorienbedarf teilweise deckte. Für ihre Geschwister war sie so etwas wie eine Mutter, die sie auch als erwachsene und versorgte Menschen immer noch so nannten. Kurz nach Kriegsende reihte sich auch noch ihr späterer, um drei Jahre jüngerer Ehemann in die Großfamilie ein und zog mit Roswitha und ihren Kindern zusammen. Ihre Geschwister waren ohne Eltern aufgewachsen und dadurch sehr selbständig. Alle erlernten einen Beruf und gründeten bald selbst eine Familie. Ihre bemerkenswerte Selbstlosigkeit begleitete Roswitha ein Leben lang.

Theresia und Martin waren fix liiert, trotzdem lebten beide noch bei ihren Eltern. Der „Zufall" wollte es, dass Theresia schwanger wurde. An einem späten Jännertag und nach der Einlieferung in die Frauenklinik rief Johanna frühmorgens dort an und erfuhr, dass Theresia eine gesunde Tochter mit 4,25 kg auf die Welt brachte. Sie weckte ihren Sohn Martin auf und teilte ihm mit, dass er eine Tochter habe. Zu diesem Zeitpunkt war Theresia 19 und Martin 24 Jahre alt. In der Zeit der Schwangerschaft konnte sich Martin schon etwas mit dem Gedanken einer Vaterrolle auseinanderzusetzen. Aber mit der Geburt von Sophie wurde aus der hypothetischen eine reale Situation geschaffen. Im Gegensatz zum Vater von Theresia, der schon bei ihrer Geburt enttäuscht war, dass es kein Bub war, und auch diesmal diesen Mangel nicht verbergen konnte, freute sich Martin riesig und war unheimlich stolz auf Sophie. Gleichzeitig spürte er auch die Last der Verantwortung, die ihm mit der Neugeborenen auf die Schultern gelegt wurde. Gemeinsam mit Theresia war er nun für ihr Leben und ihre Entwicklung verantwortlich. Aber er hatte eine klare Vorstellung über seine künftige Familie, kannte seine eigene Willensstärke und wusste eine junge, aber starke Frau an seiner Seite. Als er Sophie, für ihn das schönste Kind der Welt, in der Frauenklinik erstmals in Händen hatte, fühlte er aus Rührung gegenüber seinem hilflosen Baby einen verstärkten Herzschlag und eine beklemmende Atemnot. Und im Inneren versprach er ihr, immer für sie da zu sein. Die gemeinsame Tochter führte Theresia und Martin auch räumlich zusammen. Sie wohnten nunmehr im Elternhaus von Theresia. Auch die Jungfamilie profitierte von Roswithas grenzenloser Hilfsbereitschaft. Insbesondere in einer Zeit, als beide noch wenig verdienten und für den bevorstehenden Hausbau sparten. Mit großer Freude und Liebe unterstützte sie ihre noch unerfahrene Tochter in deren Mutterrolle, die nach einem Jahr wieder in ein Beschäftigtenverhältnis bei einem großen Energieversorger als Buchhalterin trat.

Knapp drei Jahre später erfuhr das Familienglück erneut eine Vergrößerung. Am Heiligen Abend mittags kam für Martin und Theresia das Christkind in Form ihres Sohnes Oskar. Ein strammer und vitaler Junge mit 4,75 kg, der seine Eltern sehr glücklich machte. Auch für Oskar hatte Martin ebenso starke Gefühle, wenngleich er in der Vaterrolle schon etwas geübter war. Ebenso wie für Sophie hatte er die innere Verpflichtung immer für ihn da zu sein und nötigenfalls sein Leben dafür zu opfern. Für Martin war es auch nachträglich nicht eruierbar, ob Freude oder Stolz über den mehr als gelungenen Nachwuchs Oskar dominierte. Aber wer kann schon Gefühlstärken messen? Weihnachtsabend ohne Theresia einmal anders. Die Weihnachtsgeschenke waren von Theresia im Voraus bereits verpackt, aber nicht beschriftet worden. Die Verteilung entwickelte sich zu einer Art Lotterie mit hohem Spaßfaktor.

Der Weg zum Eigenheim

Das Zusammenwohnen bei Theresias Eltern bzw. Martins angehenden Schwiegereltern war, angesichts der Raumsituation, von Beginn an nur als Zwischenlösung gedacht. Theresias Eltern wünschten sich ein Verbleiben der Jungfamilie im Haus, indem es mit einem dritten Geschoß aufgestockt werden sollte. Durch den vorgegebenen Grundriss war jedoch eine räumliche Vergrößerung nicht möglich. Ungeachtet dieser Option erhielt Martin als Erbteil von seinen Eltern ein 1.600 m² großes Baugrundstück in der Nähe seiner Eltern. Auf diesem Grundstück ließen sich größenmäßig viele ihrer Wohnungswünsche realisieren. Aber wie sollte ein Haus für die Familie und in Zukunft architektonisch aussehen? Martin und Theresia fuhren neugierig durch die verschiedensten Gegenden und begutachteten alle möglichen Hausbauformen, um herauszufinden, was ihnen gemeinsam gefällt und praktisch ist. Bald wurde klar, dass die Wohnfläche ebenerdig sein und das Haus eine Terrasse haben soll. Somit war der Stil eines Bungalows vorgegeben. Martin nahm seinen Prismenmaßstab mit den verschiedenen Maßstäben und zeichnete unter Berücksichtigung der Baufläche und des Sonnenstandes unermüdlich einen Bebauungsvorschlag nach dem anderen. Am Ende standen 8 Zimmer, die zusammen mit den Nebenräumen eine Wohnfläche von rd. 250 m² ergaben. Dazu noch eine Doppelgarage und einen 180 m² großen Kellerraum. Ein großzügiges Raumangebot für alle Familienmitglieder stand auf dem Papier. Ein Arbeitskollege fertigte Martins Zeichnungen mit einer Duschfeder zu einem einreichfähigen Bauplan und ein bekannter Baumeister machte die technische Zeichnung mit seinem Stempel und seiner Unterschrift zu einem genehmigungsfähigen Bauplan. Der Bürgermeister begutachtete die Planungsunterlagen und ließ sich von Martin vor Ort das geplante Bauvorhaben erklären, bevor er als Baubehörde die schriftliche Bewilligung erteilte. Damit stand einem „Spatenstich" nichts mehr im Weg.

Die Umsetzung dieses Projekts war 1975 aus mehreren Gründen nicht einfach. Durch ihre bescheidenen Qualifikationen und die kurzen Beschäftigungszeiten bei ihren Arbeitgebern war das Entgelt von Martin und Theresia gering und sie verfügten daher nur über einen kleinen Kapitalstock. Die Zinshöhe für Darlehen bei den Banken bewegte sich zwischen 12 und 14 Prozent pro Jahr. Bauspardarlehen mit 6 Prozent Zinsen waren nach einer 6-jährigen Ansparzeit zwar eine Option, auf sie musste man allerdings lange warten und der Kreditbetrag deckte nur einen kleinen Teil der Baukosten ab. Wegen der überschrittenen Wohnfläche war die Inanspruchnahme der Wohnbauförderung des Landes nicht möglich. Lediglich über den Landes-Siedlungsfonds konnte eine bescheidene Förderung in Anspruch genommen werden. Mit 50.000 Schilling auf dem Konto (entspricht heute unter Berücksichtigung der Inflationsrate etwa 15.000 Euro) starteten Martin und Theresia ihr Zukunftsprojekt. An die Vergabe der Bauarbeiten an ein Bauunternehmen war unter den finanziellen Gegebenheiten nicht zu denken. Dieses Vorhaben musste daher in Eigenregie umgesetzt werden und der Baufortschritt richtete sich nach den verfügbaren Geldmitteln. Wenngleich gelegentlich helfende Hände von Familien und Freunden zupackten, lagen die Hauptarbeiten bei Martin und Theresia.

Das Bauland war zuvor als Ackerland landwirtschaftlich genutzt und in Regenzeiten schwer zu befahren. Gummistiefel waren häufig in Verwendung. Zunächst war die Baustelle einzurichten bzw. waren die Vorarbeiten zu erledigen. Dazu zählte die Errichtung einer Bauhütte, um Werkzeug, Zement und Mörtel trocken deponieren zu können. Unentbehrlich war die Verfügbarkeit von Elektrizität, weshalb ein „Bauprovisorium" angeschafft werden musste. Damit kann man Strom von bestehenden Leitungen in einen Zählerkasten ableiten und von dort über entsprechende Steckdosen nutzen. Martin besorgte eine gebrauchte Tafel mit Sicherungen und schweißte dafür einen Zählerkasten aus Metall. Nachdem das Elektrizitätsunternehmen den Stromzähler montierte und die Stromleitungen anzapfte, war der so wichtige Baustrom verfügbar. Das für die Herstellung von hydraulischen Baustoffen wie Beton und

Mörtel erforderliche Wasser wurde erst nach Kelleraushub verfügbar. Martin und sein Schulfreund Hubert schlugen mit einem schweren Hammer ein 6 m langes Wasserrohr mit einer Spitze in den Boden, wo es 4 m tief im Grundwassersee steckte und jede Menge Wasser liefern konnte. Mit einer Handpumpe gelangte das so wichtige Nass an die Oberfläche.

Onkel Fritz war ein sehr erfahrener Handwerker in der Baubranche und half bei der Errichtung der Bauhütte gerne mit. Mit ruhiger Hand und großer Schlagkraft trieb er die Nägel in das Holz und meinte anschließen trocken: „Hält schon ein anderer!“ Wie bei vielen Aufgaben ist ein gelungener Beginn wichtig für das Selbstvertrauen, um künftige Herausforderungen meistern zu können. Deswegen hatte sich Martin so sehr über die fertiggestellte Holzhütte gefreut.

Im selben Ort wie Martin lebte auch ein Maurerpolier, der bei einer Baufirma beschäftigt war und freundlicher Weise Martin half, das so wichtige Schnurgerüst aufzustellen. Dieses Gerüst zeigt durch gespannte Schnüre die Außenmauern und damit die Lage des Hauses am Grundstück an. Gleichzeitig wird durch das an den Ecken befindliche, rechtwinkelige Holzgerüst die Höhe der Kelleroberkante markiert. Ohne diese Markierungen kann kein Hausbau im freien Gelände begonnen werden, wobei das Schnurgerüst im gegenständlichen Projekt schwierig zu erstellen war, zumal der Grundriss des Hauses kein einfaches Rechteck, sondern eher eine Hakenform mit einigen Vertiefungen hatte. Jedenfalls waren über die Schnüre die fiktiven Außenmauern zu erkennen. Ein Transportunternehmer im Nachbarort kam mit seinem Raupenfahrzeug und grub den Keller aus. Martin war hoch erfreut, als nach einem Meter Erdreich reinstes Schottermaterial zum Vorschein kam. Ein Baumaterial, das er nicht kaufen und hertransportieren musste, sondern an Ort und Stelle gleich verarbeiten konnte. Mit dem vorhandenen Schotter, dem beigefügten Zement und Wasser konnten die gesamten Fundamente und die Kellerböden betoniert werden, was viel Geld sparte. In den Folgemonaten schaffte es Martin mit Unterstützung seines Vaters und seines Bruders Fritz, den Keller wie geplant zu errichten. Die erste Bauetappe war geschafft und das Geld gut angelegt.

Hochzeit der anderen Art

Bei der Geburt seiner Tochter Sophie war Martin noch nicht bereit für eine Ehe mit Theresia. Aber die gemeinsamen Ziele wie die Errichtung des eigenen Heims sowie das starke Engagement von Theresia dazu haben bei Martin einen Umschwung herbeigeführt. Darüber hinaus waren damals Eheleute kreditwürdiger als unverheiratete Paare. Für gesetzlich anerkannte Partnerschaften war die Zeit im 20. Jahrhundert noch nicht reif. So war es eigentlich nur eine Frage der Zeit, wann die beiden zum Standesamt und zum Traualtar gehen werden.

An einem Donnerstag im Februar 1975 war Theresia durch eine Grippe an das Bett gebunden. Martin leistete ihr nach Dienstschluss Gesellschaft und sie sprachen über ihre Zukunft. Nicht zufällig brachte Theresia das Thema Heirat wieder ins Gespräch. Insbesondere die standesamtliche Trauung, nicht zuletzt wegen der vielen formalen Erfordernisse. Offenbar war Theresia doch nicht so krank wie angenommen, dachte Martin, als sie nach dem Zeitpunkt fragte. Martin, ein Mann mit klarer Auffassung und schneller Entscheidung, vor allem wenn er zuvor die Grundsatzentscheidung bereits getroffen hatte, gab spontan und scherzhaft die Frage zurück: Wann? In einem Jahr, in einem Monat oder in einer Woche? Theresia errötete trotz des grippalen Infektes und meinte, dass das nur als Gag gemeint sei, denn eine standesamtliche Trauung in einer Woche sei schon aus Gründen der Aufgebotsfrist von drei Wochen nicht möglich. Sie hatte nicht mit Martins Durchsetzungsvermögen gerechnet, der bereit war, sein Angebot zu realisieren. „In der Annahme, dass du gesund bist, wird am nächsten Donnerstag, also in einer Woche, um 18:00 Uhr geheiratet“, sagt er mit fester Stimme zu seiner Kindesmutter. Gewiss, ein etwas eigenartiger Heiratsantrag, der fragend von der Frau kam und vom Mann spontan akzeptiert wurde. Aber beide sahen das nicht so eng, da die Hochzeit eigentlich nur mehr eine Frage der Zeit war.

Am nächsten Morgen rief er seinen Fußballkameraden an, der hauptberuflich Amtsleiter in der Gemeinde war, und erkundigte sich über die Möglichkeit, die dreiwöchige Aufgebotsfrist auf eine Woche zu verkürzen. Das war im Fall einer unaufschiebbaren Auslandsreise möglich. Nachdem beide undokumentiert der Ansicht waren, dass eine solche vorlag, stand der Trauung in einer Woche nichts mehr im Wege. Am Sonntag fuhr Martin zu seinen Eltern und fragte sie, ob sie am kommenden Donnerstagabend etwas vorhätten. Nachdem beide das verneinten, fragten sie nach dem Grund ihrer Bereitschaft. Als ihnen ihr Sohn den Grund dafür nannte und sie einlud, daran teilzunehmen, waren sie völlig überrascht, obwohl sie manchmal anklingen ließen, dass eine Heirat für das uneheliche Kind Sophie besser sei.

Theresias Eltern nahmen den Entschluss zu heiraten mit großer Genugtuung auf, so als hätten sie ohnehin schon lange darauf gewartet.

Der kommende Donnerstag war für Martin ein Arbeitstag wie jeder andere. Wer wird sich schon wegen einer standesamtlichen Trauung, eines Verwaltungsakts wie viele andere auch, Urlaub nehmen. Entsprechend der Regeldienstzeit war erst um 18:00 Uhr Dienstschluss, wodurch sich eine zeitliche Überschneidung mit dem Trauungstermin ergab. Er sagte nichts zu seinen Bürokollegen und fragte am Nachmittag seinen Chef, ob er heute um zwei Stunden früher gehen könne. Als er sich nach dem Grund erkundigte, teilte ihm Martin seinen Trauungstermin um 18:00 Uhr mit, was Werner nicht ernst nahm. Eine Begründung war ihm auch unwichtig, da er Martin als ausgezeichneten Mitarbeiter schätzte.

Früher als sonst beendete Martin seinen Dienst, fuhr nach Hause und zog sich dem Anlass gebührend um. Kurz vor dem Termin am Standesamt machte sich das Hochzeitspaar zu Fuß auf den 600 m langen Weg zum Standesamt der Gemeinde, wo die Eltern bzw. Schwiegereltern schon warteten. Punkt 18:00 Uhr empfing die Standesbeamtin das zu trauende Paar sowie die Hochzeitsgäste und hielt eine ansprechende Rede über die Bedeutung einer liebevollen Ehe. Nachdem die Eheleute das

Treuegelöbnis abgelegt und die Trauzeugen ihre Unterschriften geleistet hatten, war die Hochzeitsfeier nach einer halben Stunde beendet. Zu Hause angekommen, wurde auf das überraschende und freudige Ereignis angestoßen, über die Hochzeitsfeiern der Eltern geredet und dabei noch die eine oder andere Flasche Sekt geleert.

Als Martin am Folgetag seinem Chef die Heiratsurkunde auf den Schreibtisch legte und er sie gelesen hatte, drehte er sich zu Martin und fragte scherzhaft: „Muss ich jetzt wieder zahlen?", bevor er ihm gratulierte. Es war in der Dienststelle üblich, Mitarbeiter oder Mitarbeiterinnen bei Verehelichung ein Geschenk zu überreichen, wofür vorher gesammelt wurde. Werner machte wie immer einen Scherz und freute sich natürlich über Martins Verehelichung, zumal er in Kenntnis seines unehelichen Kindes ihm diesen Schritt vorher schon mehrmals sehr subtil empfohlen hatte. Für Theresia war die Heirat auch aus materieller Sicht bedeutend, da eine Verehelichung mehr Legitimität erzeugte, über einen Ehepaktvertrag als Miteigentümerin der künftigen Liegenschaft in das Grundbuch eingetragen zu werden.

Wesentlich turbulenter ging es bei der kirchlichen Trauung von Martin und Theresia ein halbes Jahr später zu. Um die Kosten der Trauung für sie niedrig zu halten, bestanden Martins Eltern darauf, dass die Hochzeitsfeier in ihrem Gasthaus stattfand. Schon bei der Einladungsliste beteiligten sie sich aus Geschäftsgründen einflussreich. So bestand ein Gutteil der Hochzeitsgäste aus Grundnachbarn, weit entfernten Verwandten und wichtigen Gästen.

Durch die Kostentragung der Eltern bzw. Schwiegereltern im Verhältnis von 50 zu 50 und einer Verrechnung von Speisen und Getränken zu Normalpreisen hielten sich die Kosten für die Wirtsleute in Grenzen. Die Hochzeitsfeier stand schon aufgrund von früheren Ereignissen unter keinem guten Stern. Einige Jahre zuvor verkaufte Martin seinem Bruder Andreas sein Auto. Den vereinbarten Betrag bezahlte dieser jedoch nicht zur Gänze. Daran änderten, sehr zum Ärgernis von Martin, auch mündliche Urgenzen nichts.

Kurze Zeit darauf heiratete ihre Schwester Andrea und Martin machte dankenswerter Weise den Zubräutigam.[16] Dieser „Ersatzbräutigam“ hat bei einer Landhochzeit mehrere Aufgaben. Eine wesentliche ist das Bezahlen (Auslösen) der Getränke von den Teilnehmern, die die Braut heimlich in ein anderes Gasthaus entführten („stahlen“). Nachdem er davon Kenntnis erlangt, fährt er gemeinsam mit dem Bräutigam ins fremde Gasthaus und löst die Runde aus, wenn es der Bräutigam geschafft hat, sich neben der Braut zu platzieren.

Der Bräutigam machte sich auf den Weg zu seiner Braut, jedoch ohne Martin als Zubräutigam darüber zu informieren oder mitzunehmen und da er nicht wusste, wo die Runde war, konnte Martin auch nicht nachreisen. Dadurch stand der vorgesehene Auslöser nicht zur Verfügung und es musste jemand, der am Brautdiebstahl beteiligt war, die offene Rechnung begleichen. Sein Bruder Andreas übernahm die Rechnung mit den Worten: „Wenn der Zubräutigam zu geizig ist, dann bezahle halt ich.“ Als Martin davon hörte, war er verständlicher Weise wütend. Da wird er bei der Rückholung der Braut versetzt und dann noch von jemandem der Gier bezichtigt, der ihm noch Geld schuldete.

Vor dem Hintergrund dieser Ereignisse redete er längere Zeit nicht mehr mit seinem älteren Bruder und lud ihn auch nicht zu seiner Hochzeitsfeier ein. Erst als die Eltern darauf bestanden, schickte Martin eine gedruckte Einladung mit den ergänzenden Worten: „Auf besonderem Wunsch wird die Einladung ausgesprochen.“ Das war für Andreas Einladung genug und er stieß mit seiner Frau zur Hochzeitsfeier, ohne das Brautpaar eines Blickes zu würdigen. Darüber hinaus beschwerte er sich bei den Eltern, dass er vom Bräutigam ignoriert wurde. Nach Martins Kulturverständnis ist es üblich, dass der ankommende Gast auf den Einladenden zugeht und ihn begrüßt. Aber die Eltern stellten sich auf die Seite von Andreas und eine Viertelstunde

16 Zubräutigam ist ein fiktiver Bräutigam, der wie die Zubraut, als fiktive Braut, viele Aufgaben bei der Hochzeitsfeier wahrzunehmen hat.

vor der kirchlichen Hochzeitsfeier erpresste der Vater den Bräutigam damit, dass er als Trauzeuge nicht zur Verfügung stünde, wenn Martin seinen Bruder nicht begrüßt. Die Empörung beim Brautpaar war groß und wenn nicht viele sympathische Verwandte und Freunde von Martin und Theresia anwesend gewesen wären, hätten die beiden die kirchliche Trauung und die anschließende Hochzeitsfeier im elterlichen Gasthaus Minuten zuvor abgesagt. So enttäuscht waren sie von Martins Eltern und einigen ihrer Sympathisanten.

Unangenehmer hätte der Weg in die Kirche und die dortige Trauung für Martin und Theresia nicht können. Anstelle von Freude gab es für das Brautpaar eine hochgradige Frustration, die sich auch bei der Feier im Gasthaus kaum legte. Nach der Trauung setzten sich Martins Eltern nicht an die Hochzeitstafel des Brautpaares und „verkrochen sich" mit einem Vorwand der Beschäftigung in der Küche und dem separierten Gastzimmer. Für Martin und Theresia war es eine Hochzeitsfeier, die nicht schlimmer hätte sein können.

Zusammenhalt durch äußeren Druck

Bekanntlich führt ein Druck von außen zu einer höheren Gruppenkohäsion. Umgekehrt verringert sich der Zusammenhalt in einer Gemeinschaft, wenn die äußeren Rahmenbedingungen gelockert werden. Das hatte Martin im Internatsleben und bei seiner Militärzeit eindrucksvoll erfahren können. Nach den ungeheuren Ereignissen bei ihrer Hochzeit hatten die Jungvermählten die Nase voll und zogen sich von Martins Eltern zurück. Es gab nur unvermeidliche Begegnungen und keinen Meinungsaustausch auf persönlicher Ebene. Ludwig und Johanna waren der Ansicht, dass Martin und Theresia für die Fertigstellung des Hauses auf ihre Hilfe angewiesen seien. Etwa durch die persönliche Mithilfe von Ludwig oder die Bereitstellung von Traktor samt Anhänger, um diverse Transporte machen zu können. Davon unbeeindruckt, oder gerade deswegen, hatten die jungen Hausbauer ihre Kräfte gebündelt und erfolgreich gezeigt, dass sie die vielen und schwierigen Aufgaben allein oder mit fremder Hilfe schafften. Für den einen oder anderen Transportbedarf stellte Nachbar Bertl gerne seine Gerätschaft unentgeltlich zur Verfügung. Seine Bedeutungslosigkeit hatte Ludwig schwer getroffen. Immer wieder war über Umwegen zu hören, dass er, wenn er gefragt worden wäre, gerne angepackt hätte.

Ein besonderer Helfer bei der Errichtung des Eigenheims war Martins Freund Fritz, ein vorübergehend beschäftigungsloser Rauchfangkehrer. Er war nicht besonders groß gewachsen, aber kernig und kräftig. Er arbeitete so intensiv, als müsste er der ganzen Welt seine Leistungsfähigkeit beweisen oder einen Wettbewerb gewinnen. Er war, wie andere Freunde auch, eine wichtige Hilfe für Martin und Theresia in Zeiten, wo viele Hände benötigt wurden. Insbesondere beim Betonieren der Kellerdecke mit einer Fläche von 180 Quadratmetern. Fritz und Heinz erzeugten den erforderlichen Beton aus Schotter, Zement und Wasser in einer kleinen Mischmaschine. In weniger als sechs

Stunden schaufelten die beiden 45 Tonnen Schotter, 7 Tonnen Zement und schütteten eine Unmenge Wasser in das unentwegt drehende Gerät, um mit dem weichen Baustoff einen festen Boden zwischen den Kellerräumen und den Wohnräumen im Erdgeschoß zu schaffen. Wäre nicht das kalte Wasser gewesen, hätte die kleine Mischmaschine zu glühen begonnen – so hart arbeiteten die beiden. Mit zwei Scheibtruhen wurde der flüssige Beton über einen künstlich angelegten Weg aus Holz nach oben gebracht. Wenn dabei dem Fahrer der Schiebetruhe im oberen Bereich die Kraft ausging und er zu stehen kam oder er ausrutschte, war das eine Katastrophe, weil das schwere Gerät, der Gravitationskraft folgend, nach unten tendierte und meist umfiel. Um solche folgenreichen Pannen zu vermeiden, wartete Franz oben mit einer Haue und zog das Gefährt samt Fahrer nach oben. Auf der mit Eisengitter bewährten Ziegeldecke wurde der flüssige Beton ausgeschüttet, von Martin gleichmäßig verteilt und glatt gerieben. Alle Helfer arbeiteten wie verrückt, um dieses Bauvorhaben erfolgreich beenden zu können. Nach Ende der Arbeiten meinten die Betonmischer Fritz und Heinz (wohl sarkastisch), dass sie dasselbe nachmittags noch einmal machen möchten. Eine unglaubliche Leistung, die, wenn überhaupt, nur mit einem großen Willen und der Sinnhaftigkeit dieser Arbeit zu erreichen war.

Auch im Folgejahr, als der Rohbau auf der Arbeitsliste stand, werkten die beiden in jeder freien Stunde für ihr Heim. Theresia sorgte für den Mörtel, während Martin Ziegel für Ziegel aneinandersetzte. Mehr als 4.000 große Ziegel setzte Martin für die Außenmauern und dem tragenden Mauerwerk im Inneren des Hauses aufeinander. Maurerschnur und eine Waaglatte sorgten dafür, dass die Wände gerade und im rechten Winkel waren. Dabei musste er die Ausnehmungen von Fenstern und Türen berücksichtigen. Wenn größere Aufgaben am Arbeitsprogramm standen und mehrere Hände erforderlich waren, wurde Jörg eingeladen. Das Hilfeersuchen an ihn war für Martins Schwiegervater so etwas wie ein militärischer Befehl, den es unwidersprochen zu befolgen galt. Er fuhr zur Baustelle und nahm die ihm zugewiesenen Hilfsarbeiten an, so als müsste er den feindlichen Widerstand „Arbeit" mit seiner ganzen Einsatzbereitschaft brechen.

Jörg folgte dem Hilferuf auch dann, wenn die Arbeiten in den finsteren und kalten Tagen erforderlich waren. Im November 1976, als Theresia wegen ihrer Schwangerschaft ausfiel, versorgte er Martin mit dem notwendigen Mörtel, als dieser in seiner Freizeit oft bis spät nachts die Wände zwischen den einzelnen Räumen aufstellte. Da es draußen finster war, startete Jörg den Motor von seinem so geliebten VW Käfer als Lichtquelle. Andernfalls hätte sich nach kurzer Zeit die Batterie entleert und er hätte nicht mehr heimfahren können.

Dem großen Engagement von Martin und seinen Helfern folgend, wurde der Rohbau im Folgejahr fertiggestellt. Das für den sehr komplizierten Dachstuhl notwendige Holz kaufte Martin von einem bekannten Bauern in der Nachbargemeinde, der die langen Fichtenbäume nach den Berechnungen eines Zimmermeisters (Holzauszug) in einem nahegelegenen Sägewerk zurechtschneiden ließ. Zwei professionelle Zimmerleute setzten mit Unterstützung des Bauherrn den Dachstuhl zusammen. Wolfgang, ein Bekannter von Martin, vermittelte für ein Dachdeckerunternehmen alle Arten von Dachdeckungsarbeiten. Wolfgang hatte dafür eigens einen Arbeitstrupp für solche Arbeiten und war überregional für seine günstigen Preise bekannt. Vorerst mussten die Dachrinnen und Wasserabläufe montiert werden. Dann wurden die beständigen Eternitplatten[17] auf die Holzlatten genagelt. Martin hatte einen Sonderpreis ausgehandelt und nicht gewusst, dass die Arbeiten ohne Rechnungslegung (also im Pfusch) vorgenommen wurden. Erst als einige Jahre später das Finanzamt auf Wolfgangs Schattengeschäfte aufmerksam wurde, setzte er sich mit seiner Frau nach Spanien ab

17 Eternit oder eternity steht für Ewigkeit. Eternitplatten bestehen aus Asbestzement. Die Asbestfasern sind bei deren Freisetzung lungengängig und dadurch krebsfördernd. Deshalb ist eine solche Dachbedeckung nicht mehr erlaubt. Das zu entsorgende Material gilt als gefährlicher Abfall und darf nur mit Schutzausrüstung entsorgt werden.

und wurde hierzulande nie mehr gesehen.[18] Ungeachtet dessen stand Ende 1976 das Haus von Martin und Theresia im Rohbau und hatte ein Dach, damit es während der Winterzeit austrocknen konnte. Die Freude darüber war groß und es gab eine vergnügliche Rohbauparty mit allen bisherigen Helfern.

Der Rohbau war unter größter physischer und finanzieller Anstrengung geschafft. Im Folgejahr mussten Martin und Theresia diesbezüglich einmal „durchatmen". Theresia war ohnedies mit dem neugeborenen Oskar und mit Sophie beschäftigt und Martin machte in seiner Freizeit Arbeiten, die kein oder wenig Geld kosteten, wie etwa Erd- und Anstreicharbeiten, Verlegung von Wasser- und Elektroleitungen. Über Wochen verputzte Martin mit einem bekannten Landwirt, der nebenbei als Maurer arbeitete, die großen Kellerräume. Anschließend strich er die Wände weiß, legte pflegeleichte Kunststeine, womit der gesamte Keller fertiggestellt und schon als Lagerraum nutzbar war. Martin war stolz über die erledigten Arbeiten und froh, einen Teil der Arbeiten abgeschlossen und einen neuen Lagerraum errichtet zu haben.

Nach Abschluss der gesamten Installationsarbeiten begannen im Frühling 1978 die Verputzarbeiten im Erdgeschoß. Zwei Arbeitsschritte waren erforderlich, um die roten Ziegelwände hinter einen glatten Verputz zu bringen. Den Mörtel mit einer Kelle an die Wand zu werfen, zu begradigen und ihn mit einem Brett glattzureiben, war bei Wandflächen von rd. 1.000 Quadratmetern ein großer Arbeitsaufwand. Vor allem im Vergleich zu heute, wo der Mörtel mit Hochdruck an die Wand gespritzt wird. Zwei professionelle Handwerker schafften an fünf verlängerten Wochenenden dieses Kunststück, während die Hilfskräfte sich um das Material kümmerten und mit dem Auf- und Abbau des Gerüstes in den jeweiligen Räumen beschäftigt waren.

Nach Ende der gelungenen Arbeiten waren Martin und Theresia durch ihre 80-Stunden Wochen fix und fertig und fuhren

18 Spanien war damals noch kein EU-Mitglied und hatte kein Auslieferungsübereinkommen mit Österreich.

mit dem letzten Geld eine Woche auf Urlaub nach Riccione. Es war für sie der wichtigste Urlaub in ihrem Leben. Begleitet wurden sie von der 4-jährigen Sophie, die zum ersten Mal am und im Meer war. Da für sie das Meer zu „sauer" war, sammelte sie von den Kaffeehaustischen alle verfügbaren Zuckersackerl und streute den weißen Inhalt ins Meer. Seit dieser Zeit ist die Adria nicht mehr sauer, sondern nur mehr salzig. Sophie war nicht nur ein hübsches, sondern auch ein duftendes Mädchen. Vom Urlaubsort nach San Marino waren es lediglich 30 km, daher war es für die Österreicher ein Muss, diesen Kleinstaat zu besichtigen. Von der hoch am Berg liegenden Festung bietet sich ein großartiger Ausblick auf das Meer, auf die Region Emilia-Romagna im Norden und die Region Marken im Süden. Zudem begeisterten die zahlreichen Verkaufsstände und die günstigen Preise Theresia und Sophia, die sich von einem Eau de Toilette nicht mehr trennen konnten. Leider gelangte durch das unsachgemäße Handling von Sophie ein Gutteil des Flakons auf ihr Kleid, das nunmehr intensiv duftete. Jedenfalls hatte Sophie die Elemente Wasser und Luft an der italienischen Adria geschmacklich und geruchlich kurzfristig stark verändert, worauf sie heute noch stolz ist.

Seine freie Zeit im Sommer und Herbst verbrachte Martin mit dem Errichten von Böden. Nach einer isolierenden Schicht brachte Martin den E-Strich in die richtige Lage. Dieser war Voraussetzung, dass ein Boden aus Fliesen, Holz oder Teppich verlegt werden konnte. Fliesen brachte er in den Nassräumen Bad und WC sowie in der Küche an. Nach stundenlanger, kniender Arbeit konnte sich Martin wegen der intensiven Schmerzen oft kaum mehr bewegen. Mit letzter Kraft schleppte er sich ins Auto und fuhr in eine Sauna mit einem Massageinstitut, um mit hoher Temperatur und einer Massage wieder einigermaßen fit zu werden.

Im darauffolgenden Jahr bekam das Haus ein Facelifting verpasst. Da sich Martin berufsbedingt schon mit Fragen der Wärmedämmung beschäftigte hatte und von deren Notwendigkeit überzeugt war, bekam auch das Eigenheim von Martin und Theresia im Jahr der zweiten Ölkrise eine wärmende Schutzhülle verpasst. Es war eines der ersten Privatgebäude, das so gedämmt wurde. Die Errichtung einer Gartenmauer aus Beton, das Einebnen des Geländes und das Verlegen von Platten für Gehwege waren die wichtigsten Abschlussarbeiten.

Als letztes Arbeitsfeld folgte im Jahr 1980 das Anlegen des Gartens. Um den Hauch einer Miniparkanlage zu vermitteln, wurden Bäume, Sträucher und Pflanzen angesetzt und der Grassamen angebaut. Im Innenbereich wurden die Wände gemalt oder tapeziert und die wichtigsten Einrichtungsgegenstände wie Schlafzimmer, Küche, Bad, WC eingerichtet bzw. komplettiert. Im Oktober war es endlich so weit, dass Martin und Theresia mit ihren Kindern Sophie und Oskar mit großer Freude in das neue Heim übersiedeln konnten. Natürlich war noch nicht alles perfekt eingerichtet und das unvollständige Wohnzimmer wurde vorerst mit einem Vorhang abgetrennt. Aber das störte zu dieser Zeit niemanden, zumal ihre vorige Einzimmerwohnung bei Martins Schwiegereltern, einschließlich Mitbenützung der übrigen Räume, keine Rückzugs- und Entfaltungsmöglichkeiten bot. Die Kinder schlachteten ihre Sparschweine für die Anschaffung eines Farbfernsehers. Trotz der noch fehlenden Einrichtungsgegenstände und der vorübergehenden Improvisationen war die ganze Familie glücklich über das eigene, neue und große Haus.

Die Errichtung dieses Eigenheims stellte Martin und Theresia vor große und teilweise unvorhergesehene Herausforderungen. Sie legten jeden erworbenen Schilling zusammen, ohne über den jeweiligen Anteil nachzudenken. Die eigenen Wünsche bezüglich Kleidung und Urlaube wurden hintangestellt. Urlaubsdestinationen waren meist die preiswerten Heime ihrer Arbeitgeber im eigenen Land und trotzdem schön. Roswitha war auch in der höchst arbeitsintensiven Zeit von Martin und Theresia eine unentbehrliche Unterstützung, indem sie ihre Kinder beaufsichtigte und für alle das Essen bereitstellte. Für Martin war und blieb sie die beste Schwiegermutter der Welt.

Durch seine Anstellung als Straßenbauer des Landes konnte Martin bei der Beschaffung von Baumaterialien erhebliche Rabatte erzielen, die die Gesamtkosten wesentlich reduzierten.

Er wechselte sogar die Bank, um tagsüber von seinem Büro aus noch schnell skontierte Rechnungen am letztmöglichen Tag mittels Zahlschein begleichen zu können. Denn 2 Prozent Skonto in 2 Wochen, bei den teilweise hohen Beträgen, waren es schon wert, sie in Abzug zu bringen. Die wesentlichste Einsparung beim Hausbau lag jedoch bei den Lohnkosten. Die zahlreichen Arbeitsstunden, die von Martin, Theresia, ihren Familien und Freunden in ihren beschäftigungsfreien Zeiten geleistet wurden, beliefen sich nach heutigen Berechnungen auf etwa eine dreiviertel Million Euro. Allein Martin verbrachte in der 6-jährigen Errichtungszeit 10.000 Stunden schuftend auf seiner Baustelle und hinterließ dort ohne zu jammern viel Schweiß und einiges an Blut. Diese Belastungen und Entbehrungen hatten für ihn einen tiefen Sinn, war es doch für seine Familie und ihn selbst.

Ruf der Öffentlichkeit

Die Errichtung des Eigenheimes und die Gründung der Familie hatten für Martin neben seinem Beruf höchste Priorität. Alles andere musste wegen einer Arbeitswoche von 80-Stunden vernachlässigt werden, weil es, entsprechend der Eisenhower-Matrix,[19] zum damaligen Zeitpunkt nicht so wichtig und so dringend war. Auf der Grundlage dieser Priorisierung musste Martin zwangsläufig sein 1971 begonnenes Studium an der Handelsakademie für Berufstätige ein Jahr vor Abschluss aussetzen. Seine berufliche Karriere und das damit verbundene Einkommen nahmen dadurch keinen Schaden, zumal er durch seine Beamten-Aufstiegsprüfung sich schon in der Verwendungsgruppe von Maturanten befand. Mit der positiv abgelegten Dienstprüfung schlug Martin die Beamtenlaufbahn vom Oberrevident zum Oberamtsrat ein.

Möglich wurde diese Überstellung durch seine neue Verwendung in der Straßenverwaltung. Martin wurde Leiter des Aufgabenbereichs „Kleinstraßennetz", wo er ein Jahresbudget von mehr als 100 Millionen Schilling verwaltete. Seine Mitarbeiter und er überprüften die Förderungswünsche der oberösterreichischen Gemeinden für den Aus- oder den Neubau von Gemeindestraßen, Rad- und Wanderwegen. Bei Unklarheiten musste sich Martin gelegentlich vor Ort von der Förderungswürdigkeit überzeugen. Das führte ihn in jedem Winkel des Landes und auf die verschiedensten Berggipfel. Es war noch eine Zeit, wo Beamte für ihre Dienstreisen einen Dienstwagen

19 Sie geht auf den gleichnamigen amerikanischen General und späteren US-Präsident Dwight D. Eisenhower zurück. Als Vorlage diente ihm seinerzeit eine simple Matrix mit vier Quadranten. An deren Rändern und Achsen wird lediglich unterschieden zwischen „wichtig" und „unwichtig" beziehungsweise zwischen „dringend" und „nicht dringend" (oder „eilig" und „nicht eilig").

samt Chauffeur zugeteilt bekamen. Auf die Herren am Steuer von schwarzen Limousinen mit zweistelligen Linzer Kennzeichen war stets Verlass. Sie wussten beispielsweise, wo es das beste Mittagessen, den besten Jausenspeck und das beste Brot gab. Manchmal überreichte ihnen der Garagenmeister eine Liste von Käsebestellungen, wenn sich auf der angegebenen Route eine Molkerei befand, die guten Käse produzierte.

Der Lieblings-Chauffeur von Martin war Anton. Er war von mittlerer Größe, etwas korpulent, verlässlich und ein angenehmer Gesprächspartner während der oft langen Fahrzeiten. Er hatte eine begeisternde und kräftige Stimme, vor allem bei übereinstimmenden Themen. Anton war einer der wenigen Männer, die beim Thema Nummer eins nicht unanständig waren, sondern vom Fischen redeten. Seine Lieblingsbeschäftigung in der Freizeit galt gänzlich der Hobbyfischerei. Stundenlang konnte er über seine Fischerei-Erlebnisse erzählen, die ihn nach Tschechien, Alaska und nach Skandinavien führten. Wenn die beiden entlang eines Flusses fuhren, war seine verbale und gestikulierende Begeisterung über ein schönes Fischwasser kaum zu bremsen. Mehrmals musste Martin ihn darauf hinweisen, dass er das Lenkrad wieder in die Hand nehmen solle.

Besondere Freude hatte Martin mit schwierigen Aufgaben. Das wussten auch seine Vorgesetzten und teilten ihm gerne Arbeiten zu, die noch niemals zuvor auf dem Schreibtisch lagen. Etwa wenn Lösungen gefunden werden sollten, die eine positive Erledigung auf den ersten Blick nicht erkennen ließen, oder Rahmenbedingungen geändert werden mussten.

Eine seiner letzten und vermutlich größten Herausforderung war die Errichtung eines Radweges von Passau nach Salzburg. Die Tourismusverantwortlichen der Region Innviertel-Hausruckwald pilgerten Ende 1988 zum Landeshauptmann und überzeugten ihn von der Notwendigkeit eines Radweges von Passau nach Salzburg entlang der Grenzgewässer Inn und Salzach. Die Dringlichkeit begründeten sie damit, dass Bayern auf der anderen Seite ebenfalls einen Weg für radfahrfreundliche Touristen plante und dadurch die oberösterreichischen Tourismusbetriebe ausgehungert werden könnten. Der Vorsitzende der Landesregierung reichte den Wunsch an den zuständigen Straßenbaureferenten mit Empfehlung weiter, von dem der Auftrag letztendlich an Martin erging. Die Voraussetzungen für die Errichtung der ersten Bauetappe waren in der Tat nicht einfach. Aber die herrschende Meinung, dass die deutsche Wirtschaft und Verwaltung stets schneller agierten als jene in Österreich, beflügelte das Engagement von Martin. Von dem 88 km langen Radweg mussten 28 km neu errichtet werden. Für die restliche Streckführung wurden bestehende Gemeindestraßen genutzt. Einige, teilweise zuständige Kollegen bezweifelten die Realisierbarkeit in der gewünschten Zeit von einem halben Jahr sowie die Fertigstellung überhaupt. Es waren aufwändige Verwaltungsverfahren nach dem Straßen-, Wasser- und Naturschutzrecht erforderlich. Darüber hinaus mussten die Anliegergemeinden Beiträge leisten, auch wenn sie keine Gasthäuser entlang des Weges hatten und dadurch keine gemeindeeigenen Steuern lukrieren konnten. Mit seinem unermüdlichen Einsatz schaffte Martin die Fertigstellung des Radweges in der gewünschten Zeit, während dies den bayerischen Nachbarn nicht gänzlich gelang. Einmal schneller als die vorbildlichen Deutschen zu sein, erfüllte den oberösterreichischen Straßenbauer mit großer Genugtuung. Als Geste der guten Zusammenarbeit schrieb er sogar die Beschilderung für die Bayern mit aus und ersparte der dortigen Verwaltungsbehörde wichtige Vergabearbeiten.

Gleichzeitig mit der Fertigstellung des Innradweges beendete Martin auch sein nebenberufliches Diplomstudium als Magister rer. soc. oec. und fuhr den Radweg mit seinen Studienfreunden ab. In drei Tagesetappen war die 135 km lange „Studienreise für Innsider“ auch für ungeübte Radfahrer leicht zu bewältigen. Mit dem Zug ging es von Linz nach Passau. Von dort mit den Rädern auf oberösterreichischer Seite der Inn entlang. Da diese Reise einigen Gemeindeverantwortlichen nicht verborgen blieb, gab es der innviertler Tradition entsprechend einige Stopps. In Wernstein ging es für 6 km auf ein Schiff, wo dem Käpten ein 40-prozentiger Willkommenstrunk nicht verwehrt werden durfte. In der Gemeinde Reichersberg stand eine „Waldandacht“ am Programm, was die meisten mit irgendeiner religiösen Feier in Verbindung brachten. Es war eine Kapelle mit einem Vorplatz, wo, sehr zur Verwunderung der Radfahrer, die Gemeindevertreter mit einem Bier und einer Jause den Radlern aus Linz ihre Aufwartung machten. Es war für alle Beteiligten eine unvergessliche „Andacht". Die Nächtigung war in den Zimmern des Stiftes Reichersberg geplant, wo noch nie zuvor Radler mit kurzen Hosen ihre müden Beine streckten. Das Abendessen und die Köstlichkeiten aus der Stiftskellerei schafften auch den fittesten Teilnehmer.

Am zweiten Tag ging es für die Linzer Radler nach Braunau am Inn mit einem kleinen Abstecher nach Bayern, wo Burghausen, die mit 1.051 m längste Burg Europas, seit mehr als 1.000 Jahren auf die Studenten der Johannes Kepler Universität wartete. Im Geburtsort von Adolf Hitler stand nicht sein Geburtshaus am Programm, sondern lediglich der nächtliche Aufenthalt. Der Radweg entlang der Salzach war vorübergehend gesperrt, daher war eine örtliche Umleitung durch den Weilhartinger Forst erforderlich. Die zielstrebigen Radtouristen fuhren immer tiefer in das riesige Waldgebiet, wo sie jede Orientierung verloren. Plötzlich befand sich an einer hohen Rotbuche ein Schild mit der Aufschrift: „Ende der Welt". Das war ein emotionaler Keulenschlag an die ausgepowerten und nunmehr ratlosen Touristen. Irgendwann und zur Genugtuung der Teilnehmer fand Martin als Guide wieder den richtigen Weg zum Radweg entlang der Salzach, um in die Mozartstadt zu gelangen, wo es mit dem Zug wieder nach Linz ging. Auch wenn dieser Radweg seit mehr als 30 Jahren existiert, ist er immer noch etwas Besonderes für: „Innsider".

Die Förderungsaufgaben für das kommunale Wegenetz und die Zusammenarbeit mit den Repräsentanten der Gemeindepolitik machten Martin, nicht zuletzt wegen seiner Erfolge, große Freude. Dadurch verringerte sich sein Berufswunsch als Bankdirektor erheblich und führte ihn zum Verbleib in der Straßenverwaltung. Zusätzlich zu seinen in der Stellenbeschreibung festgehaltenen Aufgaben übernahm Martin auch jene eines Dienstnehmervertreters. Sein empathisches Empfinden, sein Eintreten für die schwächeren Dienstnehmer und sein mutiges Auftreten gegenüber Führungskräften waren wesentliche Gründe, warum er mehrmals in die Dienstnehmervertretung gewählt wurde. Vielen Kollegen hat er geholfen und für sie eine Besserstellung erreichen können. Seinem Engagement war es zu verdanken, dass in einer technik- und damals männerdominierenden Dienststelle der Landesbaudirektion erstmals eine Frau eine entsprechende Leitungsfunktion übertragen bekam und damit Hofrätin wurde. Bei der informellen Nachricht bekam sie Angst, ob sie den Anforderungen gewachsen sei. Doch Martin war immer schon vertrauensvoll und ermutigte sie mit der Bemerkung: „Mit Ihrer Bestellung und Ihrer Leistung können Sie für weitere Frauen als ‚Türöffnerin' im Managementbereich fungieren." Vor dem Hintergrund dieses Bewusstseins gab sie ihr Bestes und erfüllte erfolgreich die in sie gesetzten Erwartungen.

Die sportlichen Leistungen und das kooperative Mitwirken am Fortbestand der Turn- und Sportunion von Martin in seiner 500-Seelen Gemeinde nützte der rücktrittswillige Obmann, ihn zu seinem Nachfolger vorzuschlagen. Bei der nächsten Jahreshauptversammlung wurde Martin die Verantwortung für den Sportverein übertragen. Er bestand aus den Sektionen Fußball, Eisstockschießen und Damenturnen. Das Jahresbudget betrug bei Übernahme rd. 35.000 Schilling. Der unentgeltliche Einsatz war jedoch durch die vielen ehrenamtlichen Helfer im Verein viel höher als das monetäre Budget. Es waren einfache Gemeindebürger, die sich mit den sportlichen Aktivitäten identifizieren und an den sportlichen Erfolgen ihrer Akteure erfreuen konnten. Bei der Auswahl von Vorstandsmitgliedern galten für Martin primär die Eigenschaften wie Engagement, Commitment, parteifreies Denken und Handeln. Im Hauptfokus der Bemühungen stand naturgemäß die Sektion Fußball. Um die finanziellen Möglichkeiten zu verbessern, war eine Erhöhung der Einnahmen unerlässlich, da Einsparungen nicht mehr möglich waren. Martin pilgerte zum Sportreferenten der Landesregierung und versuchte alle Förderungsmöglichkeiten auszuschöpfen, was angesichts des damaligen Sportstätten Leitplans und der geringen Einwohnerzahl schwierig war. Er klopfte an jede Unternehmenstür, wo er einen Sponsor vermutete.

Mit vielen Gewerbetreibenden in den Nachbargemeinden schloss er Verträge über die Bandenwerbung ab, deren Mieten höher waren als jene der dortigen Sportvereine. Auf deren Frage, warum das so ist, antwortete Martin lapidar: „Weil wir einfach besser sind!“ Glücklicherweise hatten die meisten Vertragspartner keine Ahnung, dass Martins Fußballverein in der Liga um eine Klasse tiefer spielte als ihr Verein. Die erweiterten finanziellen Möglichkeiten und die Notwendigkeit von praktischer Erfahrung bei einer Trainerlizenz ließen Martin einen Coup landen. Er einigte sich mit Karl Scharfrau, einem Bundesligaspieler beim Linzer ASK (LASK), auf einen Trainervertrag mit Sonderkonditionen. Durch sein Können als exzellenter Fußballspieler und seine große Bekanntheit war Karl ein Magnet bei der Gewinnung neuer Spieler für den Verein. Alle fußballspielwilligen Jungmänner in den Nachbargemeinden wollten plötzlich zu Martins kleinem Verein im Fußballunterhaus. Einige Zeit spielten alle so, als würden sie von einem Bundestrainer beobachtet, der sie fürs Nationalteam nominieren könnte. Nach einem Jahr etwa schlug der Gewöhnungseffekt durch und die heimischen Kicker verloren zusehends ihre außerordentliche Motivationskraft. Nicht so Spieler gegnerischer Mannschaften, wodurch das Gewinnen immer schwieriger wurde. Durch die Annahme einer kommunalpolitischen Funktion und um nicht als „Ämterkommulierer“ angesehen zu werden, gab Martin nach zwei Jahren die Führungsrolle des Sportvereines ab. In seiner Zeit wurde allerdings der Verein organisatorisch, sportlich und finanziell auf neue Beine gestellt. Die Budgetmittel haben sich auf eine Viertelmillion Schilling erhöht.

Das öffentliche Auftreten von Martin blieb den Verantwortlichen in seiner Gemeinde nicht verborgen. So ersuchte ihn der scheidende Bürgermeister, für die Gemeinderatswahlen im Jahr 1979 auf der Liste der Österreichischen Volkspartei zu kandidieren. Er erhielt einen wählbaren Listenplatz und zog mit dem neuen Bürgermeister Rupert in den Gemeinderat ein. Rupert war Landwirt und gewohnt, Entscheidungen allein herbeizuführen und umzusetzen, wenn er sie für richtig befand. In Fällen, wo er diesbezüglich unrechtmäßig handelte und von der Opposition darauf angesprochen wurde, bedauerte er das mit seiner Unkenntnis und der Erklärung: „Ich bin halt so dumm.“ Die gesamten Mitglieder des Gemeinderates lachten über seine

Aussage und die Angelegenheit war somit erledigt. Seine Vorsprachen bei Stadt- und Landespolitiker um Förderungsmittel waren schon aus sprachlicher und argumentativer Hinsicht komödienhaft bis peinlich. Einerseits wegen seiner direkten Art, andererseits war es seinem beschränkten Vokabular geschuldet. Die Frauen in seiner Gemeinde begrüßte er stets händeschüttelnd im engsten Kontakt, wodurch bei den Auf- und Abwärtsbewegungen Berührungen im Brustbereich unvermeidlich waren. Nicht selten erhielt er dafür eine Ohrfeige, womit dieser Übergriff sanktioniert war. Er hatte Glück, da es die Me-too-Bewegung zu dieser Zeit noch nicht gab.

Martin war als Obmann für den Bau-, Straßen- und der Raumordnungsausschuss zuständig. Er sorgte dafür, dass alle Straßen in der Gemeinde asphaltiert wurden. Dazu mussten die jährlichen Baustellen ordnungsgemäß ausgeschrieben, überwacht und abgerechnet werden. Seine freiwilligen Arbeiten für die Gemeinde brachten ihm leider auch eine anonyme Anzeige durch einen Nachbarn bei seinem Arbeitgeber ein, die allerdings ohne Folgen blieb. Martin gab den Straßen erstmals Namen und erstellte ein Verzeichnis über alle Straßen in der Gemeinde. Auch um die aufgelassene Kiesgrube kümmerte er sich, indem er den erforderlichen Rekultivierungsplan für die Planierungsarbeiten und die wasserrechtliche Bewilligung zeichnete und dadurch einen heute noch geschätzten Badesee hinterließ. Mit dem Amtsleiter erstellte er das jährliche Gemeindebudget und sorgte mit dafür, dass die Finanzen in Ordnung waren.

In seiner Eigenschaft als Landesbediensteter und Gemeinderat war er auch vielfach Ansprechstelle in Förderungs- und Berufsangelegenheiten. Nicht wenigen konnte er einen Job fürs Leben in der oberösterreichischen Landesverwaltung vermitteln. Ein Fall, auf den Martin wirklich mit Stolz zurückblickt, war Frederik. Er war der Jüngste von sechs Kindern eines Kleinbauern. Seit seiner Geburt litt Frederik an offensichtlich irreparablen Gehörschäden und an verkrüppelten Beinen. Das hatte ihn bei der Schulbildung und in seiner körperlichen Entwicklung stark behindert. Aber seine geistige Leistung war bemerkenswert gut und er meisterte seine physische Beeinträchtigung beispielhaft.

Er schaffte den Führerschein mühelos und arbeitete bei einer holzverarbeitenden Firma bestens und verlässlich. Frederik war in seinem Heimatort gerne gesehen, weil er Humor und einen besonders ausgeprägten Leistungswillen zeigte. In seiner Firma nagelte er täglich Holzpantoffeln zusammen und leistete einen wichtigen Beitrag für den Erfolg des Unternehmens.

Als die Geschäfte nicht so gut liefen, wurde Frederik gekündigt und damit arbeitslos. Er hatte zwar ältere Brüder und Schwäger, die Führungsfunktionen in größeren Unternehmen innehatten, ihn aber bei der Arbeitssuche nicht halfen. Vermutlich war es ihnen peinlich, mit einem behinderten Arbeitnehmer familiär in Verbindung gebracht zu werden. Bei einem Rehabilitationsaufenthalt lernte Frederik ein Mädchen aus dem Innviertel kennen und lieben. Ihr Aufenthalt in dieser Anstalt war nach einer schweren Operation an der Wirbelsäule notwendig, nach der sie um 8 cm größer wurde. So oft es ging, fuhr Frederik zu ihrem 80 km entfernten Wohnort und zurück. Martin war gerührt von dieser Geschichte und fest entschlossen, Frederik bei der Suche nach einem Arbeitsplatz in der Nähe seiner Freundin zu helfen.

Das Land Oberösterreich hatte in 5 km Entfernung seiner Freundin einen Bauhof, wo die Maschinen und Geräte der Straßenmeistereien repariert wurden und der sich unter Umständen für Frederik als neuen Arbeitsplatz eignen würde. Martin ging ohne zu zögern zum zuständigen Referenten der Landesregierung und ersuchte ihn, den Aufnahmewunsch von Frederik bestmöglich zu unterstützen. Was dieser bereitwilligst und unverzüglich machte. Der Bauhofleiter hatte jedoch wegen der Beeinträchtigung von Frederik Bedenken über seine Verwendung. Martin ersuchte seinen dortigen Kollegen, ihn erstmals für eine Probezeit einzustellen und danach über seine weitere Verwendung zu reden. Den meisten Menschen ist nicht bewusst, wie sehr sich Menschen mit Beeinträchtigung bemühen, durch herausragende Leistung bei der Arbeit oder im Sport gebührende Anerkennung zu erlangen (siehe auch die außerordentlichen Leistungen der Teilnehmer bei den Paralympics). Martin kannte Frederik und war daher fest überzeugt, dass dieser seinen Job gut erledigt. Bei einem späteren Erkundigungstelefonat hörte er vom Bauhofleiter, dass er Frederik niemals abgeben würde und von allen Mitarbeitern wegen seiner hilfsbereiten und humorvollen Art sehr geschätzt wurde. Frederik hatte damit einen fixen Arbeitsplatz bis zu seiner Pensionierung und ein geregeltes Einkommen erhalten. Mit seiner Freundin schloss er den Bund fürs Leben und baute mit ihr ein Haus. Zwei gesunde Kinder bereicherten ihr Familienleben und machten sie zu den glücklichsten Menschen im ganzen Land.

Durch seine Beschäftigung und seine Dienstausbildung hatte Martin einen großen Einblick in den weitreichenden Aufgabenbereich einer Gemeindeverwaltung. Die administrativen Aufgaben und Kenntnisse sind zwar wichtig, jedoch nicht entscheidend für den politischen Erfolg und den Führungsanspruch in einer Gemeinde. Um den Menschen in seiner Gemeinde noch effizienter dienen zu können, erwarb Martin an der Politischen Akademie[20] in Wien das *Diplom der Kommunalpolitik.* Voraussetzung dafür war die Verhaltenstechnische Grundausbildung (Rhetorik und Verhaltenstechnik). Diese Ausbildung umfasste halbwöchentliche und wöchentliche Seminare im Zeitraum von vier Jahren. Das dort erworbene Wissen sollte möglicherweise auch als Grundlage für sein weiteres Engagement in der Regional- oder Landespolitik dienen. Doch Theresia war nicht sehr begeistert von seinen Überlegungen, zumal Politiker-Gattinnen durch ihre Männer auch im Scheinwerferlicht der Öffentlichkeit stehen und stets die vorderen Sitzplätze einer Veranstaltung zugeteilt bekommen. Martin hatte ihre Einwände akzeptiert und beendete nach der 6-jährigen Funktionsperiode 1985 sein politisches Engagement.

20 Ziel der politischen Bildung ist es, Mandataren, Funktionären und anderen Mitgliedern der ÖVP sowie allen an ihr Interessierten nach den Grundsätzen der Partei und dem letzten Stand der Wissenschaft eine vertiefte Einsicht in die Rolle des Einzelnen in der Gesellschaft und die gesellschaftlichen Zusammenhänge zu vermitteln und ihr politisches Engagement in einer partizipatorischen Demokratie zu fördern.

Neuorientierung am Campus

Theresia durchkreuzte also Martins politische Ambitionen und da er kein Interesse hatte in seiner Freizeit in irgendeinem Lokal herumzuhängen und „gescheite" Reden an einer Bar zu halten, dachte er vermehrt über eine Weiterbildung nach. Dieser Gedanke begleitete ihn schon seit längerer Zeit, da er als Berufstätiger viele Geschäftspraktiken und Verhaltensweisen von Menschen erlebte, aber sich die theoretischen Hintergründe dafür zu wenig erklären konnte. Welcher Nichtjurist weiß denn schon, dass ein Fingerzeig auf eine preislich ausgezeichnete Wurstsemmel in einer Vitrine eine übereinstimmende Willenserklärung und damit ein Kaufvertrag ist. Dass selbsterfüllende Prophezeiungen „Wirklichkeits"-schaffende Effekte haben[21], etwa indem wir nur mehr die ärgerlichen, roten Ampeln sehen und die grünen nicht mehr wahrnehmen (wollen). Ohne dass er es bewusst wahrnahm, war Martin schon lange auf der Suche nach Erklärungen von Fragen, die in Zusammenhang mit den praktischen Erfahrungen seines beruflichen und privaten Lebens standen. Darüber hinaus entstand in der westlichen Welt eine bisher unbekannte Welle an Umweltbewegungen. Ausgelöst durch das 1962 erschienene Buch: „The Silent Spring" von der Biologin Rachel Carson. Die Bausteine für ein neues Weltbild von Fritjof Capra in seinem Buch: „Wendezeit" und die Ereignisse um die Besetzung der Stopfenreuther Au im Dezember 1984 durch Studenten haben Martin so emotionalisiert, dass auch er das Umweltthema nicht mehr ausblenden konnte.

Bei der Suche nach einer geeigneten Studienrichtung an der Johannes Kepler Universität (JKU) in Linz fand er das Diplomstudium der Sozialwirtschaft am interessantesten. Der Studienort

21 Watzlawick, Paul: Anleitung zum Unglücklichsein. Hrsg.: Piper Verlag. München 1988, S. 60

ergab sich durch seinen Arbeitsplatz und seinen Wohnort. Die Veranstaltungszeiten mussten im Rahmen der verfügbaren Freizeit einer 40-Stunden Woche gewählt werden. Martin war bekannt, dass für dieses vielfältige und anspruchsvolle Studium eine entsprechende Vorbereitung unerlässlich ist, der er sich ein Jahr lang widmete. Die kaufmännischen Fächer wurden teilweise von der HAK angerechnet, während er für das Brush-up in den Bereichen Mathematik und Englisch viel Zeit und Energie investierte, um den künftigen Anforderungen des Studiums gerecht zu werden. Im Oktober 1985 begann Martin das Studium der Sozialwirtschaft mit dem Schwerpunkt Ökologie und Umweltplanung sowie dasjenige der Betriebswirtschaft. Das Zweitstudium war wegen der gegenseitigen Fächeranrechnung im ersten Studienabschnitt kein wesentlicher Mehraufwand. Voller Erwartung und mit großem Respekt gegenüber den zu erwartenden Herausforderungen schritt er über den Campus. Emotionale Erinnerungen an seinen ersten Schultag in der Volksschule wurden wach. Wird er es schaffen und als stolzer Absolvent die Universität verlassen oder scheitern? Da kam ihm der Spruch von Bertold Brecht in Erinnerung: „Wer kämpft, kann verlieren. Wer nicht kämpft, hat schon verloren." Und, da Martin mutig war, gab es für ihn kein Zurück mehr und er stellte sich den Herausforderungen.

Die Liste der Diplomprüfungsfächer war lang und vielfältig:

- Österreichisches Bürgerliches Recht, Handels- und Wertpapierrecht,
- Österreichisches Verfassungs- und Verwaltungsrecht,
- Volkswirtschaftstheorie und Volkswirtschaftspolitik,
- Statistik und Mathematik für Sozial- und Wirtschaftswissenschafter,
- Wissenschaft von der Politik,
- Arbeitsrecht,
- Gesellschaftspolitik und Sozialpolitik,
- Angewandte Ökologie und Umweltplanung,
- Allgemeine Soziologie einschließlich Sozialforschung,
- Sozialpsychologie.

Um zu den Diplomprüfungsfächern zugelassen zu werden, waren positive Klausuren in Seminaren, Übungen und Praktika erforderlich. In den meisten Fällen mussten zwei solcher Veranstaltungen besucht werden, die vielfach aufbauend im Winter- und Sommersemester angeboten wurden. Ein Versagen hätte in einem solchen Fach ein Jahr Studienzeit gekostet. Die Mindeststudiendauer betrug 8 Semester, die durchschnittliche Studienzeit lag eher bei 10 Semestern. Es war eine Zeit, wo es an der Universität noch Studierende im 40. Semester gab.

Bei seinem Studienbeginn war Martin bereits 35 Jahre alt. Aber er war nicht der einzige Spätberufene am Hochschulgelände. Diese älteren Studenten waren in aller Regel berufstätig und hatten wenig Zeit zum Lernen. Daher entstanden schon bald Lerngemeinschaften, um die als unüberwindbar angesehen Prüfungen schaffen zu können. Von den unterschiedlichen Stärken profitierten alle in dieser Gemeinschaft. Martins allgemeine Stärke war das Verfassen von schriftlichen Arbeiten. Wenn zehn bis zwölf Seiten zu einem Thema gefordert wurden, schrieb er meist zwischen 20 und 40 Seiten. Manchmal schrieb er einfach den Namen eines Studienfreundes, dem das Schreiben nicht so lag, als Autor auf die Arbeit, damit dieser das Seminar abschließen konnte. Das führte kurioserweise einmal sogar zu einer grotesken und willkürlichen Entscheidung bei der Beurteilung einer schriftlichen Arbeit durch einen Universitätsassistenten. Dabei beurteilte er den angeblichen Teil des Studienfreundes von Martin als positiv und jenen von Martin als negativ. Obwohl von seinem Studienfreund keine einzige Zeile in der Arbeit zu finden war.

Dieser offensichtlichen Antipathie dürfte eine drei Stunden lange Übung vom gegenständlichen Assistenten vorausgegangen sein, bei der nicht gesprochen werden durfte. Von 15:00 bis 18:00 Uhr saßen Martin und seine Studienkollegen im Seminarraum, ohne vom Assistenten über Ablauf oder Sinn der stummen Anwesenheit informiert worden zu sein. Gespräche untereinander, Unmutsäußerungen oder Erklärungen den Raum zu verlassen bedrohte er grundlos damit, dass die Studenten keinen positiven Abschluss in seinem Seminar erhalten würden. Vielleicht wollte er für seine Habilitation die dadurch entstehende Gruppendynamik studieren, die sich im Laufe der Zeit zur Gewaltbereitschaft einiger Teilnehmer aufschaukelte. Eine Viertelstunde auf etwas zu warten und nichts tun zu können, ist gefühlsmäßig schon sehr lange. Drei Stunden sind extrem lang und für einen berufstätigen Studenten eine Ewigkeit, der diese Zeit dringend für andere Arbeiten benötigt hätte. Auch am Ende der Veranstaltung wurden die Übungsteilnehmer nicht über den Zweck dieser Übung aufgeklärt und gingen wütend und frustriert nach Hause. Martin ließ sich diese Vorgehensweise nicht gefallen und um solche Wiederholungen zu vermeiden, beschwerte er sich auf Wunsch seiner Kollegen beim Studienleiter darüber, der dem Assistenten die Lehrbefugnis für dieses Seminar entzog. Offensichtlich war sein Vorgehen eine brutale Lektion aus der Sozialpsychologie, die den Betroffenen lange in Erinnerung blieb und dem damaligen Lehrpersonal einen Imageschaden zufügte.

Eine sehr intensive und ergebnisbringende Lerngemeinschaft verband Martin mit Pauli. Er war um zehn Jahre älter als Martin und beruflich als Weltreisender und Betriebsratsobmann in einem Tochterunternehmen des größten Stahlkonzerns Österreichs beschäftigt. Als gutverdienender Angestellter war er nicht wirklich ein Vertreter des klassischen Proletariats, wie es seine Partei stets artikulierte, sondern fühlte sich eher dem liberaleren Flügel seiner Interessensgemeinschaft zugehörig, die die Umverteilung nicht auf der Prioritätenliste hatte. Da Martin nicht unbedingt ein großer Freund einer konservativen Ideologie war und für die Schwächeren in der Gesellschaft auch aktiv wurde, ergab sich in ihren Werthaltungen eine große Schnittmenge. Es war so etwas wie eine Sozialpartnerschaft beim Studium, jedoch ohne Konflikte, da sie durch dieselbe Studienrichtung und gleiche Interessen in vielen Themen eine hohe Übereinstimmung hatten. Technisch gesehen waren Pauli und Martin so etwas wie eine Arbeitsgemeinschaft. Sie besorgten sich auf legalem Weg Übungsbeispiele für Klausur- und Diplomprüfungen in Mathematik und Statistik und arbeiteten sie mit enormem Einsatz aus, um dadurch ein besseres, methodisches Verständnis für Aufgabenstellung und Lösungswege zu erlangen. Und irgendwie schafften es die beiden ohne digitale Rechenprogramme und in der kürzesten Zeit, die vielfältigen Matrizenrechnungen mit unzähligen Spalten für Produktion, Nachfrage und Terminologie zu beherrschen.

Die Studienkollegin Anni war eine berufstätige Frau Anfang 40 mit einer erwachsenen Tochter und ebenso gewillt das Studium der Sozialwirtschaft zu schaffen. Sie war eine attraktive und humorvolle Frau und jeder Studierende begegnete ihr gerne. Aber ihr Selbstbewusstsein war nicht sehr groß. Bei einer Diplomprüfung in Mathematik, bei der auch Martin und zwei andere Studenten geprüft wurden, musste Anni an der Tafel Rechenaufgaben lösen. Der Prüfer stand neben ihr und quälte sie mit Zwischenfragen. Ihr Adrenalinausstoß war durch eine errötete Haut am Hals und am Kopf nicht zu übersehen. Ihre Stimme war zittrig und ihre Erklärungen unsicher. Als Anni am Ende dieser „Tyrannei" ihre positiv bestandene Prüfung vom Professor mitgeteilt bekam, war sie so freudig erregt und durcheinander, dass sie irrtümlich auf dem Bürosessel des Professors Platz nahm. Martin und die übrigen Anwesenden konnten sich das Grinsen nicht verbergen und der Mathematikprofessor schmunzelte ebenso genüsslich. Nach der Prüfung teilte Anni Martin mit, dass sie vor der Prüfung zu ihrer Beruhigung acht Tabletten nahm.

Im Verwaltungs- und Verfassungsrecht konnte sich Martin durch seine erworbenen Kenntnisse aus der Dienstprüfung für die Pragmatisierung zum Beamten verstärkt einbringen. Während der vorlesende Professor im Verwaltungsrecht die für viele „trockene" Materie eloquent und sehr interessant vortrug, war sein Kollege im Verfassungsrecht in der Vorlesung eine Zumutung. Seine Sätze mit den unendlichen „Ähs" und „Ahs" erschwerten das fachliche Verständnis. Trotzdem meldete sich Martin bereits am Ende des ersten Semesters und nach positiven Klausuren bei ihm zur Diplomprüfung im Österreichischen Verfassungs- und Verwaltungsrecht an. Er war der einzige Prüfer, der innerhalb des ersten Semesters noch einen Termin frei hatte. Martin war mit drei anderen Kollegen zur mündlichen

Diplomprüfung in seinem Büro angetreten. Die Kandidaten saßen seitlich auf Stühlen und beantworteten seine Fragen. Jeder Kandidat bekam etwa zwölf Fragen gestellt und das durcheinander. Er machte sich keine Notizen darüber, wer die Antworten richtig oder falsch beantwortete. Martin beantwortete nach seinem und dem Gefühl der Zuhörer von zwölf Fragen zehn richtig, während die übrigen mit einer Ausnahme die Fragen ungenügend beantworteten. Am Ende der Prüfung raufte sich der ziemlich erschöpft wirkende Professor die letzten Haare und gab allen ein „Genügend". Martin war perplex über die undifferenzierte und, wie er und seine Zuhörerkollegen meinten, ungerechte Beurteilung. Seine Kollegen forderten ihn auf, gegen diese Benotung einen Einspruch zu erheben. Martin aber wollte so schnell als möglich sein Studium abschließen und dachte, dass dieses Genügend nicht das letzte Genügend sein würde. Doch er hatte sich getäuscht, es war das einzige Genügend in seinem Studium. C'est la vie![22]

Die Vorlesungen und Seminare im Umweltbereich liebte Martin. Obwohl er schon einiges wusste, war er immer noch gierig nach Argumenten, wie die Menschheit in ihrem Wirtschafts- und Freizeitverhalten der Welt zusetzt und wie sie gerettet werden kann. Vorerst dachte er gar nicht so sehr an die berufliche Verwendung von Umweltwissen, obwohl Themen wie Gewässer- und Luftreinhaltung schon damals in Österreich auf der politischen Agenda waren, sondern eher daran, in Gesprächen mit allgemein gebildeten Menschen besser argumentieren zu können. Das Institut für Angewandte Ökologie und Umweltplanung war neu und etablierte sich aus den Wissensgebieten der Agrarwirtschaft und Raumplanung zu einer nachhaltigen Betriebswirtschaft. Die Assistenten des Instituts waren wie ihr Institutsleiter voll motiviert und reicherten das Wissen der bildungshungrigen Studenten mit ungeheuren Mengen an neuen Zahlen und Daten an. Wegen der Neuheit dieser Informationen gingen die Studenten mit dem Gefühl der Überlegenheit

22 So ist das Leben!

gerne in Diskussionsforen, wo Befürworter des gesellschaftlichen und ökonomischen Status quo und „Weltretter“ wie Martin aufeinandertrafen. Bei der Diplomprüfung in diesem Wahlfach schrieb Martin Institutionsrekord. In vier Stunden brachte er auf 24 A4-Seiten sein Wissen zu Papier und war damit das Gesprächsthema am Institut. Noch Tage später spürte er seinen schmerzenden Schreibarm.

Seine Diplomarbeit schrieb Martin wegen seines großen Interesses auch am „Umweltinstitut“ zum Thema „Dezentrale Energieversorgung durch Hackgutfeuerungsanlagen“. Damit sollten energie-, umwelt- und regionalpolitische Perspektiven aufgezeigt werden. Sein Betreuer war Assistent mit großem Wissen und sehr hilfsbereit. Von ihm lernte Martin viel und gut, wie eine wissenschaftliche Arbeit aufgebaut bzw. strukturiert sein muss. Entsprechend der Beurteilung des prüfenden Professors war es eine *sehr gute* Arbeit und wurde vom Institut publiziert, um diese Thematik aus Aktualitätsgründen einem breiteren Interessentenkreis zugänglich zu machen.

Schon während der Arbeit kam Martin auf die Idee, Energieholzanbau an den zahlreichen Nebenflächen von Autobahnen und Bundesstraßen (Böschungen u. dgl.) durch die jeweiligen Straßenverwaltungen vorzunehmen. Er berechnete auf der Grundlage von geschätzten Flächen den jährlichen Holzertrag und damit den energetischen Beitrag bzw. den substitutiven Anteil von Heizöl. Mindestens zwei bis drei Straßenmeistereien konnten damit beheizt werden. Darüber hatte Martin seinen Referenten für Straßenbau und Umwelt der Landesregierung in einem Schreiben, das im Dienstweg vorgelegt werden musste, informiert. Sein oberster Beamtenchef, der mit Neuerungen nicht viel „am Hut“ hatte, merkte an, dass die Baustellenwägen ohnedies mit Holz beheizt würden und diese Vorschläge nicht sehr sinnvoll seien. Doch der Landesrat war zukunftsorientiert und holte Martin zu sich, um mit ihm die weitere Vorgehensweise abzuklären. Letztendlich ersuchte er Martin um einen Textvorschlag für seine Dienstanweisung an den ablehnenden Beamten, in der Martins Vorschlag umzusetzen sei. Eine große Straßenmeisterei im Salzkammergut wurde dahingehend ausgestaltet und bereits am Ende der 80er Jahre zum stolzen Vorzeigeprojekt über die Landesgrenzen hinaus.

Da Martin alle Prüfungen auf Anhieb schaffte, wollte er nach Approbation der Diplomarbeit bereits im 7. Semester zu den restlichen drei Diplomprüfungen antreten und das nebenberufliche Studium bereits nach dreieinhalb Jahren beenden. Das war jedoch laut Prüfungsstelle nicht möglich, da die Mindeststudiendauer mit vier Jahren festgelegt war. Über Empfehlung einer Professorin machte sich Martin den Spaß und bat das Wissenschaftsministerium um Verkürzung der Studienzeit. Nach kurzer Zeit erhielt er die bescheidmäßige Mitteilung aus Wien, dass aus gesetzlichen Gründen einer Verkürzung der Studienzeit nicht zugestimmt werden könne. Das machte Martin nicht traurig, da er ohnedies plante, seinem Diplomstudium ein Doktoratsstudium anzuschließen. Er pilgerte zu den infrage kommenden Professoren und erreichte von ihnen die Zustimmung, an den erforderlichen Veranstaltungen für die Rigorosen teilnehmen zu können und jene später angerechnet zu bekommen. Im Juni 1989 durfte Martin die restlichen Diplomprüfungen erfolgreich ablegen. Mit stolzgeschwellter Brust und großer Freude ging Martin nach der letzten Prüfung über den Campus und erinnerte sich an seinem Beginn mit Fragezeichen. Er wollte schreien vor Freude und sich dem Erstbesten mitteilen, um seine unbeschreiblich angenehmen Gefühlsmomente auszudrücken und mitzuteilen. Denn inzwischen hatte er gelernt, dass im Gegensatz zu den Naturwissenschaften beim Teilen einer Freude diese sozialwissenschaftlich gesehen nicht weniger, sondern in der Regel mehr werden. Seine Familie, seine Freunde und alle, die es gut mit Martin meinten, freuten sich mit ihm, als er am 5. Juli 1989 die Sponsionsurkunde überreicht bekam und ab diesem Zeitpunkt den Titel „Magister der Sozial- und Wirtschaftswissenschaften" vor seinem Namen setzen durfte.

Mit Handicaps zurück ins Leben

Die Jahre seiner Studienzeit und die unglaubliche Belastung überstand Martin nur dadurch, indem er nach Erreichen seines Zieles wieder in ein normales Leben mit Familie zurückkehren konnte. Vor allem aber, weil er wieder Zeit für sportliche Aktivitäten hatte, die er nach einer 100-Stundenwoche durch Arbeit und Studium zurückdrängen musste. Er war süchtig nach Ausdauersport und den Begegnungen mit Freunden, die ihm in den vergangenen Jahren zwangsläufig nicht möglich waren. Bereits eine Woche nach seiner akademischen Feier stand eine Fußball Ortsmeisterschaft auf dem Programm und Martin folgte der Einladung mit großer Begeisterung. Kleinere Mannschaften von verschiedenen Teilen des Ortes spielten begleitet von ihren jeweiligen Anhängern auf einem verkleinerten Spielfeld gegeneinander. Bei der dritten Begegnung wurde Martin gefault und fiel so unglücklich, dass er sich am linken Arm verletzte. Nachdem sich die Schmerzen auch am Folgetag nicht verringerten, suchte er das Krankenhaus auf, um die Verletzung abzuklären. Nach einem Röntgenbild erschien klar, dass der Arm gebrochen war und er die nächsten vier Wochen einen Gips tragen musste. Das war für ihn doppelt bitter, weil er endlich mehr Freizeit hatte und diese mit seiner Familie beim Baden verbringen wollte, was verletzungsbedingt nur sehr eingeschränkt, bis gar nicht möglich war. Außerdem waren seine Pläne mit den verschiedensten Radtouren nicht zu verwirklichen. Im Endeffekt war, jedenfalls sportlich gesehen, der Sommer gelaufen und es blieb ihm die Hoffnung auf einen aktiven Herbst.

Anfang Oktober begann beim Sportverein in der Nachbargemeinde die sogenannte Skigymnastik, eine konditionelle Vorbereitung für das alpine Wintervergnügen. An einem Abend der Woche gab es unter fachkundiger Anleitung mit einer Aufwärmphase und schweißtreibenden Übungen die Gelegenheit, sich fit zu machen. Da es nur eine gemeinsame Duschmöglichkeit gab, beendeten die Frauen die sportliche Betätigung um etwa eine halbe Stunde früher und die Männer spielten irgendein Ballspiel. Am Beginn der Saison spielten sie Basketball. Bei einer Ballannahme in einer gegrätschten Stellung machte es einen lauten Knall, und Martin spürte im Bereich der Achillessehne am rechten Fuß einen großen Schmerz, so als wäre ihm jemand draufgestiegen. Er musste das Spiel beenden und wäre beim Duschen beinahe umgefallen, als er auf dem angeschlagenen Bein stand. Martin fuhr nach Hause und legte sich mit Eiswürfeln auf dem Fuß schlafen. Nächsten Morgen fuhr er noch ins Büro, nahm an einer Besprechung teil und ersuchte am Mittag einen Kollegen, ihn in das Krankenhaus zur Kontrolle zu bringen, denn die Schmerzen wurden unerträglich. Dort angekommen, wurde Martin Freitagnachmittag entsprechend untersucht und vom Oberarzt gefragt, ob er nüchtern sei, was er bejahte. Das Untersuchungsergebnis wies nämlich auf eine totale Ruptur der Achillessehne hin, die unverzüglich operiert werden musste. Mit einem Liegegips von zwei und einem Gehgips von vier Wochen sowie einer Rekonvaleszenz von mehreren Monaten war zu rechnen. Der angekündigte langandauernde Genesungsprozess bereitete Martin mehr „Schmerzen“ als seine physische Verletzung. Aber das Prozedere war alternativlos und zu akzeptieren. Damit schmolzen seine Gedanken vom Skifahren im Winter wie der Schnee im Frühling dahin. Nach einer Woche Wundbehandlung im Krankenhaus hieß es nochmal eine Woche zu Hause liegend verbringen. Danach wurde der starre Verband auf einen Gehgips umgestaltet. Es war auch nicht tröstlich, dass der Gipser als Ehemann seiner Cousine sein Bestes gab. Danach folgte eine langwierige Rehabilitationsphase, sodass für ihn erst nach mehreren Monaten ein schmerzfreies Gehen möglich war. Aber die Verletzung begleitete ihn im Kopf auch noch im wiederhergestellten Zustand.

Ungeachtet seiner Einschränkungen dachte Martin trotzdem wieder an sportliche Betätigungen und meldete sich für ein dreitägiges Tennistraining im folgenden April in Mondsee an.

Am ersten Tag spielte Martin etwa vier Stunden lang und beobachtete stets seine wiederhergestellte Achillessehne am rechten Fuß, die offenbar den Belastungen standhielt. Auch am zweiten Tag erfreute er sich wieder dem Ballspiel und kam immer besser ins Spiel. Nach zwei Stunden spielte ihm sein Gegenüber einen Longline-Ball und Martin sprintete nach rechts, um den Ball mit der Vorhand zu retournieren. Dabei krachte es wieder so schmerzvoll, allerdings im linken Fuß. Bei seiner Selbstdiagnose mit dem Finger stellte Martin fest, dass diesmal die Achillessehne am linken Fuß gerissen war. Mit der Rettung ging es wieder ins Krankenhaus und nach der Untersuchung, die Martins Einschätzung bestätigte, landete er erneut auf derselben Station. Sehr zum Schmunzeln des Pflegepersonals. Nach einem halben Jahr wieder die gleiche Operation, wenngleich am anderen Fuß, und der gleiche, mühsame Genesungsprozess. Viele Gedanken durchkreuzten sein Gehirn. Das medizinische Prozedere wiederholte sich nach einem halben Jahr. Sein verwandter Gipser verabreichte ihm erfreulicher Weise den Gehgips so, dass er das Knie problemlos abbiegen konnte. Das war ihm wichtig, denn er baute sich das Pedal am Rennrad so um, dass er mit dem Gips treten konnte. Dieses Radfahren war für ihn wie ein Lebenselixier und Rennradfahrer staunten nicht schlecht, wenn er sie mit seinem Handicap überholte.

Im Mai war die Wassertemperatur vom Badesee schon einigermaßen erträglich und Martin schwamm nach der Gipsabnahme täglich einen Kilometer weit und machte dabei enorme Fortschritte bei seiner Genesung. Etwa zwei Monate nach dem letzten Operationstermin wollte Martin an einem Sonntagnachmittag seinen Fußballfreunden bei einem Meisterschaftsspiel zusehen. Er teilte dieses Vorhaben seiner im Garten arbeitenden Frau mit und stieg dabei über die Eingangsstufen hinunter. In einem unvorsichtigen Augenblick rutsche er auf einer Stufe aus und trat den noch nicht gänzlich wiederhergestellten Fuß gänzlich durch. Er verspürte einen großen Schmerz und But quoll aus dem Socken. Dieser Unfall löste bei beiden große Bestürzung aus und Theresia fuhr Martin am Sonntagnachmittag in das Krankenhaus zur Untersuchung. Martin konnte zwar nicht gehen, aber im Liegen den Vorfuß bewegen, wodurch der klinisch untersuchende Arzt lediglich eine Narbenbeschädigung diagnostizierte. Martin fuhr mit Theresia wieder nach Hause und ging am nächsten Tag und die folgenden wieder in den Dienst. Doch seine Schmerzen verringerten sich nicht und er konnte sich nur hinkend fortbewegen. Die Wege auf die Redner- oder Moderationsbühne und runter wurden für ihn zur unerträglichen Qual. Nach einigen Wochen suchte Martin diesbezüglich einen Orthopäden auf, um Klarheit zu bekommen. Nach weiteren Untersuchen stand fest, dass die Achillessehne im linken Fuß erneut gerissen war, wenngleich „nur" teilweise, und ohne erneute Operation keine beschwerdefreie Wiederherstellung möglich ist. Das war für Martin ein noch nie erlebter, emotionaler „Keulenschlag". Für einige Stunden war er deprimiert und suchte wiederholt nach Gründen seiner gesundheitlichen Rückschläge. Was hat er falsch gemacht, dass er am Weg zu seinen sportlichen Leidenschaften sich in einem Jahr den Arm brach und dreimal die Achillessehnen riss? Dass er von den letzten 52 Wochen 22 Wochen mit Gips und die restlichen Wochen mit Rehabilitation verbringen musste? Was hatte er verbrochen, um vom Schicksal so bestraft zu werden? Auf all diese Fragen gab es keine Antwort und er musste sich zum dritten Mal „unters Messer legen". Das Prozedere war ihm bestens bekannt und er wollte so rasch wie möglich wieder freizeittauglich werden. Vor allem deshalb, weil er zuvor einen Badeurlaub mit seiner Familie auf der griechischen Insel Korfu gebucht hatte und diesen nicht verschieben wollte.

Damit er die Wege am Flughafen und am Badeort unfallfreier beschreiten konnte, kaufte sich Martin Basketball-Schuhe, die etwas höher waren. Damit erhoffte er sich eine bessere Stabilität im Bereich des Fußgelenks und der Achillessehne. Das Hotel war schön, das Meer sauber und angenehm warm. Täglich schwamm Martin zu einer 1,5 km entfernten, unbewohnten Insel hin und zurück und legte damit während seines Aufenthaltes beinahe 40 km schwimmend zurück. Man konnte sehen, wie die Schwellung am Fuß zurückging und die

Bewegung sich normalisierte. So sehr, dass er am Ende seines Urlaubs wieder ein Tänzchen wagen konnte. Die zwölf Monate zwischen 1989 und 1990 waren für Martin eine Zäsur in seinem Leben. Schmerzlich wurden ihm seine Grenzen aufgezeigt, die er lange nicht wahrhaben wollte. Für ihn war es auch ein Lernprozess, dass man manchmal zu viel will. Dass im Umkehrschluss zu Seneca es manchmal auch möglich ist, dass man mehr will, als man kann.

Berufliche Veränderung

Das Ende der 19-jährigen Zeit als Straßenbauer zeichnete sich mit fortschreitendem Studium für Martin ab, obwohl er sich mit Vorgesetzten und Kollegen blendend verstand und mit seiner Aufgabe zufrieden war. Aber er war immer jemand, der sich nach einiger Zeit qualitativ unterfordert fühlte und nach Veränderung Ausschau hielt. Mit seinem Studienabschluss hatte er dafür ein gewichtiges Dokument in der Hand. Er ging zum neuen Straßenbau- und Umweltreferenten der Landesregierung und ersuchte ihn, bei der Neuverwendung behilflich zu sein. Dieser machte Martin darauf aufmerksam, dass er eine Umweltakademie einrichten wolle und Detlef als den Verantwortlichen des Umweltinstituts damit beauftragt hatte. Martin sollte ihn dabei unterstützen. Am nächsten Tag besuchte Martin seinen künftigen Vorgesetzten, informierte ihn über seine Qualifikation und überzeugte ihn offenbar, dass er eine wichtige Unterstützung für seinen Auftrag sein könnte. Bereits eine Woche später war die Dienstzuteilung von der zuständigen Personalstelle erteilt und Martin startete seine Arbeit als Umweltakademiker.

Bekanntlich sind Juli und August Urlaubsmonate, wodurch auch in der Landesverwaltung weniger los war. Bereits am ersten Arbeitstag überreichte Detlef dem Neuankömmling einen Akt, der mit vier Monaten schon etwas gereift war und wobei er vermutlich nicht wusste, wen er mit der Erledigung beauftragen könnte. Aber diese Eingabe war keine gewöhnliche. Auf sieben Maschine geschriebenen A4-Seiten listete ein diplomierter Ingenieur und Präsident eines Seniorenvereines alle Umweltprobleme in Europa auf und sandte dieses Schreiben an den Bundespräsidenten, den Bundeskanzler und an alle Landeshauptleute. Die Problematik reichte von der Müllentsorgung im Großraum Moskau über das Waldsterben in Österreich bis zu Verschmutzung der Gewässer in Italien. Martin studierte dieses Wirrwarr an Umweltproblemen, das offensichtlich ohne Zusammenhang von Medienberichterstattungen aufgelistet wurde, und dachte über die bestmögliche Erledigungsform nach. Sollte er kurz antworten oder wollte sein neuer Chef mit dieser Erledigung von ihm wissen, was er wissenschaftlich bieten konnte. Angesichts der saisonbedingten Aktenlage entschied sich Martin für die zweite Variante. Mit unterschiedlichen Farben von Signalstiften markierte er die verschiedenen Themen, um die aufgelisteten Probleme thematisch zuordnen zu können. Anschließend beantwortete er mit seinem aktuellen Wissen sorgfältig alle Fragen. Seine Schreibkraft brachte seine Überlegungen auf Papier und es entstand ein Antwortschreiben von 13 A4-Seiten, was beinahe einem Gutachten entsprach. Detlef musste diese Erledigung unterschreiben und war als Sohn eines Bezirksschulinspektors bekannt für seine sehr überlegte Formulierungsweise, die er gerne auch seinen Mitarbeitern nahebrachte. Als er die Antwort auf seinen Schreibtisch hatte, rief er Martin zu sich und gratulierte ihm zu der sehr sorgfältigen Erledigung und meinte, dass etwas weniger es auch getan hätte. Das Antwortschreiben wurde postalisch abgesandt und im Institut freute man sich über den erledigten Akt. Doch vier Wochen später kam das Kuvert ungeöffnet zurück mit dem Vermerk: „Adressat verstorben". Im Ergebnis einer Aufgabenerledigung war die Arbeit umsonst. Für Martin war es jedoch eine gute Gelegenheit, sich seinen neuen Kollegen fachlich zu präsentieren und persönlich daraus zu lernen, dass im Leben nicht alles so wichtig ist, wie man gemeinhin glaubt.

Eine besondere Herausforderung war das Erstellen eines Organigramms, in dem die statutarisch beschriebenen Aufgaben fachlich diversifiziert und dem Fachpersonal zugeordnet werden sollten. Eine Ausstattung mit PCs gab es noch nicht, daher mussten die vielen Entwürfe händisch gezeichnet und überarbeitet werden. Detlef war Kulturtechniker und legte aufgrund seiner bisherigen Tätigkeit im Abfallwesen seinen Schwerpunkt auf den Bereich der Naturwissenschaften, während ökonomische und gesellschaftspolitische Bereiche weniger Berücksichtigung fanden. Es war die Zeit, in der sich der technische Umweltschutz deshalb so großer Beliebtheit erfreute, weil er keine

Verhaltensänderung voraussetzte. Nach langen Überlegungen und einigen Rücksprachen mit dem politischen Referenten wurde die Organisation der Oberösterreichischen Umweltakademie mit Instituten fixiert. Martin übernahm das Institut für Umweltinformation, das für die Durchführung von Kongressen, Tagungen, Seminaren, Kampagnen, Ausstellungen, Publikationen, die Fachzeitschrift der Akademie, Geschäftsführung des OÖ. Umweltbeirats, das Verfassen des OÖ. Umweltberichtes und die Medienarbeit verantwortlich war. Das Institut war also für das Umweltmarketing des Landes zuständig und von den Massenmedien gerne in Anspruch genommen. Bei der Kampagne „Kauf gscheit, leb guat!" mit Radio Oberösterreich erklärte Martin den Marktbesuchern, wie sie mit Messer und Gabel den Zustand der Kulturlandschaft bestimmen können. Wenn sie heimisches Fleisch kaufen, wodurch die Bauern in unserem Land Rinder und Schafe halten und so auch künftig ihre Felder und Wiesen bearbeiten können oder zu einem ausländischen Produkt greifen und damit das heimische Bauernsterben fördern würden.

Am Ende des Jahres war die feierliche Eröffnung der Akademie angesagt. Als Festredner konnte ein hoch angesehener Umweltwissenschaftler aus Deutschland gewonnen werden, der gleichzeitig auch Vizepräsident des Club of Rome war. Der Landeshauptmann und der Umweltreferent wollten bei diesem Festakt natürlich auch ihre Verbundenheit zu Umweltthemen fachgerecht zum Ausdruck bringen und Martin durfte für sie die Redeunterlagen erstellen. Mehr als 300 Festgäste aus Politik, Wirtschaft, Wissenschaft und Verwaltung lauschten aufmerksam den Ausführungen der Festredner. Während sich der Umweltreferent in seiner Ansprache stark an der Redeunterlage hielt, suchte Martin bei den Ausführungen des Landeshauptmanns vergeblich eine Übereinstimmung mit seiner Unterlage. Wie immer war der erste Mann im Land eloquent und überzeugend bei seiner Rede, so als hätten die Oberösterreicher den Umweltschutz erfunden. Nach Ende der Veranstaltung fragte ihn Martin zerknirscht, ob ihm vielleicht die Redeunterlage nicht gefiel. Der Landesvater erwiderte Martin: „Nein, nein, dein Papier habe ich gelesen und es hat mir sehr gut gefallen, aber ich habe meine Brillen im Büro vergessen und ohne diese kann ich nichts lesen." Martin lernte erneut, dass manche Ereignisse durch Zufälle bestimmt werden und nicht immer so wie erwartet ablaufen.

Neben seiner Führungsaufgabe als Institutsleiter schrieb Martin viele Beiträge in den Printmedien wie etwa: „Wer Straßen sät, wird Verkehr ernten!" Er war aber auch Verfasser von Broschüren, Skripten oder Aufsätzen über Umweltpolitik und Umweltrecht. Insbesondere vor dem EU-Beitritt wollte die Bevölkerung wissen, ob mit dem Beitritt die hohen Umweltstandards in Österreich verloren gehen würden. Oder anders formuliert, ob es bei einem EU-Beitritt zu einem Umweltaustritt kommen würde. Viele solcher Stellungnahmen waren in englischer Sprache abzufassen. Mit zahlreichen Veranstaltungen, Radio-, Fernseh- und Zeitungsbeiträgen wurde versucht, die emotionale Diskussion auf breiter Ebene zu versachlichen.

Für die Umweltstandards in Europa interessierte sich in den 90er Jahren auch Japan. Eine hochrangige Delegation aus dem Land der aufgehenden Sonne mit Vertretern von weltweit agierenden Unternehmen und der Staatsverwaltung wollte wissen, wie in Österreich der Schutz des Wassers und der Luft aussieht und welche Auswirkungen das auf Unternehmen hat. Das Umweltministerium verwies die Delegation an die Oö. Akademie für Umwelt und Natur und Martin stellte sich gerne ihren Fragen. In der Diskussion zeigte sich, dass ihnen die Umweltproblematik in ihrem Land gut bekannt war und sie an den bürokratischen und technischen Lösungen anderer Länder sehr interessiert waren. Auffallend war für den Präsentator ihre Disziplin in der Diskussion, etwa durch das Aufzeigen bei Fragen und das zeremonielle Verhalten der Japaner. Ähnlich den Schülern in einer Schule. Die Übergabe einer Visitenkarte erfolgt mit offenen verschränkten Händen, etwa so wie bei der Entgegennahme einer Hostie in der Kirche und einer Verneigung. Eine für Europäer unbekannte Zeremonie.

Betriebsbewilligungen mit Umweltrelevanz waren stets von aufgebrachten Anrainern oder Bürgerinitiativen begleitet. Aus berechtigter Sorge um ihre Gesundheit und leider nicht selten auch mangels an Fachwissen. Bei einer Suche nach einem geeigneten Standort für eine Abfalldeponie im unteren Mühlviertel wollte der zuständige Landesrat vor Ort die Bedenken der Bürger zerstreuen. Was ihm offenbar nicht in allen Fällen gelang, denn ein aufgebrachter Mühlviertler verpasste ihm eine Ohrfeige. Doch der Landespolitiker blieb ziemlich cool, verstand die Emotionen des Anrainers und machte keine Anzeige. Um künftige Handgreiflichkeiten bei schwierigen Projekten zu vermeiden, agierte Martin als Mediator bei Informationsveranstaltungen für die Erweiterung von Abfalldeponien oder Abfallverbrennungsanlagen.

Martins Forschungsschwerpunkte lagen allerdings im Verkehr. Die Umweltauswirkungen des motorisierten Straßenverkehrs durch eine Massenmotorisierung waren nicht zu übersehen. Lärmbeeinträchtigung, Schadstoffemissionen, Energieverbrauch und CO_2-Emissionen, Landschaftsverbrauch und Bodenversiegelung beeinflussen die Gesundheit und den Lebensraum von Menschen, Tieren und Pflanzen. Monatelang zogen Martin und seine Kollegen von Bezirk zu Bezirk, um Kommunalpolitikern, Verkehrsplanern und interessierten Bürgern umsetzbare Maßnahmenvorschläge für einen nachhaltigeren Verkehr in den Gemeinden aufzuzeigen. Vertiefende Grundlagenarbeiten zum motorisierten Individualverkehr (MIV) im urbanen Raum machte Martin in einer Projektgruppe der *Organisation für wirtschaftliche Zusammenarbeit und Entwicklung* (OECD) und der *EU-Verkehrsministerkonferenz*. Mit Verkehrsexperten aus allen Teilen der Welt erarbeitete er Konzepte, die zeigten, worauf es ankommt und wie man zentrale Bereiche mit hohem Umgebungswert und transitgequälte Wohngebiete in Städten autoarm oder autofrei machen kann. Kurz vor Beginn des 21. Jahrhunderts holte Martin die Verkehrsexperten der OECD nach Linz, wo unter dem Tagungstitel: „Linz – autofrei?" neue Lösungsansätze für einen nachhaltigeren Verkehr erarbeitet wurden.

Um in den vorhin skizzierten Wissensbereichen einer Verwaltung tätig und entlohnt werden zu können, ist für eine Beamtenlaufbahn eine Dienstprüfung notwendig. Aber für einen

Sozial- und Wirtschaftswissenschafter mit ökologischer Verwendung gab es noch keine Prüfungskommission, die alle seine Fachgebiete abfragen konnte. Also hat der Dienstgeber ein wenig improvisieren müssen. In Umweltrechtsangelegenheiten prüfte Martin ein Jurist aus einem Skriptum, das Martin erstellte und ihm zuvor überreicht hatte. Aufgrund seiner Vorkenntnisse war sich Martin ziemlich sicher, die selbst von Akademikern gefürchtete Dienstprüfung zu bestehen. Nicht zu bestehen wäre allerdings, wegen seiner Bekanntheit, für ihn blamabel gewesen. Aber er legte die Dienstprüfung mit Auszeichnung ab und seiner Überstellung in die höchste Verwendungsgruppe stand nichts mehr im Wege. Damit schaffte es Martin von der untersten auf die höchste Sprosse der Karriereleiter in der Landesverwaltung.

Um sein fachliches Wissen noch mehr zu vertiefen, startete Martin wie bereits vorhing erwähnt sein Doktoratsstudium an der Johannes Kepler Universität in den Prüfungsfächern:

- Volkswirtschaftstheorie und Volkswirtschaftspolitik,
- Gesellschafts- und Sozialpolitik,
- Allgemeine Soziologie einschließlich Sozialforschung,
- Angewandte Ökologie und Umweltplanung.

Die Rigorosenprüfungen waren anspruchsvoll und gelegentlich auch für die Professoren interessant, da manches Detailwissen auch für sie neu war. Das Thema seiner Dissertation wählte Martin aus seiner beruflichen Verwendung: „*Umweltvorsorge und politische Organisationsstrukturen*“. Inhaltlich spannte er den Bogen von Umweltschäden und deren Ursachen über eine präventive Umweltpolitik auf der Grundlage der österreichischen Rechtsordnung und schloss mit den Möglichkeiten einer Verwaltung für eine Umweltvorsorgepolitik ab. Auf 425 Seiten beschrieb er seine Erfahrungen, die er als Beschäftigter an der Schnittstelle zwischen Politik und Verwaltung machte, und erarbeitete Lösungsvorschläge auf der Grundlage seines vertieften Fachstudiums. Der Umfang der Arbeit hätte, jedenfalls quantitativ, für eine Habilitationsschrift gereicht. Aber auch die Qualität kam nicht zu kurz, denn sie wurde von zwei unabhängigen Professoren in ihren Gutachten mit sehr gut bewertet. Da Martin auch alle Rigorosen mit sehr gut bestand, konnte er im Februar 1994 sein Doktoratsstudium mit Auszeichnung abschließen und die Promotionsurkunde im Kreis seiner Familie entgegennehmen. Die Freude und der Stolz seiner Eltern waren groß, zumal sie seine Entwicklung nicht unterstützt hatten. Die Dissertation wurde von der Johannes Kepler Universität über den Universitätsverlag Rudolf Trauner publiziert und damit einer breiten Öffentlichkeit zugänglich gemacht. Martin hat seine Arbeit auch bei den verschiedensten Ausschreibungen von wissenschaftlichen Arbeiten eingereicht und so viele remunerierte Preise gewonnen, dass er sich seinen Lebenstraum erfüllen und, ohne schlechtes Gewissen gegenüber seiner Familie, ein Motorrad kaufen konnte.

Neu gewonnene Freizeit

Um große Ziele erreichen zu können, müssen sie auch erreichbar sein. Selbst eine Maschine muss einmal abgeschaltet und gewartet werden. Umso weniger kann ein Mensch über Jahrzehnte oder ein Leben lang sich einer Doppelbelastung ohne Regeneration aussetzen. Dieser Erkenntnis trug auch Martin Rechnung, weshalb er eine Habilitation und eine Karriere als Universitätsprofessor nicht in Betracht zog. Er hatte einen gut dotierten und sicheren Arbeitsplatz und wollte mit 45 Jahren beruflich nicht noch einmal neu beginnen. Zuletzt war er mit seiner Zielerreichung zufrieden und wollte sich den Schönheiten des Lebens widmen. Allen voran für die Familie da sein, reisen und seine Gesundheit durch sportliche Aktivitäten erhalten.

Nach seinem letzten und verletzungsreichen Comeback ins private Leben ging es Martin nach diesem Bildungsabschluss etwas moderater an. Und an ein Fortsetzen, wo er als Mittelstreckenläufer bei Landes- und Staatsmeisterschaften aufgehört hatte, war ohnedies nicht mehr zu denken. Ebenso wenig an ein Wiederauflebenlassen seiner bescheidenen Fußballkarriere. Tennis war nach wie vor eine Passion von Martin, wenngleich er diese Sportart nicht als Wettbewerb, sondern als Bewegungstherapie mit Freude über gelungene Spielzüge ansah, die man mit einem sympathischen Gegenüber machte. Leider machten es ihm einige Verletzungen an den Beinen und zuletzt an den Schultern unmöglich, dem gelben Filzball entgegen- und nachzulaufen.

Über Bekannte lernte Martin Mitte der 90er Jahre den Tauchlehrer Sebastian kennen und beschloss, sich von ihm zum Scuba Diver ausbilden zu lassen. Als einer im Zeichen der Fische Geborener war Martin ohnedies gerne am, im und unter Wasser. Die Leidenschaft mit der Unterwasserwelt hatte er, wie vorhin bereits erwähnt, schon als Kind im Schwimmteich und später in der Donau unter Beweis gestellt. Das hatte sein Lungenvolumen deutlich erhöht, sodass er auch noch als Erwachsener 70 bis 80 m weit tauchte. Martins Begleiterinnen mussten zusehende Badegäste beruhigen, wenn er längere Zeit unter Wasser blieb und diese glaubten, er sei ertrunken. Aber Gerätetauchen und in der Tiefe länger verweilen zu können, begeisterte ihn. Sebastian war ein sehr erfahrener Instruktor und brachte Martin das Tauchen in allen Schwierigkeitsstufen und in verschiedenen Gewässern bei. Vom Open Water Diver bis zum Divemaster reichte seine Ausbildung. Die Tauchgänge in den Flüssen und Seen in Österreich erfordern eine besondere Vorsicht, was widrigenfalls schon vielen Tauchern das Leben kostete.

Auch wenn das Süßwasser rein und die Sicht gut ist, gibt es im Vergleich zu Salzwassertauchgängen nicht viel zu sehen. Seit dieser Zeit gab es für Martin und seine Frau keine Meeresurlaube mehr, in denen von ihm nicht nach dem Neptun gesucht wurde. Zu seinem ersten Highlight wurde ein Tauchgang im Maya-Riff vor Mexiko, wo er in einer Tiefe von 15 Metern im kristallklaren Wasser langsam in eine Schule von hunderten Blaulinien-Schnapper eintauchte. Im Abstand von etwa einem Meter schauten die Meeresbewohner mit ihren gelben Körpern und den blauen Linien den Eindringling interessiert an. Vielleicht dachten sie sich auch, was hat der für eine komische Rückenflosse, als sie seine Tauchflasche an seinem Rücken sahen. Es war ein unheimlich schönes und beruhigendes Gefühl der Vertrautheit. Lediglich beim Durchtauchen der vor Anker liegenden Kreuzfahrtschiffe, die nur etwa drei Meter Wasser unterm Kiel hatten, überkam Martin ein mulmiges Gefühl. Unterwasserfauna und -flora sowie das Gefühl der Schwerelosigkeit entwickelten ein faszinierendes Gefühl, das Martin nicht mehr losließ. Adria, Mittelmeer, Andaman-See in Südostasien, Indischer Ozean, Atlantik und Karibik waren vor ihm nicht mehr sicher.

Der Tauchsport ist auch als Singlereisender problemlos auszuführen; da Tauchgänge wegen des Equipments nur über eine Tauchbasis möglich sowie mit einem Buddy erlaubt sind und sich die Scuba Diver duzen, gibt es sofort einen Anschluss an eine Gruppe fremder Menschen. Martin buchte eine Tauchreise auf die Malediven und flog alleine in die Hauptstadt Malé, wo er vom Boot am Flughafen abgeholt wurde. Keinen einzigen

Menschen hatte er vorher jemals gesehen und wurde trotzdem freundlich aufgenommen. Das Nautilus II-Schiff mit dem kleineren Tauchtoni schipperte mit 12 Tauchern von USA bis Russland und einer 9-köpfigen Crew eineinhalb Wochen zu den besten Tauchplätzen zwischen den Atollen der Malediven. Blaues Meer, blauer Himmel und weit und breit kein Land in Sicht. Drei Tauchgänge pro Tag mit einer einzigartigen Unterwasserwelt. Luft- und Wassertemperatur waren mit 32° Grad gleich warm. Martin und sein schweizerischer Buddy Patrick schliefen nachts an Deck. Da es am Meer keine Lichtverschmutzung gibt, leuchteten unzählige Sterne wie kleine Scheinwerfer, sodass die beiden anfangs gar nicht einschlafen konnten, weil sie Angst hatten, die Sterne könnten ihnen auf den Kopf fallen.

An den Riefen arbeiteten die Papageifische, Doktorfische und Schnapper eifrig an den Korallen. In den Höhlen warteten Moränen auf vorbeischwimmende Beute. Manta-, Stachel- und Blaupunktrochen kreuzten den langsamen Weg durch die Tiefen. Amen- und Schwarzspitzhaie beobachteten die komischen Menschen, bevor sie wieder in der Tiefe verschwanden.

Das größte Erlebnis eines Tauchers in seinem Leben ist jedoch die Begegnung mit einem Walhai. Er zählt zu den größten Tieren auf der Welt und ist als Planktonfresser für Menschen ungefährlich. Nach einigen Tagen der Suche entdeckte die Schiffscrew ein solches Monster. Da der Walhai die Luftblasen der Scuba Diver nicht mag und abdreht, wenn er die Bubbles verspürt, sprangen Martin und seine Kollegen mit der Schnorchelausrüstung ins Meer, um diesen Riesenfisch zu begutachten. Mit offenem Maul, um das Plankton einzusaugen und das Wasser seitlich wieder auszuscheiden, und langsamer Bewegung der Schwanzflosse schwamm das 15 Meter lange Ungeheuer dahin. Patrick und Martin konnten sich ihm bis auf einem Meter nähern, aber nicht berühren. Es war für die beiden im wahrsten Sinne des Wortes eine atemlose und einzigartige Begegnung.

Haifischen, Barrakudas und anderen Raubfischen ist Martin bei seinen Tauchgängen schon oft begegnet. Ein besonderes Erlebnis war ein eigener Shark Dive in der Karibik. Bei einem Urlaubsaufenthalt im Hotel Sandals Royal Bahamian, wo auch die englische Königsfamilie bei ihren Staatsaufgaben nächtigt, wird man nicht nur mit einem Roys Rolles vom Flughafen abgeholt, sondern auch mit eigenen Booten zu den besten Tauchplätzen gefahren. Den angebotenen Shark Dive wollte sich Martin nicht entgehen lassen und startete mit der Dive-Crew ans andere Ende der Insel New Providence. Die Guides hatten schon am Vortag nicht endemische Feuerfische gefangen, getötet und zum Tauchgang mitgenommen.

Als die Taucher in einer Tiefe von 25 Metern am sandigen Meeresgrund ankamen und die Haifischzähne im Sand studierten, ließ der Käpten einen löchrigen Kübel mit den toten Fischen zu ihnen hinab. Haifische sehen nicht sehr gut, können aber besonders gut riechen, Blut schon in einer Entfernung von mehreren Kilometern. Während sich die Taucher noch durch Zeichen unterhielten, kamen wie aus dem Nichts etwa 30 Schwarzspitzhaie in einer Länge von 3 bis 4 m und umkreisten den Kübel mit den Fischen und damit auch die Taucher. Die Unterwassersportler passten offensichtlich nicht in ihr Beuteschema, Gott sei Dank. Als die Taucher wieder an Bord des Bootes waren,

kippte ein Crew-Mitglied die toten Fische ins Wasser. Die Haie kämpften wie besessen um jeden Fisch und da sollte man nicht dazwischen sein. Unbeschadet und glücklich über dieses Ereignis fuhren die Abenteurer wieder zur Freude und Erleichterung ihrer Partnerinnen bzw. Partner zurück zum Hotel.

Fische zu fangen, fasziniert fast jeden Jungen. Auch Martin war davon angetan, als er mit seinem Freund Pauli unter Anleitung des Nachbarbauern Ruppert im Bach die ersten Fische mit der Hand fing. Später hatte er berufs- und ausbildungsbedingt keine Zeit mehr, sich diesem Hobby intensiver zu widmen. Erst in seiner Zeit als Straßenbauer kam er durch Zufall wieder zum Fischen. Der damalige Präsident eines Fischereivereines benötigte für die Fischzuchtanlage seines Vereines eine verkehrstaugliche Zufahrtsstraße. Er wurde beim damaligen Straßenreferenten des Landes vorstellig, der wiederum Martin beauftragte, eine entsprechende Lösung zur finanziellen Hilfe zu finden. Martin fand eine beitragsarme Lösung für den Verein und aus Dankbarkeit durfte er an einem Gebirgssee, wo sich Forellen und Saiblinge tummeln, mit seinen Booten fischen.

Als er dem Präsidenten eröffnete, dass er das Fischen mit einer Angelrute nicht beherrsche und jemandem zur Einschulung benötige, erlaubte ihm dieser, dass er mitnehmen könne, wen er wolle. So lud Martin seinen Bruder Fritz und seine Freunde Bertl und Fritz zum bevorstehenden Petri Heil ein. Sie waren erfahrene Fischer, die ihre Angeln in die Gewässer der Donau oder Baggerseen, aber nicht in Salmoniden-Gewässern auswarfen. Ausgestattet mit Tauwürmern und Maden machte sich das Quartett auf zum Gebirgssee und warf erfolgreich seine Angeln aus. Das Wasser war so klar, dass man sogar den Forellen beim Anbeißen zusehen konnte. Nach zwei Stunden tauchte aus dem Nebel ein Boot mit zwei Fischereiaufsichtsorganen auf und waren, wegen der höchst verbotenen Angelmethode, sehr erstaunt, da dort das Petri Heil nur mit einer künstlichen Fliege oder mit einem Blinker erlaubt war. Die Aufsichtsfischer sahen schnell, dass es sich hier um Fischer handelte, die keinen blassen Schimmer vom Fischen auf Salmoniden hatten, und klärten sie dementsprechend auf. Nach der Umstellung auf die metallisch glitzernden Köder waren die Donaufischer nicht mehr so erfolgreich. Das war ein Erlebnis der Sonderklasse. Mittlerweile hat Martin seine karpfenartigen Fischgewässer um salmonidenartige erweitert und fängt die gefräßigen Räuber auch mit einer künstlichen Fliege. Der edelsten Form der Hobby-Fischerei.

Großen Spaß hatte Martin mit dem Motorradfahren, das er Mitte der 90er Jahre begann. Es war noch die Zeit, wo das Motorrad Harley Davidson seit dem Film „Easy Rider" mit Peter Fonda als Kultmarke mehr Alt als Jung begeisterte. Bei den vielen Harley-Treffen, wo die Präsentation der „heißen Öfen" im Vordergrund stand, pushten sich die Easy Rider-Imitatoren mit noch mehr ausgefallenen Tunings gegenseitig hoch. Gelegentlich sah ein „Eisen" mit Hörnern als Lenker, einen Sattel als Sitz und einen Halter für ein Gewehr aus wie ein Bulle, den es zu bereiten galt.

Feindbild aller Harley-Driver war die japanische Gold Wing wegen ihrer Größe, ihrer kompletten Ausstattung, ihrem Komfort und der geringen Lautstärke. Bei größeren „Andachtsfeiern" der Harley-Fans kam es schon mal vor, dass ein solches „Reiskörndlbike" gestartet, mit Vollgaseinstellung und ohne Motoröl von einem Kran 20 bis 30 m hochgehievt wurde, bis der Motor kaputt ging und vor den Harley-Anbetern mit jaulendem Geschrei auf den Boden geknallt wurde. Mit diesem Zerstörungsakt einer konkurrierenden Marke sollte die Huldigung am Altar der Harley Davidson „Religionsgemeinschaft" markenbereinigt vonstattengehen bzw. die Gesinnung gestärkt werden. Wie sollte man sich als Harley Davidson-Besitzer sonst erklären, so viel Geld für den Kauf, den Umbau und die Tunings auszugeben, wenn es von den „Göttern in Milwaukee" nicht so gewollt wäre. Harley Davidson Motorräder sind eher eine Philosophie als ein Motorrad und damit man als Fahrer von der übrigen Bevölkerung auch gesehen und gehört wird, fährt man mit löchrigem Auspuff mit niedriger Drehzahl, um das Blubbern des Motors in seiner originären Art wahrzunehmen, und parkt das einspurige Gerät vornehmlich in der Nähe von Schanigärten, um gesehen und bewundert zu werden. Zur Harley gehört natürlich auch das Outfit mit den sichtbaren Labeln auf Lederjacken, T-Shirts,

Boots u. dgl. Generell gilt bei der Bekleidung, je weniger, desto besser. Das gilt insbesondere für Beifahrerinnen.

Vom Gefühl der großen Freiheit, die Harley Davidson-Fahrern suggeriert wurde, blieb auch Martin nicht ganz verschont. Er kaufte sich mit der Chopper VN-15 von Kawasaki eine mutierte Variante aus dem Land der aufgehenden Sonne. Mit 1.500 Ccm³ Hubraum und 75 PS hielt dieses Bike mühelos mit ihren Konkurrenten aus Übersee mit. Durch den großen Hubraum war das Bike sehr belastbar und eine Anfahrt mit dem vierten bzw. letzten Gang war kein Problem. Die Kraft war beeindruckend, aber es war auch schön anzusehen. Mit befreundeten Harley Davidson-Fahrern begann Martin seine anfänglichen Ausfahrten, die mit zunehmendem Fahrkönnen immer weiter wurden. Trotz seiner Eastern-Chopper durfte er auch an Harley-Treffen teilnehmen und erkannte bald, dass diese selbstbefriedigenden Meetings nicht so sein Ding waren.

Der vorhin schon erwähnte Nachbarbauer Bertl war in den 50er Jahren mit seiner 250er Puch GS ein „wilder Hund" beim Motorradfahren. Er montierte bei den Reifen Spikes und fuhr im Winter auf Eis und auf Schneefahrbahnen Rennen. Skijöring, das Skifahren mit einem Pferd oder einem Motorrad als Zuggerät, war für ihn das Höchste und er gewann unzählige Preise. Von Martins Motorrad war er begeistert, sodass ihn Martin zu einer Tour ins Mühlviertel einlud. Er sagte begeistert zu. Als ihn Martin an einem Sonntag dazu abholte, hatte er einige Bedenken wegen Bekleidung usw. Es klang eher nach einer Ausrede. Nachdem alle seine Bedenken ausgeräumt waren, setzte er sich als Beifahrer nach 38 Jahren wieder auf ein Motorrad. In der ersten Linkskurve hielt er aus Angst dagegen. Offenbar hatte er nach so vielen Jahren das Gefühl für die Kurvenfahrt verloren. Nach weiteren Kurven verbesserte sich seine Gefühlslage und er bekam wieder Freude am Motorradfahren. Auf der breit ausgebauten Rohrbacher Bundesstraße hielt Martin an und fragte Bertl, ob er selbst einmal fahren möchte. Er bejahte und sie tauschten ihre Plätze. Mit 70 bis 80 km/h fuhr Bertl auf der breiten Straße mit wenig Verkehr dahin und hatte bald eine riesige Freude über den starken Antrieb und das

Dahingleiten. Ungefähr zwei Kilometer vor der geplanten Abzweigung machte ihn Martin darauf aufmerksam, dass er runterschalten und die Geschwindigkeit reduzieren sollte. Vor einem Kilometer nochmals. Aber seine klobigen Hände durch seine schweren Arbeiten als Bauer spielten ihm bei der Bedienung von Kupplung und Bremse sowie beim Runterschalten einen Streich. Als die beiden zur Abbiegung kamen, sagte er resignierend: „Ach, was soll's, fahren wir einfach gerade weiter." Wir fuhren weiter und kamen drei Kilometer später bei einer Busbucht zu stehen, wo Martin wieder das Steuer übernahm und er wieder nur mitfahren brauchte. Nach Jahrzehnten ist aus einem wilden Hund ein äußerst vorsichtiger Motorradfahrer geworden.

Die Anzahl der Motor-Biker nahm in seinem Ort rasch zu und bald bildete sich so etwas wie ein Verein. Der Motorsportclub (MSC) mit seinen Organen organisierte jährlich mehrere Ausfahrten in die entlegensten Ecken Österreichs. Manchmal wurden dabei auch die Grenzen nach Südtirol oder Ungarn überschritten. Es war eine weitgehend unverbindliche Interessensgemeinschaft, die immer größer wurde. Jeder Biker hatte einen Bekannten oder Freund, der auch gerne in Gruppen und organisiert durch das Land fährt. Unterschiedliche Personen mit unterschiedlichen Fahrverhalten und Motorrädern machten die gemeinsamen Touren immer mühsamer. Vor allem wurde die Disziplin bei Gruppenfahrten geringer, wo ein Überholen von Gruppenmitgliedern nicht üblich ist. Nach vielen Kilometern und einigen Jahren trennte sich Martin von der heterogenen Community und fuhr mit seiner Begleitung allein in den Süden. Dazu hatte er das Motorrad von einem Chopper-Bike in eine Luxus Tourenmaschine aus Bayern getauscht. Sie war für die Sozias so bequem, dass sie nicht selten während der Fahrt einschliefen. Mit seinen Fremdsprachenkenntnissen und nicht zuletzt durch ein Navigationsgerät fand sich Martin in Europa stets gut zurecht. Die längste Tour führte ihn und seine Freundin Elisabeth innerhalb von zwei Wochen nach Sizilien.

Leider hatte ein unverschuldeter und nicht vermeidbarer Unfall die gemeinsamen Motorradausfahrten beendet. Am Weg von

Kärnten nach Oberösterreich fuhren Martin und Elisabeth über die Turracher Höhe nach Hause. Auf einer übersichtlichen Stelle ohne Kreuzung oder Abbiegemöglichkeit fuhr ebenfalls ein Oberösterreicher denselben Weg nach Hause. Als Martin diesen PKW überholte und fast vorbei war, riss der PKW-Lenker ohne Blinklicht das Auto auf die linke Straßenseite und rammte die Motorradfahrer, die stürzten. Das Motorrad rutschte auf der Gegenfahrbahn 80 Meter bergauf und die beiden rollten liegend etwa 20 Meter hinterher. Koffer und der Fuß von Elisabeth haben die Anprallwucht abgefangen und den japanischen PKW fahrunfähig gemacht. Martin stand dank seiner Schutzkleidung unverletzt auf und kümmerte sich um Elisabeth, deren Unterschenkel stark geprellt und bei der ein Mittelfußknochen angeknackst war. Nie hatte Martin damit rechnen können, dass der Autofahrer ohne Lichtzeichen plötzlich nach links in eine abgesperrte Waldeinfahrt einbiegen wollte und somit den Unfall verursachte. Als Begründung gab der Autofahrer an, dass ihm sein Bordcomputer einen Motormanagementfehler anzeigte und er nach einer Haltemöglichkeit suchte. Die beiden hatten ein riesiges Glück, denn es hätte viel schlimmer ausgehen können. Seit dieser Zeit wollte Elisabeth nicht mehr aufs Motorrad, obwohl sie die schönen Erlebnisse immer noch im Kopf hat.

Seine weiteren Touren machte er mit einem Arbeitskollegen, der mit seinem Motorrad ebenso meist allein unterwegs war. Tobias und Martin waren bis vor kurzem unzertrennbare Motorradurlauber. Sofern es ihre Zeit erlaubte, schlossen sich ihre Freunde Jimmy und Ingeborg gerne an. Es war ein Duo bzw. ein Quartett, das nicht nur Freude am Motorradfahren hatte, sondern auch bei den kulturellen und kulinarischen Genüssen im Gleichklang war. Es waren für alle Beteiligten unvergessliche Erlebnisse, sei es am Balkan oder an der Côte d'Azur gewesen.

Cannes ist bekanntlich bei den Filmfestspielen wegen der vielen Menschen und Verkehrsmittel kaum erreichbar und an ein Parken im Stadtzentrum ist schon gar nicht möglich. Martin war unbeirrt von den vielen Parkplatzsperren und steuerte seine Begleiter durch die Absperrpolen am Vorplatz des Festspielhauses. Zahlreiche Exekutivorgane sorgten dafür, dass unerlaubtes

Parken und nicht genehmigte Zutritte eingehalten wurden. Doch die selbstbewusste Zufahrt und das Abstellen der Motorräder vor dem Festspielhaus irritierten offenbar die Securitys so sehr, dass sie keine Fragen über die Berechtigung stellten. Als dann Martin noch von einem Fernsehteam um ein Interview ersucht wurde, war das Zeichen genug für ihre vermeintliche Rolle als Filmstars. Martin war alles andere als ein Cineast und wusste über Filme so gut wie gar nichts. Als sich die Interviewerin und der Interviewte über die Sprache Englisch geeinigt hatten, lenkte Martin nach der ersten Frage das Filmthema auf den ökonomischen Effekt der Filmfestspiele für Cannes und die gesamte Côte d'Azur hin, während seine Freunde im Hintergrund ihr Grinsen kaum verbergen konnten. Ungeachtet dessen hatten die Biker aus Österreich in der besten Zeit den besten und dazu noch einen gebührenfreien Parkplatz in Cannes.

Leider fiel nach einiger Zeit auch Tobias als Touren- und Zimmerkollege von Martin durch einen Unfall auf Korsika aus. In einem unachtsamen Moment kam Tobias von der Fahrbahn ab und prallte im spitzen Winkel in eine Steinmauer. Dabei hatte er sich am Bein verletzt und seine Gold Wing zu Schrott gefahren. Seit diesem Vorfall hatte er sich vom Motorradfahren zugunsten des Cabriofahrens verabschiedet. Das war ein schwerer Verlust für Martin, aber ein großer Gewinn für seine Frau Paola, die sich in der früheren Rolle als Sozia nicht besonders wohl fühlte. In den Folgejahren war Martin mit verschiedenen Motorradfreunden auf Kurztrips unterwegs, häufig jedoch alleine, was bei der Routenwahl zwar effizient, aber bei der Ausfahrt nicht so unterhaltsam war.

Nachdem sich die Ausdauersportarten wie Laufen und Fußballspielen verletzungs- und abnützungsbedingt für Martin nicht mehr als tauglich erwiesen, wechselte er zum Radfahren. Die Sinnhaftigkeit des Radfahrens war ihm durch seine frühere Beschäftigung als Straßenbauer nicht unbekannt. Daher entschloss er sich, nachdem er wieder mehr Freizeit hatte, das Radfahren zu intensivieren. Er kaufte sich ein gebrauchtes Rennrad und drehte bei Schönwetter seine Runden, die sich im Laufe der Zeit immer vergrößerten. Er war erstaunt über die Tatsache, wie man als Radfahrer in bislang unbekannte Bereiche vordringt, die als Fußgänger zu weit und als Autofahrer nicht zugänglich sind. Nach einiger Zeit und vielen „Trainingskilometern" fühlte er sich stark genug, dem Spitzenteam in der Nachbargemeinde beizutreten. Jede Woche stand eine Ausfahrt am Programm, manchmal auch zwei. Es war eine relativ homogene Gruppe und das gemeinsame Erlebnis von sportlicher Aktivität und kulinarischem Genuss beim „Einkehrschwung" stand im Vordergrund. Bei Tagestouren fuhren die Pedalritter auch an die 200 km weit, wenn am Ende der Fahrt ein Weinkeller oder ein Almwirtshaus wartete. Die regelmäßigen „Einkehrschwünge" nach 30 bis 40 km waren nicht unbedingt nach Martins Geschmack, aber er machte aus Gründen des Teamspirits mit. Jedes Jahr erhielten die Radler vom Sponsor bzw. dem „Präsidenten"[23] ein neues Rad Dress vor die Haustüre gelegt. Nach einigen Jahren und ohne Erklärung wurde Martin bei der Verteilung der Rad Dresse nicht mehr berücksichtigt. Es war offenbar ein unausgesprochener Ausschluss vom Team ohne Begründung oder Erklärung. Bemerkenswert ist jedoch die Tatsache, dass Martin nicht den geringsten Konflikt oder irgendeine Auseinandersetzung mit einem Mitglied oder der ganzen Gruppe hatte. Befremdlich fand er auch, dass die höchsten Repräsentanten des dortigen Sportvereines beteiligt waren, die gerne als integre Personen wahrgenommen werden wollten. Martin war zu stolz, die ehemaligen Radkollegen nach der Begründung für diese Vorgehensweise zu fragen. Er konnte nur vermuten, dass sie durch seine Leistungsstärke schwach aussahen und diesen Mangel beseitigen wollten. Wie auch immer, Martin war darüber nicht traurig, da er seine Rennradtouren eher als Konditionstraining und weniger als gesellschaftlichen Zeitvertreib ansah.

Radfahren zu Trainingszwecken kann man auch allein, indem die Zeitmessung als treibende Kraft verwendet wird. Denn einen Trainingspartner mit ähnlicher Leistungsstärke und gleicher Freizeit zu finden, ist gar nicht so einfach. Daher drehte

23 Das war nur eine namentliche Bezeichnung ohne Vereinsfunktion.

Martin oft schnell entschlossen seine Runden allein. Zu Allerheiligen traf er beim Friedhofsbesuch seinen radelten Jugendfreund Ferdinand und fragte ihn, ob er im kommenden Mai mit ihm nach Barcelona radeln würde. Ferdinand war perplex und musste zuerst einmal nachdenken, was das für eine Belastung sei bzw. für ihn bedeuten würde. Nach einer Bedenkzeit von wenigen Tagen teilte er Martin mit, dass er dabei sein wird. Zuvor jedoch musste Martin sein defektes Knie operieren lassen bzw. wurde ihm ein Implantat eingesetzt. Trotzdem wollte er im Mai mit seinem Freund die Radtour nach Barcelona machen. Einerseits um die Belastungsfähigkeit seines Knies zu testen und andererseits um zu beweisen, dass man als Pensionist – er trat im gleichen Jahr in den Ruhestand ein – noch nicht zum „alten Eisen" gehören muss. Dazwischen lagen allerdings nur fünf Monate und ein langer Weg zurück zu jener Fitness, die eine solche Herausforderung ermöglicht.

Zu Jahreswechsel konnte Martin nicht einmal 100 Meter schmerzfrei gehen. Doch die gelungene Operation und die anschließende Rehabilitation zeigten ihre positive Wirkung. Dazu kam der ungebrochene Wille Martins wieder entsprechend fit zu werden. Während Ferdinand schon seit Allerheiligen an seiner Kondition arbeitete, konnte Martin erst im Februar wieder das Knie für Radumdrehungen bewegen. Im März waren kleinere und anspruchslosere Radrunden drinnen. Bei schönem Wetter im April drehten die verrückten Radler gemeinsam Runden um 120 km. Das waren nach Martins Berechnungen ungefähr die Tagesleistungen, um in knapp drei Wochen bei einer Durchschnittsgeschwindigkeit zwischen 20 und 23 km/h und ohne Gesundheits- und Wetterprobleme von Linz nach Barcelona zu gelangen.

Hotels haben die beiden wegen des unsicheren Reiseverlaufs nicht gebucht. Außerdem waren sie der Ansicht, dass ein Doppelzimmer im Mai leicht erhältlich sein würde. Da eine Rückfahrt mit dem Rad nicht vorgesehen war, musste ein geeignetes Transportmittel gewählt werden. Die Annahme, dass eine Rückreise mit dem Zug und einer Fahrradmitnahme möglich ist, stellte sich als Irrtum heraus. Es gab keine Abstimmung der verschiedenen Staatsbahnen von Spanien, Frankreich, der Schweiz und Österreich. Auch eine separate Rückführung der Fahrräder von Barcelona nach Linz als Bahngebäck durch die Österreichische Bundesbahn war nicht möglich. Bei der telefonischen Anfrage konnte nicht einmal die zuständige Stelle ermittelt werden und ein zugesagter Rückruf erfolgte ebenso wenig. Da blieb nur eine Speditionsfirma als Lösung übrig. Martin wandte sich an ein Speditions- und Transportunternehmen in Pasching bei Linz und erkundigte sich über den Rücktransport der beiden Fahrräder. Es lebe die Privatwirtschaft! Eine der Stimme nach junge, freundliche und sehr kompetente Frau löste das Transportproblem in Kürze. Das heimische Transportunternehmen kooperierte mit einem gleichartigen Betrieb, der sich zwischen der Stadt und dem 25 Kilometer entfernten Flughafen von Barcelona befindet. Jede Woche fährt ein Truck von der katalonischen Hauptstadt nach Linz/Pasching und könnte die Fracht mitnehmen. Kosten: 75 Euro pro Rad, inklusive Transportverpackung. Damit war auch die zeitliche Ungewissheit gelöst, da sie ja nicht wussten, ob und wann sie in Barcelona ankommen würden. Sie informierte auch noch über die gesetzlichen Feiertage, die Öffnungszeiten der dortigen Firma und die entsprechende Ansprechperson. Martin war so happy und hätte sie am liebsten umarmt, was am Telefon leider nicht möglich ist. Den Rückflug haben sie nach einer Fahrzeit von drei Wochen gebucht.

Am 30. April 2011 starteten Martin und Ferdinand ihr Vorhaben. Zuvor waren noch die Gepäckträger zu montieren, um das Gepäck am Fahrrad mitnehmen zu können. Ein Begleitfahrzeug gab es nicht. Ferdinand nahm sein Alu-Rennrad und Martin sein Alu-Trekkingrad, da der Carbonrahmen am Rennrad die Befestigung eines Gepäcksträgers nicht erlaubt. Das Gepäck wurde auf das Wenigste reduziert und es wurden Materialien ausgewählt, die leicht waschbar und schnell zu trocknen sind. Die Tour hatten die beiden bewusst für den Mai geplant, weil seine Tage sehr lang sind und die Fahrzeiten im Bedarfsfall verlängert werden könnten. Darüber hinaus ist die Vegetation am schönsten im Jahresverlauf. Beim Start vor seinem Haus traf

Ferdinand einen guten Bekannten, der sich nach seiner Radtour erkundigte. Als ihm Ferdinand Barcelona als Ziel nannte, lachte dieser und fühlte sich verarscht.

Bei ihrem Weg von Linz nach Barcelona über Salzburg, den Brenner, am Gardasee entlang, durch die Lombardei über dem Turchelapass nach Genua, auf der Côte d'Azur nach Marseille und Südfrankreich über die Pyrenäen durchradelten sie alpine und mediterrane Regionen. Riesige Obst- und Weinkulturen in Südtirol, in der Provence und in Languedoc-Roussillion, wo sie erstmals Artischockenfelder sahen, dokumentierten das milde Klima. In der Lombardei begleitete sie der herbe und betörende Duft der blühenden Akazienwälder kilometerlang. In Liguren und der Côte d'Azur wurden sie von Palmen und blühendem Kirschlorbeer, Ginster und Klatschmohn begrüßt. In der Carmague sahen sie weidende Wildpferde und in den riesigen Brackgewässern Flamingos bei der Futtersuche. Dass dort auch Reis angebaut wurde, war für beide ein Novum.

Dem Navi sei Dank, erreichten sie den kürzesten und schnellsten Weg ins Zentrum von Barcelona und waren traurig an der Ortstafel für ein symbolträchtiges Foto vorbeigeführt worden zu sein. Der Placa Catalunya, der Hauptplatz von Barcelona, entschädigte sie dafür. Da sie die Radtour auf zweieinhalb Wochen angelegt hatten und 6 Tage früher als geplant nach Barcelona kamen, konnten sie die katalanische Hauptstadt mit ihren Schönheiten und liebenswürdigen Menschen sechs Tage lang genießen.

Die Tour über die Alpen und die Pyrenäen hat eine Gesamtlänge von genau 2.000 Kilometern. Dabei waren 13.500 Höhenmeter zu überwinden. Die begeisterten Radfahrer erreichten bereits nach 13 Tagen Barcelona. Das bedeutete im Durchschnitt jeden Tag eine Strecke von 150 Kilometer zurückzulegen und 1.000 Höhenmeter zu überwinden. Und das mit Gepäck, wodurch sie ein Gesamtgewicht von etwa 25 kg über die Distanz bzw. über die Berge bringen mussten. Bei einer so langen und sportlich herausfordernden Radtour kommt der Ernährung eine Schlüsselfunktion zu. Daher haben sich Martin und Ferdinand mit isotonischen Drinks versorgt. Zwischendurch nahmen die beiden auch eine Cola oder einen Energydrink zu sich. Am Abend sogar ein Bier, das begehrteste isotonische Getränk aller Radler. Feste Nahrung bestand für sie aus einem guten Frühstück, einem bescheidenen Mittagessen (manchmal lediglich Brot und Schinken aus dem Supermarkt) und einem reichhaltigen Abendessen, das typisch war für die jeweilige Region. Etwa in Tirol ein Tiroler Gröstl, in Italien Nudeln in den verschiedensten Varianten, in Frankreich Salade Nicoise oder Fischgerichte wie Bouillabaisse und in Spanien Paellas und Tapas. Zwischendurch auch kräftigende Steaks und Käse als Nachtisch. Während der Fahrt waren Powerriegel eine notwendige Ergänzung.

In allen Gesprächen, die die beiden mit den Menschen in Österreich, Deutschland, Italien, Monaco, Frankreich und Spanien führten und bei denen sie von ihrer Fahrradtour informierten, ernteten sie größte Bewunderung. Manchmal wurden sie auch für verrückt erklärt. Für Martin und Ferdinand waren die Begegnungen mit den dortigen Menschen, etwa bei der Suche nach dem richtigen Weg, wenn das Navi nicht funktionierte, beim Nebeneinanderfahren auf dem Radweg, beim Halt vor einer Ampel oder beim Ersuchen von vorbeigehenden Menschen ein gemeinsames Foto zu machen, einzigartige Erlebnisse. Auch die Autofahrer hatten die beiden als sehr rücksichtsvoll erlebt, da sie Radwege nur dann nutzten, wenn diese im guten Zustand waren und nicht zu großen Umwegen führten.

Das Familienleben

Mit dem neu errichteten Haus hatten Martin und Theresia die wichtigste Voraussetzung für ein gedeihliches Familienleben geschaffen. Tagsüber gingen Sophia und Oskar zur Schule und ihre Eltern in die Arbeit. Am Abend und an Wochenenden saß die vierköpfige Familie zusammen und redete über die großen und kleinen Dinge des Lebens. Wenn samstagsmittags Martin die Tochter oder den Sohn vom Stiftsgymnasium abholte und die Familie beim Mittagessen zusammensaß, war ein Aufbruch in den freien Nachmittag oft schwer durchsetzbar. So sehr war das Kommunikationsbedürfnis der Kinder ausgeprägt. An Wochenenden im Sommer stand das Baden an den vielen Badeseen in der näheren Umgebung auf der Bedürfnisliste ganz oben. Das warme und schöne Wasser wirkte wie ein Magnet, wodurch Sophie und Oskar schon sehr früh gute Schwimmer wurden, was die Aufsichtspflicht der Eltern erheblich vereinfachte. Die verkehrsarmen und aufgrund der Topografie ebenen Wege in der Gemeinde waren ideal für das Radfahren und ganz besonders für Anfänger. Gehräder gab es noch nicht, jedoch für die jeweilige Größe abgestimmte Kleinräder mit Stützrädern. Irgendwann konnten die seitlichen Räder entfernt und der Übergang zu den ersten Balanceversuchen gestartet werden. Martin stabilisierte seine radfahrenden Anfänger mit der Hand am Nacken und lief daneben so lange bis zu dem Moment, dass er gänzlich loslassen konnte. Sie fuhren stundenlang mit den Nachbarkindern umher und trainierten unbewusst Sicherheit und Ausdauer. Bald konnte die Familie mit ihren Fahrrädern die nähere Umgebung einspurig erkunden. Der familiäre Aktionsradius erhöhte sich Jahr für Jahr beträchtlich und zeigte vielfach unbekanntes Terrain. Im Winter stand das Skifahren im Mittelpunkt der Outdoor-Aktivitäten. Der „Höglingerberg", eine drei Meter hohe Terrassenböschung beim Nachbarn, war das alpine Eldorado der skibegeisterten Kinder in der Umgebung. Es gab keine Kurven und eine

Thujenhecke als Fangzaun stoppte die angehenden Rennläufer. Sophie nahm an einen vom Sportverein organisierten Kinderskikurs am Hausberg der Linzer teil. Obwohl sie mit vielen Gleichaltrigen ihre Bogen zog und täglich heimkam, war sie ohne elterliche Begleitung sehr unglücklich. Aber sie stand nachher besser auf den Bretteln. Die gemeinsamen Ausflüge auf die heimischen Skipisten und Skiurlaube in Hinterstoder und Ischgl (damals noch kein Covid 19-Hotspot) förderten die Sicherheit und die Freude an dieser Wintersportart. Der knapp um drei Jahre jüngere Oskar nahm anfänglich meist die Direttissima, während Sophie kontrolliert und elegant die Schwünge ihrer Eltern nachfuhr. Beide entwickelten sich zu guten Skifahrern, um ihr Können einmal auch auf ihre Kinder übertragen zu können.

Familiäre Höhepunkte in den Jahren mit den Kindern waren die Urlaube in den Sommerferien. Gleichgültig, ob das Baden, das Wandern in den Bergen oder Besichtigungen den Schwerpunkt bildeten. Das kühle Nass in der heißen Sommerzeit schätzte die ganze Familie etwa in dem Traunsee, dem Attersee, Wolfgangsee oder dem Wörthersee. Begehrenswertes Reiseziel war stets das Adriatische Meer, gleichgültig ob sich die oberösterreichischen Landratten in Riccione, Bibione oder in Rovinj ins Meer stürzten. Das Ägäische Meer faszinierte wegen seiner tiefblauen Farbe und den angenehmen Temperaturen Alt und Jung gleichermaßen. Gleichgültig, ob es von einer griechischen Insel oder dem türkischen Festland berührt wurde. Bei ihrem ersten Kontakt mit dem Salzwasser hatte die 4-jährige Sophie noch den Zucker von den Kaffeetassen gesammelt, um das „saure" Wasser etwas zu versüßen und erträglicher zu machen. Weniger begeistert vom Meerwasser war die Familie in der Bretagne, wo es der Atlantik auch im August nicht über 18° Celsius brachte. Aber die Landschaft um Saint Malo und Dinard ist pittoresk und für Maler ein Anziehungspunkt. Auch der Rhythmus von Ebbe und Flut war nicht nur für die Autrichiens ein besonderes Naturerlebnis. Der Anblick der Boote in den vielen kleinen Häfen der Bretagne, die bei Niedrigwasser im Schlick liegen, um sechs Stunden später wieder auf den Wellen zu tanzen, war einzigartig und faszinierend anzusehen.

Wanderungen kommen bei Kindern im Allgemeinen nicht besonders gut an, weil sie es als langweilig, als uncool und als anstrengend empfinden. Ihre körperliche Eignung ist dann kein Problem, wenn darauf Bedacht genommen wird und sie nicht überfordert werden. Wie die Erfahrung zeigt, entwickeln Kinder unheimliche Kräfte und Ausdauer, wenn sie Spaß beim Wandern in der Natur haben. Mit reizvollen Zielen und der ein oder anderen kleinen Motivationslüge[24] schafften es Martin und Theresia ihre Kinder fürs Wandern zu gewinnen, sodass sie im Nachhinein begeistert waren.

Mit sechs und acht Jahren gingen Oskar und Sophie vom Offensee über die Rinnerhütte zum Wildensee und zurück ohne Probleme und waren erfreut über die schöne Landschaft und zu Recht stolz auf ihre Leistungen. Die Katrin in Bad Ischl und der Schafberg in St. Wolfgang standen ohnedies öfter am Wanderprogramm, wenn die Familie im Salzkammergut urlaubte. Selbst eine Wanderwoche in Südtirol mit den schönen Almen rund um den Schlern war den Kindern nicht zu anstrengend. Vielfach liefen sie voraus, um die schöne Aussicht als Erste zu sehen. Ihre Ermüdungserscheinungen zeigten sie erst nach dem Abendessen und schliefen nachts in der frischen Bergluft bestens. Ebenso wie ihre Eltern.

Etwas interessanter für Kinder sind Aufenthalte in einer fremden Stadt. Da gibt es viel Neues zu sehen und an jeder Ecke einen Shop, einen Getränke- oder Eisladen zur Erfrischung. Deshalb haben Städte wie beispielsweise Venedig, Prag, Istanbul oder Paris verbleibende Eindrücke bei den Youngsters hinterlassen. Denn wer kann schon bei seinem ersten Besuch in der adriatischen Lagunenstadt eine Gondelfahrt durch die engen Gassen vergessen.

Paris, die Hauptstadt von Königen und Kaisern, die große Teile der Welt eroberten, die Stadt von Philosophen, Künstlern und Verfolgten, zeigt viele Facetten der Geschichte und des Lebens.

24 Motivationslügen wie etwa: „es ist eh nicht mehr weit" oder „gleich hinter dem Hügel kommt die Hütte oder das Gipfelkreuz" u. dgl.

Die gigantischen Bauwerke und Boulevards wie auch die kleinen Cafés und die Straßenkünstler am Montmartre begeisterten Sophie und Oskar. Deshalb machten Martin und Theresia mit ihren Kindern im Sommer 1986 einen mehrtägigen Stopp in der Stadt der Liebe. Die Basilika Sacré-Cœur am 131 Meter hohen Hügel ist von Weitem schon zu sehen und umgekehrt auch ein großartiger Punkt, Paris von oben zu betrachten. Den Kindern gefiel, wie die Maler am Gehsteig Porträts malten und von den Straßenläden Croissants und Baguettes an allen Ecken angeboten wurden.

Nach der Wanderung am Montmartre begaben sich die vier Personen zu einer Haltestelle der Metro, um am Eiffelturm ein Abendessen einzunehmen. Natürlich war Martin in Poloshirt, einer kurzen Hose und einer Fototasche als Tourist leicht zu erkennen. Als die Metro in die Station einfuhr und Theresia mit den Kindern einstieg, behinderten mehrere Jugendliche den Eingang, so als ob der Wagon überfüllt wäre. Nachdem der Zug die übrigen Türen schloss und Martin unbedingt einsteigen wollte, hinter ihm aber noch eine Gruppe von Jugendlichen ebenfalls in den Wagon drängte, kam es unweigerlich zu einem Körperkontakt, bei dem versucht wurde, Martins Geldbörse aus der Gesäßtasche zu ziehen. Der Versuch scheiterte Gott sei Dank und Martin beschimpfte die unbekannten Täter. Diese jedoch taten so, als ob sie damit gar nichts zu tun gehabt hätten. Erst später durchschaute Martin den versuchten Taschendiebstahl: Einige Jugendliche konstruierten im Wagoneingang eine schwer durchzudringende Menschenmauer, während die übrigen zum Einstieg drängten und dem vor ihnen befindlichen Opfer beim Körperkontakt die Taschen leerten. Dank der engen Hose missglückte der Taschendiebstahl und alle waren darüber froh, denn das hätte gravierende Folgen gehabt.

Die Familie verließ die Metro und ging zu dem von Gustave Eiffel 100 Jahre nach der Französischen Revolution errichteten 325 Meter hohen Turm. Mit dem Aufzug erreichten sie das Restaurant zum Abendessen. An einem großen Fenstertisch, an dem zwei Einheimische saßen, delektierten sie sich am französischen Essen. Sophie wollte unbedingt als Nachspeise eine

Mousse au chocolat. Martin wollte seine Tochter zur Selbständigkeit führen und machte es zur Bedingung, dass sie es selbst bestellen muss. Zwei Jahre lang lernte sie schon Englisch und nahm den ganzen Mut zusammen, die gewünschte Süßigkeit beim Garçon zu bestellen. Die Familie wollte den vereitelten Taschendiebstahl mit einer Flasche Champagner feiern und fragte ihre Tischnachbarn nach der besten Sorte. Einer davon war auch Kellner und daher ein Kenner des „hüpfenden Wassers" aus der Region Champagne. Er empfahl ihnen die Sorte Taittinger. Mit gutem Essen und diesem edlen Getränk feierte die Familie bei Sonnenuntergang den schönen Tag in Paris und den vereitelten Taschendiebstahl.

Auch Istanbul hatte den Kindern gefallen. Vor allem die großartigen Gebäude wie die Moscheen oder der Palast der Sultane bzw. Kaiser des Osmanischen Reichs, das Topkapi. Der riesige Palast am Bosporus mit mehreren Innenhöfen und Prunkräumen, die mit Perlmutt, bunten Kacheln und Fliesen verziert sind, bringt jeden Besucher, der zum ersten Mal diesen Palast betritt, ins Staunen. Als Katholik hatte Martin die Geschichte mit dem Harem sehr interessiert und mit dem Gedanken gespielt, die Religion zu wechseln, während sich Theresia an den riesigen Edelsteinen und goldenen Gegenständen in der kaiserlichen Schatzkammer begeistern konnte. Istanbul erfreut nicht nur die Augen, sondern auch die Nase. Die Gewürzmärkte sind in ihrer Vielfalt kaum zu übertreffen und verbreiten Gerüche, die den österreichischen Nasen neu waren. Neu war für die europäischen Besucher die orientalische Mentalität der Verkäufer auf den Basaren, die sehr aktiv auf die Besucher zugingen und das Verkaufsgespräch suchten. Gleichgültig, ob man in der Altstadt oder unter der Galatabrücke angesprochen wurde. Bald bemerkte Martin, dass ein gering gezeigtes Interesse an einer angebotenen Ware sich preismindernd auswirkt. Ein Weggehen vom Verkaufsstand führt, sofern es noch einen preislichen Spielraum gibt, erneut zu einem günstigeren Angebot.

Auf Wunsch von Theresia besuchte die Familie auch eine Lederboutique, wo ihnen Lederjacken besonders gefielen. Martin, Theresia und Sophie probierten einige sehr schicke Jacken an und an den strahlenden Gesichtern der weiblichen Kunden erkannte der Verkäufer sofort, dass sie Gefallen daran hatten. Für alle drei Jacken verlangte er 8.900 Schilling. Dieser Preis war für alle inakzeptabel, worauf er den Betrag auf 6.400 Schilling reduzierte und die Qualität des Leders hervorhob. Mit einer brennenden Zigarette demonstrierte er die Besonderheit des Leders. Auch dieser Preis war den Österreichern zu viel und sie schickten sich an, das Geschäftslokal zu verlassen. Da wurde ihnen erneut ein Angebot von 5.000 Schilling unterbreitet, was Martin wiederum nicht annahm. Auf die Frage, wie viel Martin zahlen würde, antwortete er 3.000 Schilling. Zu diesem Preis könne er die drei hochwertigen Lederjacken unmöglich verkaufen. Dann eben nicht, sagte Martin und forderte seine Familie auf, das Geschäft zu verlassen. Theresia und Sophie waren enttäuscht, zumal ihnen die Jacken gefielen und preislich, im Vergleich zu Österreich, schon sehr günstig waren. Der Verkäufer hatte nicht damit gerechnet, dass Martin dem Begehren seiner Damen nicht nachzukommen gewillt war und mit Pokerface und Familie den Laden verließ. Wieder auf der Straße lief ihnen der Verkäufer nach und bot die Jacken um 3.500 Schilling an. Letztendlich kauften sie drei schicke Lederjacken zum Gesamtpreis von 3.300 Schilling und waren happy über den Deal. Während Sophie ein moderneres Modell wählte, griff Theresia zu einer eher konservativen Ausführung, was sie später bereute und des Öfteren die Jacke ihrer Tochter in Besitz nahm. Was deren Freude trübte.

Der Anfang vom Ende

Wie vorhin schon erwähnt, lässt der Zusammenhalt nach, wenn ein gemeinsames Ziel erreicht wurde und der äußere Druck schwindet. Das trifft für Gruppen und Partnerschaften gleichermaßen zu. Dieses Phänomen erreichte auch Martin und Theresia im Laufe der Zeit. Nach der Fertigstellung des Eigenheimes und der Einrichtung des letzten Raumes blieb als Gemeinschaftsaufgabe nur mehr die Förderung und Unterstützung der Kinder in ihrer sozialen und schulischen Entwicklung. Gleichzeitig entwickeln erwachsene Menschen bei größerem Freiraum ihre eigene Persönlichkeit im zweiten Lebensabschnitt weiter, wodurch nicht selten divergierende Verhaltensmuster sichtbar werden. Dieses Phänomen erreichte auch Martin und Theresia. Martin empfand, dass im Gegensatz zu früher die berufstätige Theresia gegenüber ihrem Ehemann ihre Finanzen nicht mehr offen darlegte. Dass ihre Ansichten im Laufe der Zeit unverrückbarer und Martins konsenssuchende Dialoge sich schwieriger gestalteten. Lediglich gemeinsame Urlaube der Eheleute unterbrachen ihre aufkommenden Dissonanzen. Martin hatte das Gefühl, nicht mehr geliebt und nur mehr gebraucht zu werden und reagierte darauf vermehrt mit singulärem Freizeitverhalten.

Da für Martin die Liebe zu einem Kind sich nicht geschlechtsspezifisch gestaltet, hatte er Sophie nicht nur als Baby, sondern auch als kleines Kind in sein Herz geschlossen, wenn sie als „Prinzessin" in den Reihen der Erstkommunikantinnen schritt oder die Feier am Heiligen Abend mit der Blockflöte verschönte. Wie jedes Kind in der pubertären Phase war auch Sophie nicht gänzlich frei von aufbegehrenden Verhaltensweisen. Aber im Allgemeinen war sie sehr bemüht und erfolgreich, den familiären Anforderungen gerecht zu werden. Was ihre Mutter und ihr Großvater nicht immer so sahen.

Ungeachtet dessen ging Sophie ihren eigenen Weg, legte ihre Reifeprüfung erfolgreich ab und vollzog durch den Berufseinstieg in eine regionale Bank ihre vollständige Unabhängigkeit. Auf ihrem Arbeitsplatz lernte sie Tobias, den Mann ihres Lebens, kennen und lieben und Mitte der 90er Jahre haben sich die beiden in der Stiftskirche Wilhering das Jawort gegeben. Ihre Söhne Flori, Charlie und Tarik bereicherten in einzigartiger Weise die Großfamilie. Martin entführte sie in die Natur und zeigte ihnen, was er in seiner Kindheit vom Nachbarbauern Rupert gelernt hatte. Dürre Bäume umwerfen, mit dem Taschenmesser richtig umgehen, Stecken abschneiden, barfuß im Bach gehen, schwimmen im See, Fische und Frösche fangen und jausnen wie die Bauern auf Baumstämme mit einem Speck am Holzbrett, stillten den Erlebnishunger der Jungs. Waldpädagogik mit einem Preisgeld für jedes ersterkannte Tier oder jede ersterkannte Pflanze war gleichzeitig Motivation für sie, das Leben in der Natur etwas genauer unter die Lupe zu nehmen.

Auch Oskar genoss die ungeteilte Liebe und Zuwendung der Familie. Von seiner Mutter und seinem Großvater Jörg wurde er als Sohn jedoch vergöttert. Jörg, der in endlosen und stets wiederholenden Gesprächen seine außergewöhnlichen Fähigkeiten hervorhob und jedes Gespräch mit den Worten beendete: „Aber der Oskar ist halt doch der Beste", bediente wiederholt das große Selbstbewusstsein seines Enkels. Sein Leitspruch war ähnlich dem römischen Feldherrn, Schriftsteller und Staatsmann *Marcus Porcius Cato Censorius*, einem der glühendsten Verfechter des Punischen Kriegs, der seine Reden im Parlament stets mit den Worten: „*Ceterum censeo Carthaginem esse delendam* (Im Übrigen bin ich der Meinung, dass Karthago zerstört werden muss)" beendete. Wenn sich Martin nicht an dieser exzessiven Form von Huldigungen beteiligte, lag es vorwiegend daran, dass er Oskar Depressionen durch allfällige Leistungsabstürze ersparen wollte. Aber die Leistungen in schulischen und sportlichen Bereichen hatte er stets gewürdigt und anerkannt. Er war schon als Kind selbstbewusst und beschwerte sich am ersten Schultag bei seiner Lehrerin über das banale Einmaleins und fragte, wann endlich 1.000 plus 1.000 vorgetragen wird. Bereits als Zehnjähriger wollte er einen höheren Zinssatz in der Bank verhandeln, wenn er seine Sparbüchse entleeren ließ. Seine jugendlichen

Standardantworten auf elterliche Ratschläge oder Informationen waren stets: „Was i eh!“ Er war ein sehr guter Schüler und ein Meister im Erkennen von aufkommenden schulischen Problemen und im Improvisieren bei unvorhersehbaren Ereignissen. Elternvereine und Elternsprechtage waren für seine Eltern ohne Bedeutung, da er fast alles selbst regeln wollte.

Nach seiner Reifeprüfung wollte er im Oktober seinen Präsenzdienst und sein Studium der Wirtschaftswissenschaften an der Johannes Kepler Universität (JKU) starten. Martin hatte erreicht, dass er nach der Grundausbildung in der Kaserne Hörsching seiner militärischen Verpflichtung nachkommen konnte, um von dort die universitären Veranstaltungen leichter besuchen zu können. Die ersten vier Wochen war er allerdings unabkömmlich und konnte nicht an den Präsenzvorlesungen und -seminaren teilnehmen. In dieser Zeit drückte Martin für ihn die Studienbank und notierte das Wichtigste, womit Oskar anschließend voll durchstarten konnte und kein Semester verlor. Zur Jahrtausendwende spondierte Oskar sehr zur Freude seiner Eltern.

Seinem Hang zum Geld entsprechend war sein Berufsziel eine Beschäftigung, in der er mit Geld zu tun hat und viel davon verdienen kann. Buchhalter oder Steuerberater kam für ihn nicht in Frage, da er an Detailarbeiten keinen großen Gefallen fand. Seine Bewerbungen führten ihn zu Organisationsberatungsfirmen nach Wien und Kapitalunternehmen nach Frankfurt, bis er letztendlich wie seine Schwester auch bei einer Regionalbank landete.

Bei der Hochzeitsfeier seines Neffen lernte Martin Susanne kennen. Eine blonde, schlanke, große und attraktive Frau von 32 Jahren. Als Hotelfachfrau arbeitete sie als Direktionsassistentin bei einem Wellnesstempel an der Grenze zu Bayern und hatte, für ein hotelinternes VIP-Clienting, Martin wegen seiner medialen Bekanntheit bereits vorher auf ihrem Radar gehabt. Da beide in Begleitung waren, war es ein kurzes Gespräch, bei dem sich Susanne an Martin sehr interessiert zeigte und eine Einladung zu einem Firmenbesuch aussprach. Martin nahm die Einladung dankend an, dachte aber nicht wirklich daran sie zu realisieren, zumal er verheiratet war und sie in einer festen Bindung stand sowie er ihr Interesse an ihm vorwiegend aus beruflichen Gründen vermutete. Etwa ein halbes Jahr später, als er beruflich in der Nähe zu tun hatte, trafen sich die beiden zu einem Gespräch in ihrem Unternehmen. Dabei kam klar zum Ausdruck, dass Susanne nicht berufliches, sondern primär privates Interesse an Martin hatte. Ihre Vorstellungen vom Leben waren klar und ihrer Charmeoffensive konnte oder wollte er nichts entgegensetzen.

Martin fuhr völlig irritiert nach Hause, seine Gedanken drehten sich auf einmal um einen Menschen, der es gut mit ihm meinte. Auf den vielen Kilometern heimwärts wusste er rückblickend nicht, was auf den Straßen passiert war, so sehr war mit der Analyse seiner Zukunft beschäftigt. Zu Hause wusste er seine Ehefrau, deren liebevolle Gefühle und Aufmerksamkeiten er schon lange vermisste. Martin war gegenüber seiner Frau stets sehr großzügig und schenkte ihr bspw. zur Silbernen Hochzeit ihren erträumten, einkarätigen und lupenreinen Diamantspannring um mehr als 5.000 Euro, übergab ihr 25 rote Rosen und lud sie am Jubiläumstag in das teuerste Restaurant der Stadt zum Diner ein, ohne irgendein Gegengeschenk erhalten zu haben (auch nicht ein ganz kleines).

Nach dem Auszug von Sophie verstärkte sich die Mutter-Sohn-Beziehung zwischen Theresia und Oskar. Martin hatte das Gefühl, dass er von wichtigen Entscheidungen ferngehalten wurde und lediglich als Problemlöser seine Existenzberechtigung hatte. Vor dem Hintergrund dieser Gegebenheiten rasten seine Gedanken zwischen Scheidung und Neubeginn hin und her. Sollte er alles aufgeben, was er mit großer Anstrengung und Entbehrung mit Theresia geschaffen hat, und ein neues Leben anfangen oder in einer höchst unzufriedenen Situation verharren und sich später ärgern, die Veränderungsgelegenheit verpasst zu haben? In seiner Managementausbildung hatte Martin gelernt, dass Entscheidungen nicht schwierig sind, wenn die Entscheidungsvorbereitung gründlich war. Da ihm der Status quo bestens bekannt war, musste die Alternative noch eingehender geprüft werden. Wie weit würde Susanne bereit sein für ein gemeinsames Leben, trennen die beiden doch 19 Jahre und eine Entfernung von 90 Kilometern. In mehreren Gesprächen konnte Martin herausfinden, dass die Liebe von Susanne vom Herzen kam und echt war, sie als verlässlich eingeschätzt werden konnte und bereit für einen Berufs- und Wohnortwechsel war. Zum großen Altersunterschied meinte sie: „Was soll's, wenn es nicht funktionieren sollte, dann haben wir wenigstens eine schöne Zeit zusammengehabt." Ihre Herzlichkeit und ihre große Liebe sowie die Tatsache, dass Martin stets für klare Verhältnisse sorgte, waren letztendlich entscheidend, dass sich Martin nach 26 Ehejahren zur Scheidung mit allen Konsequenzen entschloss. Emotional gesehen war es auch eine Entscheidung zwischen lieblos gewordener Ehe und einem Neubeginn mit unbekanntem Ausgang. Susanne war gewiss nicht der Scheidungsgrund, sie hatte lediglich den Scheidungsgedanken von Martin beeinflusst.

Im Frühjahr 2001 teilte Martin Theresia seine Trennungsabsicht mit. Sie nahm das relativ gefasst auf, als ob sie damit gerechnet hätte. Nach unzähligen Jahren nahm sie erstmals seine Hand und meinte: „Sollten wir es doch nicht noch einmal versuchen?" Doch Martin glaubte nicht, dass sie ihr Wertesystem bzw. ihr Sozialverhalten verändern würde und ein Weiter-so wie bisher wollte er nicht, daher blieb er bei seiner Entscheidung. Theresia wollte wissen, wie sich Martin die Scheidung vorstelle. Ihr schien es vordergründig um die Aufteilung der gemeinsamen Immobilien, auf welche Martin zugunsten der Kinder verzichtete, zu gehen. Er wollte eine einvernehmliche Scheidung und keinen Rosenkrieg mit geldvernichtenden Anwälten. Bei der Erstellung über die beweglichen Güter kam es naturgemäß zu Meinungsverschiedenheiten, in die Osar vermittelnd eingriff, um sein in Aussicht gestelltes Haus nicht zu gefährden. Beim Notar wurden die geplanten Übergabeverträge besprochen, ausgearbeitet und einige Tage später von den Eheleuten Martin und Theresia sowie den Kindern Sophie und Oskar rechtsgültig unterschrieben.

Einige Wochen später hatten Martin und Theresia den Termin beim Scheidungsrichter und einige Minuten davor rief ihre

Tochter an und teilte ihnen mit, dass sie erneut Großeltern geworden sind. Erstmals sah Martin Tränen in den Augen von Theresia, aber ein von ihr kurzfristig angedachtes Zurück kam für Martin angesichts der rechtsgültigen Schenkungsverträge, die ihn immobilien- und wohnungslos machten, nicht mehr in Frage. In Anbetracht der abgeschlossenen Verträge und Vereinbarungen war die Scheidungsverhandlung reine Formsache und in 30 Minuten erledigt. Nach dem gerichtlichen Scheidungsverfahren, bei dem Martin auf alles verzichtete, zeigte Theresia ihre Enttäuschung und Verbitterung und drohte Martin seine Integrität zu beschädigen.

Start in eine ungewisse Zukunft

Einem befreundeten Ehepaar, das längere Zeit beruflich in Asien war, hatte es Martin zu verdanken, dass er vorübergehend ihre Wohnung in der Landeshauptstadt von Oberösterreich benutzen durfte. Auch Susanne wechselte den Arbeitsplatz und den Wohnort und wurde ebenfalls in Linz sesshaft. Nach einiger Zeit des „Beschnupperns" entschlossen sich Martin und Susanne gemeinsam eine Wohnung zu mieten. Martin erlebte eine völlig neue Form des Zusammenseins. Die junge Frau an seiner Seite hatte ein geschultes Auge für Ästhetik bei der Dekoration der Wohnung oder des Esstisches. Beim Kochen und Servieren merkte man unweigerlich ihre professionelle Ausbildung, da sie stets für Überraschungsmenüs gut war. Susanne war sehr aufmerksam und überraschte Martin oft mit kleinen Geschenken als Zeichen ihrer Gedanken und Zuneigung an ihn. Als eines Tages Martin Blumen von ihr überreicht bekam, war dieser völlig irritiert. Noch nie zuvor hatte er Blumen erhalten und konnte damit gar nicht umgehen. Er wusste einfach nicht, wie er sich verhalten sollte, da seiner Tradition entsprechend nur Frauen Blumen erhalten. Von Annahmeverweigerung bis zur atemlosen Freude rasten seine Gedanken hin und her, bis er sich mit der damaligen Situation abfand und sich einfach über das blütenreiche Geschenk freute. Neu war für Martin auch die Körperlichkeit mit ihr durch den leidenschaftlichen und bedingungslosen Austausch von Zärtlichkeiten.

Auf der Grundlage der starken Gefühle füreinander entschlossen sich die beiden ein neu errichtetes Reihenhaus am Fuße des Pöstlingbergs, dem Linzer Hausberg, zu erwerben. Martin kaufte die Immobilie und Susanne sorgte für die Einrichtung. Die beiden wohnten in einer relativ verkehrsberuhigten Gegend und hatten nur 1.500 Schritte zum Stadtplatz von Linz. Nach einigen Problemen mit dem Bauträger und der fertiggestellten Einrichtung stand einem wunderbaren Aufenthalt nichts mehr im Wege. Die freitragende Holzstiege in den ersten Stock, die große Küche und das riesige Wohnzimmer mit Wintergarten und einer nach Süden ausgerichteten Terrasse begeisterten Besitzer und Besucher gleichermaßen. Susanne gab ihrem ohnedies nicht geringen Selbstbewusstsein durch den von Martin empfohlenen Universitätslehrgang „Akademischer Business Manager“ neuen Schub. In ihrem Beruf war sie mit ihrer charmanten Art ohnedies sehr erfolgreich.

Gemeinsame Freizeitaktivitäten und Urlaube stärkten das Zusammengehörigkeitsgefühl. Getrübt wurde es für Martin erstmals bei einer Reise nach Thailand. Nach einem 16-stündigen Flug nach Bangkok erreichten die beiden um 05:00 Uhr früh das Hotel. Nachdem das Zimmer bezogen war, fiel Martin ins Bett, um sich von den Reisestrapazen zu erholen. Aber Susanne als Hotelfachfrau hatte irgendetwas zu bemängeln und erwirkte einen Zimmerumzug, was Martin aus realen Gründen nicht verstand und schon gar nicht erfreute. Aber er folgte ihrem Wunsch. Zwei Tage später war Silvester und es stellte sich die Frage: Feiern im Hotel mit einer Pappnase oder in einer Open-Air-Arena im Geschäftsviertel von Bangkok? Die beiden entschieden sich für die letzte Option und reisten abends zum Veranstaltungsort. Am Eingang wurden sie darauf aufmerksam gemacht, dass die Silvesterparty nur für VIPs zugänglich sei. Nachdem Martin sich als eine solche wichtige Person ausgab und die Managerin gerufen wurde, die seinen Presseausweis begutachtete, wurden sie zur Feier eingelassen. Es gab gutes Essen und bekömmliche Getränke zum Nulltarif. Als einziger Europäer wurde Martin noch von einem thailändischen Fernsehteam um ein Interview über ökonomische Fragen ersucht. Zu Mitternacht bekamen alle Teilnehmer eine Rakete zum Abfeuern in die Hand. Aus Gründen des Brandschutzes war das verständlicherweise nur eine Konfettirakete, was Susanne sehr erboste.

Auch am Neujahrstag, der Reise mit dem Zug zur *Brücke am Kwai*, war die Begleiterin von Martin deswegen immer noch nicht sehr kommunikationswillig. Bekannt wurde dieses Bauwerk durch den vielfach Oscar gekrönten Film „Die Brücke am Kwai“. Der Film handelt von einer Gruppe britischer *Kriegsgefangener* Anfang

1943 in einem *japanischen Lager* in *Burma*. Die Gefangenen sollen eine *Eisenbahnbrücke* über den *Mae Nam Khwae Yai* (*Khwae-Yai-Fluss* – „Kwai") errichten. Nach einigen Tagen Besichtigung von Bangkok und Umgebung flogen die Linzer nach Phuket, um in Khao Lack einen Badeurlaub zu verbringen. Es war ein Jahr nach dem dramatischen Tsunami im Jahr 2004, der in küstennahen Gebieten vielen Menschen das Leben nahm und viel verwüstete. Das Hotel war in einer Hanglage und hatte diese Katastrophe relativ gut überstanden. Nur etwa fünf Prozent der Betten waren belegt und die Auswahl groß. In Anbetracht der gemachten Erfahrungen bei der Zimmerauswahl in Bangkok überließ Martin Susanne die Entscheidung. Sie bezogen einen toll eingerichteten Bungalow und erfreuten sich an der schönen Aussicht. Jedoch kurz vor Mitternacht wurde es hier ziemlich laut. Gegenüber dem Eingang befand sich nämlich ein kleines Gebäude mit einem Pumpwerk für die Wasserversorgung der gesamten Anlage. Die Zimmer-Tragödie wiederholte sich für Susanne in einer von Selbstvorwürfen geplagten Weise, nicht so sehr für Martin, der an solche Dinge eher gelassener herangeht.

Im Andaman Meer zu Baden ist eine Sache, im Naturschutzgebiet Similan Inseln zu tauchen eine Gelegenheit, die sich Martin nicht entgehen ließ. Die dortige Tauchschule war es auch, die die beiden ermunterte, nach einem Jahr der Tsunami-Katastrophe zu kommen, um den Tourismus wiederzubeleben. Am Weg zu den Similan Inseln saß Martin neben zwei jungen Taucherinnen aus London, die schon mehrmals abtauchten, ohne einen großen Fisch gesehen zu haben. Eine davon hatte an diesem Tag sogar ihren 27. Geburtstag und der Österreicher versprach ihr, sozusagen als sein Geburtstagsgeschenk, einen großen Fisch zu sehen, wenn sie ihn als Buddy begleitete. Er hatte Glück, denn in knapp 30 m Tiefe wurde es plötzlich dunkel über den beiden, als ein Manta Rochen mit einer Spannweite von 4 Metern über sie hinwegschwamm. Das Geburtstagskind war begeistert und dankbar.

Als Martin und Susanne am Ende des Aufenthalts die Tauchschule mit dem gemieteten Motorroller in Khao Lak suchten und sie nicht auf Anhieb fanden, verließ Susanne entnervt Martin am

Roller und ging planlos und verärgert in der Stadt herum. Ihren Ärger konnte Martin nicht nachvollziehen, da es weder ein Navi noch eine ausreichende Beschilderung gab und der Suchvorgang nicht länger als zehn Minuten dauerte. Martin reichten Susannes Eskapaden, zumal er der Ansicht war, den hart verdienten und aufwändigen Urlaub in angenehmer Atmosphäre verbringen zu wollen. Er beschloss, künftig keine größere Urlaubsreise mehr mit ihr zu machen, was letztendlich zum Beenden der Partnerschaft führte. Sie trennten sich nach sechs gemeinsamen Jahren jedoch freundschaftlich.

In Anbetracht der versorgten Kinder und des großen Wohnraumes für ein Single-Leben verkaufte Martin das Haus und bezog eine Dachterrassenwohnung im Universitätsviertel der Stadt Linz. Die Situation zu seiner Exfrau Theresia und seinen Kindern Sophie und Oskar hat sich seit der Scheidung verschiedenartig entwickelt. Theresia zog sich mit Oskar ins Haus zurück und lehnte alle Versuche von Martin ab, eine menschenwürdige Kommunikation zu ermöglichen. Daran änderte sich auch nichts, als sie später einen Arbeitskollegen von ihr ehelichte. Vielfache Ereignisse erzeugten bei Martin das Gefühl, dass Theresia die Kinder gegen ihn instrumentalisierte. Denn bis zur Hausübergabe war Oskar mit seinem Vater noch im Gespräch. Kurz danach verweigerte er jeden Gesprächsversuch, ohne jemals einen Grund dafür zu nennen. Seit der rechtsgültigen Schenkung des Hauses grenzt Oskar seinen leiblichen Vater von allen seinen familiären Ereignissen aus. 15 Jahre lang hatte Martin vergeblich gehofft, dass in einem persönlichen Gespräch sich das Verhältnis auf eine menschenwürdige Ebene einpendeln könnte und Begegnungen in Achtung sowie Würde möglich wären.

Diese Situation brachte auch die Familien aus dem Gleichgewicht. Verwandte und Freunde konnten sich nicht vorstellen, dass diese abweisende Haltung unbegründet sein soll. Martin muss notgedrungen etwas damit zu tun haben. Alles lief ab, als könne es ein unschuldiges Opfer nicht geben. Gewiss handelte Martin ungeschickt in der berechtigten Annahme, dass die Trennung nur von ihm ausging. Sein damit verbundenes

Schuldgefühl verleitete ihn durch den Verzicht auf alle Immobilien sich großzügig zu zeigen in der Hoffnung, dass dies geschätzt würde und er so einen Frieden finden könnte, was sich als Illusion herausstellte. Als Reaktion strukturierte Martin sein soziales Umfeld neu und trennte sich von jenen Menschen, die an dieser negativen Entwicklung direkt oder indirekt beteiligt waren oder sie zumindest geduldet haben bzw. denen Martins Befinden gleichgültig war.

Theresias eher angespanntes Verhältnis zur Tochter Sophie bekam durch die Scheidung eine Wende. Bei der Positionierung gegen ihren Exmann suchte sie Verbündete, daher wurde für Theresia aus der Tochter plötzlich so etwas wie eine Freundin. Die alten Ressentiments gerieten offenbar in den Hintergrund. Einen nicht unwesentlichen Anteil an der Wiederaufnahme der Kommunikation von Sophie mit ihrem Vater hatten ihre Kinder Flori und Charly, die nach einigen Monaten den Martin-Opa vermissten und den Kontakt zu ihm wollten. Sobald sie zeichnen und einige Buchstaben schreiben konnten, übermittelten sie Martin liebevolle Geburtstagswünsche.

Ungeachtet der familiären Situation war Martin immer für seine Kinder und Enkelkinder da, wenn Hilfe benötigt wurde. Es waren die beiden Opas, die jeden Freitagmittag abwechselnd von Linz an die Donaugemeinde fuhren und Tarik vom Kindergarten abholten, um den beruflich verhinderten Eltern behilflich zu sein und nicht die Theresia-Oma, die zur selben Zeit 200 Meter entfernt bei ihrer Mutter den Nachmittag bei Kuchen und Kaffee verbrachte. Aus Liebe zu den Kindern und dem Enkel halfen die beiden gerne auch über einen längeren Zeitraum. Martin hatte stets das Gefühl, dass die Kinder von Sophie und Tobias gerne bei ihm waren, weil er ihnen zuhörte, vieles und Interessantes mit ihnen machte und auf ihre Wünsche einging. Daran änderte sich auch nichts, als sie erwachsen wurden.

Abschied vom Berufsleben

Im Jahr 2001 musste Martin sein Umweltinstitut bei der Oö. Akademie für Umwelt und Natur auflösen und sich mit seinen Mitarbeitern neu orientieren. Er übernahm eine Aufgabengruppe, die sich mit technischen Medien, mit Desk Top Publishing, Bürgerservice, Internet und Intranet im Landesdienst beschäftigte. Seine Kenntnisse als Wirtschaftswissenschafter konnte er vermehrt im strategischen Management einbringen. Hauptprojekte waren bspw. die Neuorganisation der digitalen Fotografie und des E-Governments, Aufbau, Einführung und Umsetzung von Kostenrechnung und Controlling, Personalentwicklung und Personalschulung und Organisationsuntersuchungen.

Besonderes Interesse hatte Martin für die Einführung eines neuen betriebswirtschaftlichen Organisationskonzeptes. Martin erkundigte sich beim damaligen Projektleiter Viktor über die einzelnen Themenbereiche, rechnete aber nicht damit, dass sich dieser Kollege durch Martins Bildungshintergrund in seiner Kompetenz bedrängt fühlte. Nachträglich betrachtet verständlich, wenn jemand mit juristischer Ausbildung ein betriebswirtschaftliches Organisationsprojekt für die Landesverwaltung zu adaptieren und umzusetzen hat und auf externes Know-how angewiesen ist. Oder mit Karl Kraus formuliert: „Der Wert der Bildung offenbart sich am deutlichsten, wenn die Gebildeten zu einem Problem, das außerhalb ihrer Bildungsdomäne liegt, das Wort ergreifen.“ Obwohl sich Viktor und Martin schon länger kannten, sich duzten und Viktor Martin stets freundlich begegnete, bezeichnete er anderen gegenüber Martin für minderqualifiziert. Und das, obwohl Martin in seiner langjährigen Dienstzeit die schwierigsten Aufgaben bestens löste und von den verschiedensten Vorgesetzten nie anders als mit ausgezeichnet beurteilt wurde. Seine Abwertung betraf u. a. auch das Erstellen eines Marketingkonzeptes, obwohl Martin länger als ein Jahrzehnt für das ökologische Marketing des Landes zur besten Zufriedenheit der Entscheidungsträger verantwortlich war. Auch in Hearings für leitende Funktionen, wo Martin fachlich glänzte, hatte Viktor nur Schlechtes gesehen. Martin wurde von einigen Teilnehmern dieser Begutachtungskommission auf dieses Mobbing aufmerksam gemacht, ohne den Namen zu erfahren. Erst kurz vor seiner Pensionierung erfuhr Martin, was hinter der freundlichen Fassade von Viktor steckte, und sprach ihn direkt auf sein Mobbing an, was er mit rotem Kopf zu dementieren versuchte. Für ein amtsinternes Mobbingverfahren war es zu spät. Martins letztes Projekt war nach der Gründung nunmehr die Auflösung der Akademie für Umwelt und Natur und die statutarische Überführung in eine Zukunftsakademie. Hier war es erforderlich die Akzeptanz der Fachabteilungen zu erreichen und ein Netzwerk mit den oberösterreichischen Universitäten und Hochschulen zu bilden.

Ende März trat Martin seinen langen Urlaub an und ging Anfang August 2011 nach 47 Dienstjahren als stets ausgezeichneter Beamter in den dauernden Ruhestand. Beim Abschied vom Landesdienst folgte er seinem Leitspruch, dass „die Friedhöfe voll sind mit Menschen, die meinten, dass es ohne sie nicht mehr weitergehen wird". Wie die verschiedensten Entwicklungen zeigten, ging es in den meisten Fällen sogar besser. Kurz nach seinem Übertritt in den dauernden Ruhestand bekam er vom Bundespräsidenten das *Große Ehrenzeichen für die Verdienste um die Republik Österreich* verliehen. Für Martin war es kein Ruhestand im eigentlichen Sinn, sondern eher ein Unruhestand, da er für ein Beratungsunternehmen in Wien arbeitete, das Wachstumsentscheidungen, Akquisitionen und Sales Assessment in seinem Portfolio hatte und er dazu Potenzialanalysen und Feasibility-Studies erstellte. Es war nach langer Tätigkeit in einer Nonprofitorganisation ein guter Einblick eines Wirtschaftswissenschafters in die eigentliche Welt des Business.

In seiner Freizeit war Martin schon längere Zeit Mitglied beim *Verband der Österreichischen Wirtschaftsakademiker* (VÖWA). Der VÖWA fördert als bundesweites, offenes und überparteiliches Forum zur Kommunikation den offenen Dialog zwischen Wissenschaft und Praxis. Er kommuniziert mit Unternehmen und Organisationen und eröffnet den Zugang zu Persönlichkeiten, die auch etwas zu sagen haben. Dieser Verband vergab auch Preise für wissenschaftliche Arbeiten, wenn sie ausgezeichnet waren und einen ökonomischen Bezug aufwiesen. Martin gehörte dem Begutachtungsteam an, das über Förderungswürdigkeit von Bachelorarbeiten, Masterarbeiten, Diplomarbeiten und Dissertationen entschied. Über Empfehlung der damaligen Vorsitzenden, die sich als Institutsvorstand aus Zeitgründen auf ihre Arbeit an der Universität zurückzog, wurde Martin die Leitung dieses Gremiums übertragen. Kurz vor Pensionsantritt wurde Martin zum Vorsitzenden der Wirtschaftsakademiker in Oberösterreich gewählt und vom Vorstand zum Präsidentschaftskandidaten des österreichweiten Verbands nominiert. Ein vom Vorstand ausgeschlossener Landesvorsitzender sah mit Martins Nominierung und seiner korrekten Verbandsführung seinen und den Einfluss seiner Freunde schwinden und organisierte für die Generalversammlung einen Putsch, dem der noch amtierende Präsident nichts entgegenzusetzen hatte. Martin, viele seiner Kollegen und entscheidende Sponsoren verließen daraufhin den bis zu diesem Zeitpunkt geschätzten und anerkannten Verband.

Leben als Single

Seit der Trennung von Susanne lebte Martin als Single in seiner Dachterrassenwohnung im „Studentenviertel" von Linz. Trotz der Mithilfen im jeweiligen gemeinsamen Haushalt war er von nun an für alle Obliegenheiten eines Haushalts verantwortlich. Allerdings hatte er auch die Entscheidungskompetenz, ohne mühsame Kompromisse eingehen zu müssen. Obwohl er aus seiner Zeit im elterlichen Gasthaus und im Offizierskasino einfache Gerichte zubereiten konnte, meldete er sich unverzüglich zu einem Kochkurs in der Volkshochschule an. Zwei Drittel der Kursteilnehmer waren Männer, die künftig ihren Kochlöffel mit mehr Erfolg schwingen wollten. Wöchentlich trafen sich die angehenden Köche und kochten ein gesamtes Menü, das am Ende in gemeinsamer Runde verspeist wurde. Für Martin waren bisher die verschiedenen Rezepte wegen der vielen „Fremdwörter" schwer umzusetzen, deshalb erwartete er neben den Zubereitungskünsten auch eine gewisse linguistische Fortbildung. Es machte einen großen Spaß und die kleinen, nützlichen Hinweise vom richtigen Schneiden bis zur passenden Temperatur nahm er begierig auf. Nach Kursende war aus Martin zwar noch kein Haubenkoch geworden, doch er wurde in die Lage versetzt, Rezepte zu lesen und umzusetzen. Für Martin gilt vermehrt die Devise, dass er mit seinen „Kochkünsten" die Tiefe seiner Freundschaften auslotet.

Als er seine Mutter erstmals bekochte, war sie so verwundert, da ihrer Ansicht nach nur eine Hausfrau und niemals ein Mann in einem Haushalt kocht. Mit unheimlicher Freude und Genuss aß sie die Kürbiscremesuppe und das Steak samt Pfeffersoße, die Kartoffelrösti als Beilage und den gemischten Salat. Die Nachspeise war aus Zeitgründen von der Konditorei. Ihrer Begeisterung zur Folge hätte sie vermutlich auch ein völlig danebengegangenes Essen mit einem Kompliment versehen, so glücklich war sie über ihren Befund, dass ihr Sohn auch ohne kochende Frau überleben kann.

Martin war nicht nur bei seinen Kopfarbeiten ordentlich, sondern auch bei seinen Handarbeiten. Aber im Gegensatz zu einigen seiner älteren Weggefährten hat sein Verständnis für Ordnung nichts mit Polizeimethoden zu tun, sondern mit Aufgeräumtheit und Sauberkeit, ohne dabei in eine Phobie zu verfallen. In den ersten Jahren nach dem gemeinsamen Haushalt mit Susanne reinigte seine Schwester Gabriele seine Wohnung. Als sie mit Ewald einen gemeinsamen und größeren Haushalt zu meistern hatte, „kündigte" sie den „Werkvertrag". Vielleicht hatte ihr Martin auch zu wenig bezahlt. Wie auch immer, ihre Entscheidung war zu respektieren und da Martin kurz vor seinem Pensionsantritt stand, nahm er die Sache selbst in die Hand. Eine praktikable Einrichtung und eine sparsame Dekoration machten die Grund- und Unterhaltsreinigung zu einer leicht bewältigbaren Aufgabe.

Der Übertritt in den dauernden Ruhestand befreite Martin auch vom Krawattentragen. Sein Kleidungsstil änderte sich vom Business- zum sportlichen Outfit und einem Casual Dresscode, einem lockeren, informellen, lässigen sowie einen zwanglosen und gepflegten Kleidungsstil. Die vielen Anzüge und weißen, langärmeligen Hemden wurden sukzessiv durch klassische Jeans, einfache Shirts, schlichte Pullover und sportliche Sneaker auf ein Mindestmaß reduziert. Dabei standen weniger die teuren Produkte durch bekannte Labels im Vordergrund seiner Kaufüberlegungen, sondern vornehmlich die Qualitätsaspekte. Eine Bekleidung also, die leicht zu pflegen ist.

Die Bedienung der Waschmaschine ist rein technisch gesehen für Männer im Allgemeinen eine leichte Aufgabe. Schwieriger wird es für das starke Geschlecht, wenn unterschiedliche Temperaturen zu berücksichtigen sind. Mutig ist Martin auch beim Handling der Waschmaschine. Obwohl er im Besitz einer der besten Waschmaschinenmarke ist, nutzt er vorwiegend lediglich die drei Temperatureinstellungen: 40 Grad für Feinwäsche, 60 Grad für pflegeleichte Wäsche z. B. Bettwäsche und 95 Grad für Hand- und Badetücher. Durch seine sportlichen Aktivitäten im Ausmaß von 15 bis 20 Stunden pro Woche besteht seine diesbezügliche Garderobe überwiegend aus Funktionsmaterialien mit einem hohen Anteil an Polyester, die nicht unbedingt nach einem Bügeleisen schreien. Eine farbliche Trennung erfolgt nur zwischen schwarz, wegen des schwarzen Färbemittels, und bunt, das sind alle restlichen Farben. Das stößt bei den „richtigen“ Hausfrauen selten auf Zustimmung. Zu sehr sind sie besorgt, dass hellere Kleidungsstücke Farbe annehmen bzw. verwaschen werden. Diese Erfahrung war Martin bisher fremd, weshalb er auch künftig alle bunten Wäschestücke zusammenwerfen wird, damit nicht zu viele Einzelstücke in die Trommel kommen und die Umwelt nicht mit hohen Energie- und Waschmittelverbräuchen und zudem mit viel Abwasser belastet wird.

Das Bügeln der Wäsche sieht leichter aus, als es in der Praxis ist. Dass der Single keinen Kurs dazu benötigte, verdankte er den Beobachtungen seiner bügelnden Frauen und seiner allgemeinen handwerklichen Geschicklichkeit. Den Bügelaufwand reduzierte Martin auch durch einen weitgehenden Verzicht auf Baumwoll- oder Leinenhemden, sondern durch den gezielten Griff auf Shirts mit den Bezeichnungen: iron free oder easy iron.

Die gut organisierte Haushaltsführung zwang Martin nicht dazu, sein Single-Leben verlassen und nach einer Partnerin Ausschau halten zu müssen, um allenfalls mangelhafte Haushaltsarbeiten abtreten zu können. Vielmehr suchte er nach seiner Scheidung erneut eine glückliche Partnerschaft, weil beruflicher Erfolg, Karriere, materielle Sicherheit oder Wohlstand durch seinen Ruhestand für ihn an Bedeutung verloren haben. Eine liebevolle Partnerschaft, die vom Gefühl der Vertrautheit und Geborgenheit sowie von Liebe getragen wird und Nähe und Intimität zulässt. Mit einer Partnerin freudige Ereignisse zu teilen, bedeutet für ihn, dass diese, im Gegensatz zu den naturwissenschaftlichen Gegebenheiten, nicht weniger, sondern mehr bzw. intensiver gefühlt werden. Umgekehrt ermöglicht es Partnerschaften auch, traurige Ereignisse auf der Gefühlsebene erträglicher zu machen, wenn sie geteilt werden.

Die Suche nach einer geeigneten Partnerin ist zuletzt durch die verschiedenen Single-Börsen im Internet wesentlich erleichtert worden. Zumal bindungswillige Frauen oder Männer nicht mit einem Etikett herumlaufen, auf dem steht: „Bin Single und zu haben." Doch der Weg zum Single-Marktplatz in einer seriösen Partnerbörse ist aufwändig. Auf der Grundlage eines ausgetüftelten psychologischen Fragebogens wird das Persönlichkeitsbild des Bewerbers mit beziehungsrelevanten Kriterien wie Einstellungen und Handlungsmotiven, Interessen und Werten erstellt, um Gemeinsamkeiten in Form von Matching-Points erstellen zu können. Hier wird vielfach gelogen, was das Zeug hält. Das Alter wird um einige Jahre nach unten korrigiert, besonders vor einem Jahrzehnt. Ähnlich dem Kaufverhalten, wo sehr selten runde Preise angegeben werden, sondern Preisschilder mit bspw. 59,99 € oder 119,99 € das Kaufinteresse wecken sollen. Auch beim Familienstand wird getrickst. Anstatt getrennt lebend wird häufig geschieden angegeben, da andernfalls angenommen werden kann, dass eine Trennung aus finanziellen Gründen auch künftig nicht in Frage kommt. Martin fand heraus, dass auch bei den zusätzlichen Angaben Vorsicht geboten ist. Jederzeitige Umzugsbereitschaft kann bedeuten, dass diese Person über keinen ordentlichen Wohnsitz verfügt, bei Familienangehörigen wohnt und nächste Woche schon bei dir einziehen will. Ein Body-Mass-Index von 35 wird vielfach mit fraulicher Figur beschrieben. Mehrmals Sport pro Monat bedeutet nicht selten, dass so gut wie keiner betrieben wird. Unter gelegentlichem Rauchen kann verstanden werden, dass geraucht wird wie ein Schlot. Gerne ein Glas zu trinken liefert den versteckten Hinweis auf ein Alkoholproblem. Tierliebend sagt aus, dass ein Partner die gemeinsame Wohnung mit einer bis fünf Katzen oder einen bis drei Hunden teilen muss. Aus seiner Lebenserfahrung weiß Martin, dass Menschen, die sich uneingeschränkt der Kultur oder dem Sport verschreiben, sehr selten ein Interesse für die andere Disziplin haben. Ein Kulturfanatiker wird selten im Fitnessstudio und ein Extremsportler selten bei Lesungen anzutreffen sein. Daher sind weit auseinanderliegende Vorstellungen, Lebensweisen und Bedürfnisse ungünstig und zu beachten, denn sie lassen weniger Harmonie zu, führen häufiger zu Konflikten und auch das positiv erlebte Gefühl, dem anderen ähnlich zu sein, entsteht seltener.

Auf der Grundlage seines Persönlichkeitstestes und einer hohen Anzahl an Matching-Punkten mit einer Kandidatin traf er eine sehr begrenzte Auswahl für eine weitergehende Kommunikation. Andererseits ignorierte er Kontaktwünsche, die mit seinen Verhaltensweisen nicht oder schwer in Einklang zu bringen waren. Telefonate oder persönliche Gespräche waren eine weitere Möglichkeit, ein Bild über Kontaktpersonen zu erhalten. Unangenehme Stimmen, mangelnde Sprachkenntnisse und auffallende Formulierungsschwächen waren weitere Ausschlusskriterien. Im Laufe der Zeit hatte sich zudem herausgestellt, dass die Entfernung auch ein bedeutender Faktor bei der Suche nach einer Partnerin ist. Long-Distance-Partnerschaften, die über 150 km hinausgehen, sind im Falle von Berufstätigkeit schwer zu realisieren, weil spontane Treffen schwer machbar sind und vereinbarte Zusammenkünfte seltener stattfinden. Im außerberuflichen Lebensabschnitt macht es nur dann Sinn, wenn ein Wohnortwechsel damit verbunden wird, um zeit- und geldaufwändige Fahrten zu vermeiden. Bei der Beurteilung seiner Bereitschaft, den Wohnort zu verlassen und sich in einen weit entfernten Ort niederzulassen, stieß Martin nach längeren Überlegungen an seine Grenzen. Zu sehr hing er an seiner Familie die ihm gut gesinnt war und hatte in seinem Leben zahlreiche Kontakte, angenehme Beziehungen und Freundschaften aufgebaut, die er in seinem Lebensalter als wichtiges, soziales Netz nicht missen wollte. Angesichts dieser Gegebenheiten kündigte Martin die Mitgliedschaft in der Partnerbörse.

Die große Liebe kam zuletzt

Zu Beginn 2008 lud eine Bekannte Martin ein, an einem Single-Tanzkurs teilzunehmen, da bei einer Gruppenteilnahme 10 Prozent Rabatt winkten. Nach kurzer Überlegung sagte er zu, da er eigentlich gerne tanzte und sein letzter und einziger Kurs am Tanzparkett schon ein halbes Jahrhundert zurücklag. Ein Dancing Star zu werden strebte er gewiss nicht an, aber ein etwas angepasster Schritt mit einer Tanzpartnerin könnte ihm nicht schaden, dachte er. Also sagte er zu und pilgerte wöchentlich in die Tanzschule.

Bunt gewürfelte Teilnehmer wechselten alle zwei Tänze den Partner bzw. die Partnerin. Eine sehr unmusikalische Partnerin nahm Martin beinahe seine ohnedies geringe Selbstsicherheit am Tanzparkett. Dem Partnerwechsel verdankte er, dass er die attraktivste Frau, die auf den Namen Elisabeth hörte, am rutschigen Parkett in die Arme nehmen durfte. Sie hatte braunes Haar, das über die Schultern reichte, grau-blaue Augen und Kurven, die dem Motorradfahrer Martin selbst bei flüchtigem Hinschauen nicht verborgen blieben. Es war nicht nur der rhythmische Gleichklang, sondern auch die positive Energie, die plötzlich durch seinen Körper floss und ihn angenehm elektrisierte. Es war ein unvergessliches Vergnügen bis zum Abbruch durch den nächsten Wechsel. Martin sinnierte als Mann noch kurz über diese Frau mit der Schlussfolgerung, sie sei zu schön und zu jung für ihn.

Eine Woche später, am Faschingsdienstag, fasste er den ganzen Mut zusammen und lud Elisabeth zu einem Drink in eine nahe gelegene Bar ein; entsprechend der Überlegung, er kann nichts verlieren, sondern nur etwas gewinnen. Elisabeth sagte zu und damit hatte Martin gewonnen. Wie bei einem ersten Date üblich, tauschten sich die beiden über Wohnort, Familienstellung, Beruf, Hobbys u. dgl. aus. Bei den Altersangaben stellte sich heraus, dass Elisabeth knapp 16 Jahre jünger als Martin war. Zur großen Überraschung stellten sie fest, dass beide denselben Arbeitgeber hatten, sich aber noch nie begegnet waren. Ihre Dienststelle und ihre Vorgesetzten kannte Martin natürlich sehr gut. Mitten im Gespräch kam ein 16-jähriges hübsches Mädchen in die Bar und gesellte sich zu Elisabeth. Nach einer ersten Verwunderung von Martin stellte sie ihm das Mädchen als Melissa, ihre Tochter, vor. Nachdem beide das gegenseitige Kennenlernen noch nicht ausreichend vorgenommen hatten und Gefallen daran fanden, vereinbarten sie ein neuerliches Treffen in nächster Zeit.

Im Folgenden glühten ihre Handys durch den regen Austausch von Kurznachrichten. Mit jeder SMS artikulierten sie ihre Gefühle intensiver und eindeutiger. Vom Küssen zum Umarmen bis zur körperlichen Vereinigung. Es folgten Liebeserklärungen und Wünsche des Zusammenseins für immer – und das schriftlich. Bereits am Wochenende lud Martin Elisabeth zum Skifahren in die Salzburger Bergwelt ein. Wissend, dass sie durch die frühe Abfahrt keine Zeit zum Frühstück hatte, nahm der Gastgeber Kaffee und Kuchen zur Stärkung mit, was ziemlich gut ankam. Der Neuschnee und das traumhafte Wetter machten den Tagesausflug zu einem einzigartigen Erlebnis, das am nächsten Wochenende wiederholt wurde. Nachdem bei Elisabeth die Begeisterung zur winterlichen Bergwelt und zum damit verbundenen Hüttenzauber wieder geweckt wurde, ging es Ende März für eine Woche am Arlberg. Mit einer kräftigen Portion Neuschnee zeigte sich das weltbekannte und allseits geliebte Skigebiet von seiner besten Seite. Die Gastronomie in St. Anton, Lech und Zürs, sonnige Hüttenterrassen oder Restaurants in den Orten taten das Übrige, um den Aufenthalt der Flachländler unvergesslich zu gestalten.

Elisabeth hatte ein Zweifamilienhaus in einer Nachbargemeinde von Linz und lebte dort seit ihrer Geburt mit ihren Eltern. Nach einigen Wochen ihrer geheim gehaltenen Absenz und den vielen Fragen nach dem Grund war es für Elisabeth Zeit, das Geheimnis gegenüber ihren Eltern zu lüften und Martin wurde Lukas und Ruth vorgestellt. Die Freude vom Finanzbeamten Lukas war groß, als er hörte, dass Martin ebenfalls ein

Beamter sei, noch dazu in höchster Position. Auch Ruth zeigte sich von ihrer besten Seite und erkundigte sich eingehend über seine Herkunft und seine familiäre Situation. Elisabeth war froh, dass ihr neuer Partner bei ihren Eltern so gut ankam. Weil sich ihre Eltern um ihre Tochter Melissa sowie um Haus, Haustiere und Garten gekümmert hatten, wenn Elisabeth als alleinerziehende Mutter ihren Arbeitsverpflichtungen nachgehen musste oder ihren Freundeskreis pflegen wollte, war sie an einem guten Auskommen mit ihren Eltern sehr interessiert.

Elisabeths Vater Lukas entstammte wie Martin aus einem Gastwirteehepaar in der Nachbargemeinde von der Landeshauptstadt und schloss nach der Pflichtschule die Maurerlehre 1942 erfolgreich ab. Danach wurde er als 17-Jähriger zum Militärdienst im Zweiten Weltkrieg eingezogen und diente an verschiedenen Frontabschnitten in Italien. Nach Ende des schrecklichen Krieges und den unzähligen zerstörten Häusern beteiligte er sich aktiv bei verschiedenen Baufirmen als Polier am Wiederaufbauprogramm des Landes. Eineinhalb Jahrzehnte am Bau reichten ihm und er wechselte in die Landes-Finanzdirektion, wo er bis zu seiner Pensionierung als Facility-Manager die Amtsgebäude in Schuss hielt.

Bereits Jahre zuvor lernte er die um mehr als einen Kopf kleinere Ruth aus derselben Gemeinde kennen und schloss mit ihr den Bund der Ehe. Sie lebten im Haus ihrer Eltern, das Lukas kontinuierlich und fachmännisch aus- und umbaute. Dass ihre Ehe funktionierte, dokumentieren einerseits ihre Kinder Renate, Lukas jun. und die Nachzüglerin Elisabeth. Sie wird aber auch durch die Diamantene Hochzeit eindrucksvoll bestätigt. Die eheliche Zufriedenheit änderte sich auch nicht, als Ruth im Laufe der Zeit zur „Finanzministerin“ aufstieg und als Hausfrau ohne Einkommen das mit dem Gehalt ihres Ehegatten angeschaffte, bescheidene Vermögen verwaltete und er im Bedarfsfall ein Taschengeld für ein Bier bekam. Er beklagte sich nie und war als bescheidener Mensch offenbar froh, sich nicht um finanzielle und administrative Angelegenheiten kümmern zu müssen. Er war glücklich seine Ruth an seiner Seite zu wissen, die ihn mit ihren Kochkünsten so richtig „einkochte“.

Ruth war als Hausfrau aber nicht nur für ihren geliebten Lukas da, sondern auch noch für ihre Kinder, als sie schon erwachsen waren, und für ihre Schwiegerkinder sowie für ihre drei Enkel.

Haushaltsführung, Kochen und Gemüsegarten waren ihre Kernkompetenzen, in denen sie keine Belehrungen und schon gar keinen Widerspruch duldete. Abweichendes Verhalten wurde von ihr in einer bestimmenden Form gerügt, dass es von den Betroffenen nicht selten als Unterwerfungsstrategie empfunden wurde. Lukas war noch ein traditioneller Ehemann, der es schätzte, wenn die Ehefrau nicht berufstätig sein musste und ihren Geliebten zu Hause verwöhnt. Aus dieser Sichtweise fühlte er sich nicht für Haushaltsarbeiten verantwortlich und widmete sich den Obliegenheiten des Gebäudes, des Gartens und lange Zeit seiner Hasenzucht. Lukas war ein Familienmensch, der am liebsten mit Unterstützung seiner Ruth die Kinder, Schwiegerkinder und Enkel jeden Tag um sich haben wollte. Die Eheleute im nahegelegenen Wallfahrtsort von Linz waren am glücklichsten, wenn es einen Anlass zum Feiern gab und sie ihre Liebsten bei guten Getränken und ausreichendem Essen um sich versammeln konnten. Wenn mit Gesang ihr Harmoniebedürfnis gestillt wurde.

Bei ihren ersten Begegnungen hatte Elisabeth Martin verschwiegen, dass sich in ihrem Haus drei Hunde, eine Katze, zwei Wellensittiche und in einem kleinen Wasserloch Goldfische befanden. Gegenüber Haustieren in einer Wohnung hat Martin grundsätzliche Vorbehalte aus mehreren Gründen: Er benötige kein Haustier als animalische Psychotherapie. Nach Jahren der Kinderobsorge wollte er nicht erneut durch Tiere in seinen Aktivitäten eingeschränkt sein – zeitlich und örtlich. Auch aus hygienischen und Geruchsgründen will er seine intimen Aufenthaltsräume nicht mit Tieren teilen und zusätzliche Quellen von Krankheitserregern frei Haus geliefert bekommen. Wohnungshunde und -katzen ohne Auslauf sowie Aquarien und Vogelkäfige sind für ihn Gefängnisse von Tieren, die mit ihren genetischen Entwicklungen stark im Widerspruch stehen. Ihre reduzierte Haltung hat für ihn weniger mit Tierliebe als Selbstliebe zu tun. Und letztendlich, wenngleich auch manchmal vernachlässigbar, Haustiere kosten auch Geld für Futter und veterinärmedizinische Behandlungen.

Bis zu ihrem Geständnis über ihren „Streichelzoo“ waren Elisabeth und Martin in ihrer Liebesbeziehung schon so weit fortgeschritten, dass sich Martin dadurch von Elisabeth nicht mehr abwenden wollte. Beschränkungen durch Aufsichts- und Betreuungspflicht fielen durch die ständige Anwesenheit ihrer Eltern weg. Aus Liebe zu Elisabeth nahm Martin ihren „Streichelzoo“ zur Kenntnis, wenngleich der große Hund ihrer Eltern den meisten Platz unter dem Esstisch für sich in Anspruch nahm und mit seinen Gerüchen Martin manchmal an seine Zeit als Tierbetreuer auf dem Bauernhof erinnerte. Auch an die Streicheleinheiten, die ihre kleinen Hunde abbekamen, wenn sie auf dem Bauch von Elisabeth lagen und Martin dagegen danebensitzend leer ausging, hatte er sich langsam gewöhnt.

Gegenseitig anerkennend und unbeschwert entwickelte sich das Verhältnis zwischen Martin und Melissa, der Tochter von Elisabeth. Sie war schon am Ende ihrer schulischen Ausbildung in der HAK und nicht unglücklich, dass ihr Martin beim Verfassen der Maturaarbeit hilfreich zur Seite stand, obwohl sie sehr selbständig ihren Bildungsweg beschritt. Aber ohne jegliche Vorkenntnisse über die Anforderungen einer wissenschaftlichen Arbeit eine Gruppenarbeit von fünf Schülern mit höchst unterschiedlichen Schreibstilen zu vereinen, ist für jeden eine besondere Herausforderung.

Unverzüglich nach bestandener Reifeprüfung zog Melissa von zu Hause aus in eine Wohnung im Universitätsviertel und damit in unmittelbarer Nähe zur Martins Wohnsitz, um sich der klammernden Fürsorge ihrer Mutter und Großmutter zu entledigen und in der Nähe zur Universität das Studium der Sozialwirtschaft beginnen zu können. Melissa lernte schnell, dass bei einem Hochschulstudium der Student selbst über den Fortschritt entscheidet und als kommunikative Studentin war sie mit ihresgleichen schnell und erfolgreich vernetzt. Bei offenen Fragen oder bei seltenen unüberwindbaren Problemen stand ihr Martin gerne helfend bereit. Innerhalb der vorgesehenen Studiendauer absolvierte sie erfolgreich das Bachelor-Studium. Die akademische Feier war ihr nicht so wichtig, daher ließ sie sich das bescheidmäßige Dokument auf dem Postwege zusenden.

Beim anschließenden Masterstudium legte sie kurz vor Fertigstellung der wissenschaftlichen Arbeit eine Pause ein und wurde zu einer passionierten Gipfelstürmerin. Kein Gipfelkreuz und kein Gipfelbuch in den Alpen sind seit dieser Zeit mehr vor ihr sicher. In all ihren Studienjahren arbeitete Melissa auf Werkvertragsbasis bei einer großen österreichischen Tageszeitung und bei einem Energie- und Versicherungsunternehmen im Marketingbereich, um die finanziellen Zuwendungen ihrer Eltern so gering wie möglich zu halten. Seit einigen Monaten verstärkt sie das Team einer Wohnungsgenossenschaft in Linz. Die Wohnung teilt sie seit Kurzem mit Stefan, einem akademischen Physiotherapeuten, der einerseits Menschen bei körperlichen Beschwerden die Hand therapeutisch anlegt, andererseits auch im handwerklichen Bereich sehr geschickt agiert.

Elisabeth war nie verheiratet und als Alleinerzieherin durch ihre Berufstätigkeit stark auf die Mithilfe ihrer Eltern angewiesen. Daher entwickelte sich auch ein starkes Band mit intensivem Kontakt. Auch nach der Verantwortung über ihre Tochter war Elisabeth immer noch gewöhnt, sich bei ihren Eltern abzumelden und den Grund ihres Ausgangs entsprechend zu begründen. Beim verspäteten Heimkommen erwarteten die Eltern ebenfalls eine ausreichende Erklärung, da es in ihrem Zweifamilienhaus nur einen gemeinsamen Eingang gibt, der von der Küche aus bestens einsehbar ist und von ihrer Mutter stark überwacht wird.

Die wenigen Stunden, die Martin und Elisabeth in Zweisamkeit verbringen konnten, waren wichtig für das weitere Kennenlernen. Von Zeit zu Zeit wurden ihre unterschiedlichen Verhaltensweisen sichtbar. Martin, dem Energiebündel, konnte nicht alles schnell und anstrengend genug sein, während Elisabeth nicht so sehr ins Schwitzen kommen wollte und die Sachen etwas gemächlicher anging. Längerfristig gesehen ist das allerdings nicht besorgniserregend und kann sogar für die erforderliche Spannung und Lebendigkeit einer Beziehung sorgen und das Salz in der Suppe sein, wenn das große Ganze stimmt. Andererseits kann es für eine Beziehung ungünstig sein, wenn zwei ähnliche Persönlichkeiten aufeinandertreffen, zumal hier die Gefahr einer Verschmelzung der Partner besteht, die eine Beziehung zum Erlahmen bringen kann. Während Martin dachte, dass Elisabeth mit ihrem jüngeren Alter energetisch somit locker mit ihm mithalten kann, waren Elisabeths Überlegungen, dass ein älterer Herr mit 50 Jahren es vermutlich lieber gemütlicher angeht und deshalb bestens zu ihr passt. Doch diese Annahmen stellten sich als falsch heraus und hatten sich auch nach Jahren noch nicht verändert.

Gemessen an Treue und Liebe ist Elisabeth nicht in allen Punkten eine typische Schütze-Frau. Denn den unter diesem Sternzeichen geborenen Frauen wird nachgesagt, dass sie feurige Liebhaberinnen und sehr sexuelle Wesen sind und sich ihre Partner ihrer niemals so ganz sicher sein können. Es sei denn, sie erhalten viel Freiraum, dann können sie überraschend treu sein, obwohl sie zu einem aufregenden Flirt niemals nein sagen werden. Die im Sternenkreis eines Schützen geborene Elisabeth ist freiheitsliebend und sucht gerne hohe Ideale. Mit ihrer Offenheit und Ehrlichkeit kann sie schon manchmal über das Ziel hinausschießen. Sie zählt zu den lebenshungrigen Menschen, die am liebsten die ganze Welt entdecken wollen. Ihrem Feuerelement entsprechend ist sie leicht entflammbar für ein Projekt oder einen Menschen und schwer zu bremsen. Sie liebt tiefsinnige Gespräche und ist stets auf der Suche nach dem Sinn des Lebens. In ihrem Beziehungsverhalten fällt auf, dass sie die Konditionen einer Beziehung selbst bestimmen will. Schütze Frauen wie Elisabeth legen viel Wert auf ihr Äußeres und neigen zur Eitelkeit. Wenn sie auf Männer nicht mehr anziehend wirkt, dann kratzt das am Ego der Schützin.

Die Richtigkeit des großen Ganzen zwischen den beiden wurde zusehends sichtbarer. Elisabeth begeisterte Martin nicht nur wegen ihrer attraktiven Erscheinung, sondern auch wegen ihres Sozialverhaltens. Gewalt gegenüber Menschen und Tieren, weder körperlich noch psychisch, lehnt sie kategorisch ab und verurteilt sie. Lästige Fliegen in der Wohnung fängt sie, um sie durchs Fenster wieder in ihre Freiheit zu entlassen, auch wenn dieselben kurze Zeit später wieder in ihre Wohnräume gelangen.

Konflikte meidet Elisabeth, wenn nur irgendwie möglich, und klärende Streitgespräche zählen nicht zu ihren bevorzugten Kommunikationsformen. Empathie ist einer der bestimmenden Faktoren in ihrem Sozialverhalten. Durch ihre starke Anteilnahme an den Gefühlen ihrer Mitmenschen ist sie vielfach dessen erste Anlaufstelle, wenn Mitgefühl und Aussprachen gesucht werden. Die dabei entstehende Gefahr, durch erhöhte Empathie selbst mentalen Schaden erleiden zu können, hatte sie grenzwertig schon mehrmals zu verspüren bekommen. Noch nie zuvor wurde Martins Herz so angenehm berührt und ihm so viel Liebe entgegengebracht. Ihr tiefes Liebesbekenntnis, ihre Herzensbildung und ihre Verlässlichkeit haben Martin dazu geführt, ihr ebenfalls seine ganze Liebe und Aufmerksamkeit zu schenken.

In gravierenden Einstellungen und Verhaltensweisen haben Martin und Elisabeth bemerkenswerte Parallelen. Auch Martin ist hilfsbereit, gegenüber anderen Menschen verständnisvoll und verfügt über ein gutes Einfühlungsvermögen. Durch sein intensives Gefühlsleben hat er eine gute Intuition und kann sich auf seine Inspirationen im hohen Maße verlassen. Untypisch für den im Sternzeichen der Fische Geborenem ist, dass er seine Phantasien und Träumereien in der realen Welt auch zielstrebig umsetzt und sich mittlerweile ein hohes Selbstvertrauen aneignete. Veränderungen nimmt er bereitwillig an. Das ergänzt sich gut mit der Schütze-Frau, die sehr ideenreich ist, aber nicht wirklich große Veränderungen liebt. Gegenseitig ergänzende Unterschiede zeigen sich auch in Martins psychischer und physischer Belastbarkeit. Obwohl er auf der Gefühlsebene zugänglich ist, verfügt er über eine psychische Stärke und steht wie ein Fels in der Brandung in unruhigen Zeiten, was von seinen Mitmenschen als ausgleichend empfunden und geschätzt wird. Damit hatte er auch seine Rückschläge im beruflichen und privaten Leben sowie bei seinen gesundheitlichen Beeinträchtigungen gut verkraften können. Seine harte und körperlich sehr anstrengende Jugendzeit, seine sportlichen Aktivitäten sowie die Ausdauer bei seinen nebenberuflichen Studien, bei denen er stets an die Grenzen ging, verdankt er, dass er eine nachvollziehbare Willenskraft und Energie für zwei Personen hat, ohne dabei rastlos zu sein. Die technologische Entwicklung ermöglicht es, dass künftige Radtouren vom „biobikenden" Martin und der „ebikenden" Elisabeth zu gemeinsamen Erlebnissen werden können.

Große Gemeinsamkeiten haben Martin und Elisabeth im kulinarischen Bereich. Gleiche Essgewohnheiten und ein geschmacklicher Gleichklang machen den Einkauf von Lebensmitteln und ihre Zubereitung zu einem freudigen Ereignis. Auch beim gemeinsamen Kochen gehen sich die beiden nicht auf die Nerven. Es kommt nicht selten vor, dass beide, ohne voneinander zu wissen, dieselben Lebensmittel kaufen. Eine bemerkenswerte Übereinstimmung existiert insbesondere bei ihren gemeinsamen Reisen. Obwohl Elisabeth familiär bedingt eher zu den besorgten Menschen hinsichtlich Kriminalität, Krankheiten und Unfällen zählt, reist sie gerne und weit. So wie Martin liebt und schätzt auch sie fremde Kulturen, unbekannte Landschaften und anderssprechende Menschen. Gerne nimmt sie Kochrezepte von delikaten Speisen aus fernen Ländern mit, um über die Zubereitung zu Hause und den Geschmackssinn sich wieder an die vergangene schöne Zeit erinnern zu können. Obwohl Elisabeth im Vergleich zu Martin eher zu den „Landratten" gezählt werden kann, stehen Urlaube am Meer auf ihrer Prioritätenliste ganz oben. Das glasklare und tiefblaue Meerwasser übt für die beiden eine magische Anziehungskraft aus. Wenn dann noch bei einem Dinner und einem Glas Wein die Sonne im Meerwasser versinkt und die letzten Sonnenstrahlen ihre Gesichter orangefarben erhellen, kennt die Glückseligkeit keine Grenze mehr. Die Endorphine-Akkus werden für mehrere Monate wieder aufgeladen. Und es erwächst ein nicht zu verdrängendes Bedürfnis nach Wiederholung. Das Schwimmen im Meer genießt Elisabeth wegen der Reinheit und des Salzgehalts. Wegen möglicher Haifischattacken und der damit verbundenen Toten, die seltener sind als durch herunterfallende Kokosnüsse ums Leben gekommene Menschen, lässt sie beim Schwimmen Martin gerne den „Vortritt". Nicht ahnend, dass sie auch von hinten kommen können.

Transportmittel in ihren Urlaubsdestinationen sind hinsichtlich der Entfernungen naturgemäß unterschiedlich. Urlaubsorte an die Adria oder an die Riviera von Italien oder Frankreich steuern die beiden mit dem Auto an. Für weiter entfernte Aufenthalte steigen sie auch gerne in Flugzeuge. Eine Urlaubsreise der besonderen Art war Sizilien mit dem Motorrad. Besonders, weil trotz des bayerischen Nobelhobels der Gepäckraum sehr begrenzt war und das Dahingleiten in angenehmer Temperatur das seltene Gefühl der Freiheit vermittelt. Der Blick in die Landschaft ist nicht durch ein Autodach begrenzt und eine Parkmöglichkeit ist sehr leicht gefunden. Für eine Frau wie Elisabeth ist eine längere Motorradreise eine besondere Herausforderung. Neben der Schutzbekleidung als Bikerin war nur Platz für eine lange und eine etwas kürzere Hose, einige leicht waschbare und bügelfreie T-Shirts und Unterwäschevariationen. Ein wärmender Pullover, ein Paar Sandalen und leichte Schuhe mussten als Schuhwerk reichen. Medikamente kamen nur die notwendigsten in den Koffer und Toilettenartikel reduzierten sich im Wesentlichen auf Mundhygiene und Sonnenschutz. Die für Frauen unvorstellbare Situation, immer dieselben Sachen anziehen zu müssen, konnte nur durch die Tatsache entkräftet werden, dass sie selten mehr als eine Nacht am gleichen Ort bzw. Hotel waren und die gleiche Bekleidung daher nicht auffallen konnte.

Die frühmorgendliche Fahrt Anfang Mai über die österreichischen Alpen war trotz Sitzheizung mit drei Grad Celsius an der Grenze des Erträglichen. Erst am Ausgang des Kanaltals wurde die Temperatur mit 20 Grad den Erwartungen von Italien gerecht und von den Bikern als angenehm empfunden. Martins Überlegungen entsprechend, werden die erste und die letzte Reiseetappe wegen der Bekanntheit zügig durchfahren. Das bedeutet 600 bis 800 Tageskilometer und höhere Geschwindigkeiten. Erst in unbekannten Bereichen reduziert er die Tagesetappen um die Hälfte oder weniger, wenn Stopps wegen Fotos und Besichtigungen auf dem Programm stehen. Die Reise nach Sizilien, auf die größte Mittelmeerinsel, verlief entlang der Adria bis Bari, dem Ionischen Meer folgend und bei Villa San Giovanni mit der Fähre nach Messina. Dank des großen Schiffs hatten sie keine Angst vor den von Homer beschriebenen Meeresungeheuern zwischen Skylla und Charybdis. Nach eingehender Besichtigung von Sizilien ging die Fahrt entlang dem Tyrrhenischen und Ligurischen Meer zurück. Wegen der Unberechenbarkeit des Reiseverlaufs und der Tatsache, dass in der Vorsaison leicht ein Quartier zu finden ist, haben die beiden kein Zimmer im Voraus gebucht.

Erste Station war Ravenna, die ehemalige Residenz von Ostgotenkönig Theoderich des Großen. Spät abends angekommen, gab es nach Zimmerbezug und Abendessen am Stadtplatz ein Open-Air-Konzert zur Begrüßung. Vorbei an den bekannten Badeorten Rimini, Riccione, Cattolica, dem Kleinstaat San Marino und dem bedeutenden Fährhafen von Ancona ging es nach Loreto zur römisch-katholischen Wallfahrtskirche, dem internationalen Heiligtum. Die Strände der Abruzzen und Apulien sind endlos lang, bieten glasklares Adriameer und sind touristisch nicht besonders erschlossen. Nach einem Bad gab es keine Probleme beim Umziehen am Strand, da Menschen weit und breit nicht zu sehen waren. In Kalabrien herrschen offenbar schon andere Gesetze, da bei einem Tempolimit von 50 km/h Martin 80 km/h fuhr und trotzdem laufend überholt wurde. Der Mutigere überholt auch bei Gegenverkehr und dieser muss entweder ganz rechts fahren oder anhalten. An dieses ungeschriebene Gesetz hielt sich auch die Polizei. Sizilien ist berühmt wegen des großen Einflusses der Mafia in der Politik und der Wirtschaft. Abgesehen von Kleinkriminalität ist man jedoch auf der größten Mittelmeerinsel sicher. Welcher sizilianische Dummkopf wird schon eine Cashcow killen wollen, wenn man sie legal „melken“ kann. Martin und Elisabeth waren beeindruckt von den monumentalen griechischen Tempelruinen im dorischen Stil, die die große strategische Bedeutung der Insel dokumentieren. Die Fahrten entlang der Küste und quer durch die Insel in einer Zeit, wo fast alles blühte, wurden zum unvergesslichen Erlebnis.

Natürlich musste auch der im Osten der Insel liegende hochaktive Vulkan Ätna besucht werden. Heiße Lavamassen rannen den Hang langsam hinunter wie ein übergehender Bierschaum an einem Pressglas, bis sie durch Abkühlung an Geschwindigkeit verloren und zum Stillstand kamen. Schwarzes Lavagestein, das alles Leben unter sich begrub, bildete einen furchteinflößenden Anblick. Beide waren froh, als sie umdrehten und in wieder vegetationsreichere und damit sichere Bereiche gelangten.

Wer Taormina nicht gesehen hat, war nicht in Sizilien. Diese Stadt am Berg liegt rund 50 km südlich von *Messina* und 40 km nördlich von *Catania* an der Ostküste Siziliens. Sie wurde 358 v. Chr. von den Griechen gegründet und später von den Römern erobert. Auch Johann Wolfgang von Goethe fand Gefallen an der Stadt und besuchte auf seiner Italienreise im Jahre 1787 dieses Juwel. Im antiken Teatro Greco, einem Freilufttheater hoch über dem Meer, saßen die beiden Motorradfahrer im ledernen Gewand und genossen den atemberaubenden Ausblick über die aus Ziegelsteinen errichtete Bühne auf den weit untenliegenden Golf von Giardini-Naxos. Welchen ungeheuren Eindruck musste angesichts dieses maritimen Panoramas etwa Homers Epos *Odysseus* erzeugt haben. Vor den Gärten von Naxos[25] lag ein Segelschiff mit fünf Masten im tiefblauen Meer vor

25 Die Stadt Naxos wurde 735 v. Chr. von den Griechen errichtet und heißt nunmehr Giardini-Naxos.

Anker und verführte Martin und Elisabeth gedanklich in die seefahrerische Vergangenheit.

Im Nächtigungsort Letojanni trafen die beiden in einem Fischrestaurant einen Geschäftsmann, der einen Geschäftspartner zum Mittagessen einlud. Er war von drei jungen Damen aus Malta, die nach zwei Flaschen Wein zu singen begannen, angetan und spendierte ihnen eine dritte Flasche. Weil sich Martin und Elisabeth über deren gesangliche Darbietung amüsierten, waren auch die beiden mit einer Runde Grappa bedacht worden. Die dominante Gesprächsführung und seine spendable Art ließen bei den Österreichern den Verdacht aufkommen, dass es sich bei dem Sizilianer um einen Mafioso handelt. Mit seiner Teilnahme an einem Begräbnis am Folgetag hatte er für sie dieses Klischee eindrucksvoll bestätigt.

An der Küstenstraße des Tyrrhenischen Meeres war Sorrent ein zwingender Stopp. Hunderte Male hatte Martin in seiner Jugendzeit von Gästen seines elterlichen Gasthofs das Lied von Gerhard Winkler: „*Wenn bei Capri die rote Sonne im Meer versinkt*" gehört und auch mitgesungen. Die Italiensehnsucht der Deutschen und Österreicher nach dem Zweiten Weltkrieg war groß und alle bedeutenden Interpreten und solche, die sich in geselliger Runde übten, besangen in den 50er und 60er Jahren die *Capri-Fischer.* In Anbetracht dieser musikalischen Bekanntheit war es auch für Martin und Elisabeth ein Muss, diese Insel zu besuchen. Zuvor wollten sich die beiden noch in einem Hafenrestaurant von Sorrent stärken für die Überfahrt nach Capri mit einem großen Fährschiff. Beide bestellten Gnocchi, weil es schnell gehen musste. Als nach einer Stunde noch immer kein Essen zu sehen war, rief Martin den Kellner, der die ganze Zeit einem Maler zuschaute, um die Getränke zu bezahlen. Da wurde dem Servicemann klar, dass er die Bestellung in der Küche vergessen hatte, und sagte prompte Lieferung zu. Sehr zum Gaudium aller lief er showmäßig über den Vorplatz und schrie laut: „Stop the boat, stop the boat!" Aus dem ursprünglichen Ärger wurde ein Lacher bei den Restaurantbesuchern. Letztendlich gestärkt mit den Gnoccis ging es mit dem Fährschiff nach Capri und von dort mit einem kleinen Motorboot in Richtung

Blaue Grotte. Dort musste erneut auf ein ganz kleines Ruderboot umgestiegen werden, um durch die niedrige Einfahrt in die *Grotta Azzurra* zu gelangen. Der Capri- und der Grottenbesuch waren mit 150 Euro kein Schnäppchen, aber ein unvergessliches Erlebnis.

Die weitere Küstenstraße ist wegen der felsigen Gelände schmal und kurvenreich. Bestens bekannt unter Amalfi Küste. Die Tageszeit wollte es so, dass Martin und Elisabeth in Amalfi nächtigten. Mittels Navigationsgerät informierte sich Martin über die Hotelzimmer, deren Verfügbarkeit und Preis. Das ausgewählte Hotel war von der Straße aus nicht einsehbar, da es unterhalb der Fahrbahn im felsigen Hang errichtet wurde. So fuhren die beiden von der Straße auf das Dach des achtstöckigen Hotels, das als Parkplatz diente. Wem es nicht zu hoch wäre, der könnte vom Balkon des Zimmers ins Meer springen. Ein Ausblick auf das offene Meer, in dem die Sonne am Horizont im Meer versinkt, war eine kostbare Entschädigung für eine anstrengende Tagestour.

Ein weiteres Highlight in der Region Kampanien war Pompeji. Die historische Stadt lag ursprünglich direkt am Golf von Neapel und war wegen ihrer Lage bereits im vorchristlichen Zeitalter begehrter Eroberungspunkt vieler Völker, bis sie 80 v. Chr. von den Griechen zu den Römern überging. Im Jahr 79 n. Chr. fand das rege wirtschaftliche und gesellschaftliche Treiben durch den Ausbruch des Vesuvs ein jähes Ende. Vermutlich durch ein vorangegangenes Erdbeben wuchs der Dampfdruck in der Magmakammer des Erdinneren stark an und schleuderte in kurzer Zeit riesige Mengen an Bimsstein und Asche in die Luft. Die meisten Menschen in Pompeji erstickten durch den wolkenbruchartigen Eruptionsregen oder wurden von herabfallendem Gestein erschlagen. Diejenigen, die das überlebten, fielen kurze Zeit später den Glutlawinen zum Opfer. In den letzten Jahrhunderten wurden große Teile der Stadt durch Ausgrabungen freigelegt und zeigen das damalige Leben der Hafenstadt. Immer noch gut sichtbar sind die mit großen Steinen ausgelegte Wege, wo anstelle von heutigen weißen Flecken für Fußgänger-Übergänge, früher erhöhtes Steinmaterial verarbeitet wurde.

Um den testosterongeplagten Seeleuten rasch den Weg zu den Freudenhäusern zu zeigen, wurden in den großen Pflastersteinen richtungsweisende Penisse eingemeißelt und über den Eingängen zu den sexwilligen Frauen zeigten Fresken die jeweils bevorzugte Sexstellung an. Mit dieser sexuellen Offenheit vor mehr als 2.000 Jahren hatten Martin und Elisabeth nicht im Traum gerechnet. Ein Vergleich mit der gegenwärtigen Situation, wo Bordelle und Laufhäuser nicht durch öffentliche Beschilderungen angezeigt werden, drängte sich auf und wurde von den beiden eher als prüde angesehen.

Über Neapel, dem toskanischen Badeort Viareggio und Gardasee ging die Motorradreise nach 5.700 km ohne jedes Problem zu Ende. Manchmal war es für die nicht konzentrierende Sozia schwer die Augen offen zu halten und war am Motorrad kurz eingeschlafen. Durch den Helmaufprall bekam Martin mit, dass seine Mitfahrerin im Ruhezustand war. Der Norden Italiens ist den Österreichern vielfach bekannt, aber die Reise in den Süden war für Martin und Elisabeth erlebnisreich und landschaftlich einzigartig. Ökonomisch zählt der Süden mangels Industrie bei nur geringem Tourismus vergleichsweise zum ärmeren Teil

Italiens. Kulturell ist der Stiefelfuß jedenfalls eine Reise wert. Blühende Blumen und Sträucher, Orangen- und Zitronenbäume, kunsthistorische, antike Gebäude, grüne Landschaften und blaues Meer in vielfältigster Weise waren unvergessliche Augenweiden, die sie mit ihrem Erinnerungsvermögen und ihrer Kamera mit nach Hause nahmen.

Elisabeth mag es auch komfortabel, wie eine Reise über den Atlantik zu ihrem runden Geburtstag zweifelsfrei zeigte. Mit der Lufthansa ging es von Frankfurt nach New York City (NYC), wo am Times Square in Manhattan auf Martin und Elisabeth das Hotel Marriott Marquis wartete. Die meisten Menschen außerhalb der USA meinen mit NYC eigentlich nur Manhattan, obwohl die größte Stadt in den USA aus den fünf Stadtteilen Queens, Brooklyn, Staten Island, Bronx und Manhattan besteht. Der frühere Begriff *Schmelztiegel der Nationen* durch ein buntes Völkergemisch ist heute nicht mehr zutreffend. Vielmehr ist seit Jahrzehnten ein sich Abtrennen und Abkapseln in ethnischen Gruppen feststellbar. Jahrhundertelang war NYC für Einwanderer wichtigste Anlaufstelle in den USA. Schwarze, Lateinamerikaner, Chinesen, Italiener, Iren, Polen und Griechen bilden starke Bevölkerungsgruppen, wie die Stadtviertel Chinatown und Little Italy dokumentieren.

Die Unterkunft der beiden am Times Square war im Herzen von Manhattan, wo sich der Broadway mit der 7. Avenue diagonal kreuzt und die Nasdaq-Laufbänder mit ihren aktuellen Börsenkursen im Beleuchtungswettlauf mit den übrigen Reklametafeln stehen. Fußläufige Besichtigungstouren innerhalb des mit sieben Millionen Menschen sehr belebten Stadtteils sind zwar möglich, aber auch manchmal mit Staus auf den Gehsteigen verbunden. Für Elisabeth war es der erste Aufenthalt, während sich Martin schon öfter in dieser Metropole aufhielt und gut zurechtfand.

Die berühmte und weithin sichtbare *Freiheitsstatue* ist nur mittels Fährschiffs zu erreichen. Das Schiff wurde von tieffliegenden Möwen begleitet, die Brotstücke auffingen, wenn Personen am Deck in die Luft warfen. Die Franzosen wollten 1886 zum 100-Jahr Jubiläum der Amerikanischen Unabhängigkeitserklärung die von Fréderic-Auguste Bartholdi im neoklassizistischen Stil errichtete Kolossalstatue verschenken. Aus Geldmangel konnte das imposante Geschenk erst 10 Jahre später übergeben werden. Der Blick vom Kopf der Freiheitsstatue auf Manhattan bot Martin und Elisabeth einen guten Überblick über die Mündungen des East- und Hudson Rivers in den Atlantik.

Der Ausblick vom 102. Stock des mittlerweile 90 Jahre alten *Empire State Buildings* war trotz Vergitterung sehr beeindruckend. Imposant war für sie auch das Börsengebäude an der Wall Street, das *World Trade Center* mit dem Ground Zero, das Künstlerviertel *Soho* und der riesige *Central Park*. Um den Besichtigungswunsch von Elisabeth zu stillen, konnten die beiden die 5th Avenue nicht „links liegen lassen". Das *„Frühstück bei Tiffany"*, einem Nobeljuwelier, der durch den gleichnamigen Kinofilm mit Audrey Hepburn in der Hauptrolle 1961 berühmt wurde, fiel nicht sehr ergiebig aus. Die Schmuckstücke waren entweder zu groß oder zu konservativ gefasst. Der gegenüberliegende Shop von Michael Kors mit seinen trendigen Verkaufsgegenständen war für die beiden schon ansprechender. In der seltenen Fußgängerzone von NYC, der Diamant Street, befindet sich eine Aneinanderreihung von jüdischen Juwelieren mit den weltweit preisgünstigsten Diamanten. Martin und Elisabeth wurden sogar beim Besichtigen der Auslage von herauskommenden Verkäuferinnen ins Geschäft eingeladen. Doch die beiden waren nicht wirklich auf einen Diamantenkauf eingestellt. Als Modehäuser für jeden Bedarf gelten Macy's, mit seinen zahlreichen Filialen, und das Rockefeller Center. Aus Zeitgründen mussten die Österreicher Museumsbesuche von ihrer Programmliste streichen. Jedoch als Tourist in NYC zu sein und keine Aufführung am Broadway zu erleben, wäre ein großes Kulturvergehen. Deshalb hatte Martin schon im Voraus für einen bestimmten Tag Eintrittskarten für das Disney Musical *Aladdin* gekauft. Mit dem fliegenden Teppich bewiesen die US-Amerikaner einmal mehr ihre Vorreiterstellung in Bezug auf Bühnenakustik und -technik.

Während im Hotel, in den Shops und auf den öffentlichen Plätzen die ersten Vorbereitungen für Weihnachten anliefen, packten Martin und Elisabeth ihre Koffer für die Fahrt mit dem Amtrak-Zug nach Avondale in Pennsylvania, zu seinem jahrelangen und besten Freund Wayne und seiner Familie. Martin hatte sich drei Monate zuvor bei einem Sturz mit dem Rennrad zwei Sehnen in der Schulter gerissen und hatte erst nach dem Amerika-Urlaub einen OP-Termin, was ihn etwas beeinträchtigte. Die großen Bedenken von Elisabeth, betreffend den Transport der großen und schweren Koffer, hatte ihr Begleiter durch sein einarmiges Handling entkräftet.

In Wilmington wurden sie von ihren amerikanischen Freunden abgeholt. Es war ein sehr freudiges, persönliches Wiedersehen nach einigen Jahren. Die Gastgeber besitzen ein großes Haus und einen großen Garten, der, wie alle Einfamilienhäuser in den Staaten, im Gegensatz zu den Europäern nicht eingezäunt ist. Wayne ist Mediziner und arbeitet bei einem bekannten Pharmaunternehmen. Der Aufenthalt von Martin und Elisabeth bei ihren Freunden war um den 4. Donnerstag im November, dem *Thanksgiving*[26], einem wichtigen staatlichen Feiertag in den USA mit Familientreffen und einem verlängerten Wochenende. Traditionell gibt es zum Dinner einen Truthahn. Während Beverly, die Frau von Wayne, den Turkey zubereitete, besuchten Martin, Elisabeth und Wayne Longwood Gardens. Das Grundstück für diese riesige Gartenanlage wurde von Pierre S. du Pont gekauft und gärtnerisch und baulich verändert. Er übertrug diese Anlage in die Longwood Foundation, die Kurse für Hobby- und Freizeitgärtner auch auf professionellem Niveau anbietet. Diese Anlage ist öffentlich zugänglich und wird vor Weihnachten beleuchtet. 5.500 verschiedene Pflanzenarten und -sorten sind auf einer Fläche von 18 Hektar und in den Gewächshäusern zu sehen. Martin und Elisabeth waren sprachlos ob der schönen und vielfach noch nie gesehenen Blütenpracht. Hunderte, teilweise 25 Meter hohe Bäume im Außenbereich waren mit weithin sichtbaren Leuchtkörpern versehen. Alle Stämme und alle Äste

26 Thanksgiving ist das Erntedankfest und das wichtigste Familientreffen unabhängig von religiöser Einstellung.

dieser großen Bäume strahlten in der Dunkelheit und zeigten ihr hölzernes Skelet. Anstelle von Straßenlaternen beleuchteten unzählige Bäume und Sträucher den Fußweg. Der Schlauheit seiner Freunde verdankten es die Besucher, dass es am Vortag der offiziellen Inbetriebnahme nur eine Probebeleuchtung fast ohne Besucher war und bei den zahlreichen Fotos nur Martin und Elisabeth mit den Pflanzen im Mittelpunkt stehen konnten. Für Österreicher gerät eine solche Beleuchtung schnell in den Bereich des Kitschs, aber für die beiden war es einzigartig und letztendlich schön. Nachdem Wayne seine Mutter aus dem Seniorenhotel geholt hatte, delektierte sich die gesamte Familie einschließlich der Kinder Hannah und David an dem bestens zubereiteten Truthahn samt eigenem Biogemüse.

Am nächsten Tag, dem *Black Friday*, wurden Martin und Elisabeth von ihren Freunden zum Flughafen in Philadelphia gebracht, wo es nach Nassau auf die Bahamas ging. Am Gang zur Passkontrolle und Ankunftshalle von Nassau hörte man schon von weitem eine angenehme und begrüßende Bluesmusik von einer schwarzen Band. Wegen des runden Geburtstags von Elisabeth buchte Martin das fünf Sterne Hotel *Sandals Royal Bahamian*. Überraschender Weise wurden sie nicht wie üblich mit einem Bus, sondern mit einem Rolls Royce abgeholt und ins Hotel gebracht. Erst später erfuhren sie, dass in diesem Luxushotel auch die englische Königsfamilie nächtigt, wenn sie ihren Staatsgeschäften nachgeht. Bahamas ist vom Vereinigten Königreich seit 1973 unabhängig, aber die ehemalige Kronkolonie blieb eine parlamentarische Monarchie, in der das englische Königshaus das Staatsoberhaupt stellt.

Das All-Inklusiv-Hotel hatte ein Hauptrestaurant und fünf Themenrestaurants und erfüllte alle Wünsche. Das Zimmer war groß und ein Blick über den Hauptpool zum Meer und zur dazugehörenden Insel erzeugten bei Martin und Elisabeth karibische Gefühle der schönsten Art. Teure Waschlotions und Hautcremes lagen griffbereit im Bad. Der Kühlschrank war gefüllt mit edlen Getränken. In vielen karibischen Ländern mit einem hohen Anteil an US-Amerikanern als Touristen, wie auch auf den Bahamas, werben die Geschäfte nicht nur am *Black*

Friday, sondern auch noch am *Black Saturday* oder am *Black Sunday,* bis am Montag der *Cybermonday* kommt, mit Rabatten bis 70 Prozent. Diese Rabattschlacht wollten sich auch die Neuankömmlinge in Nassau nicht entgehen lassen und fuhren ins Zentrum der Hauptstadt. In der Bay Street, der ersten Straße zum bzw. vom Cruise Terminal, wo täglich zwischen fünf und sechs Kreuzfahrtschiffe mit jeweils etwa 3.000 Passagiere anlegen, reiht sich ein Juwelierladen nach dem anderen, die auf kauffreudige Kunden warten. Wenn die schiffsreisenden Kunden ausbleiben, ist den Verkäufern langweilig und sie sind für einen Handel sehr gewillt.

Martin und Elisabeth schlenderten ohne irgendwelche Kaufabsicht durch die Straße und begutachteten unverbindlich diverse Schmuckstücke und überzeugten sich von den Rabatten. Elisabeth legt im Allgemeinen nicht unbedingt Wert auf einen teuren Schmuck und fand auch nichts, was sie angesprochen hätte. Wie es der „Zufall" wollte, fand Elisabeth Gefallen an einem sehr schönen Diamantring. Aber der Preis mit 3.800 US-Dollar schreckte sie zurück, obwohl ihr Martin zu ihrem runden Geburtstag durchaus ein dem Anlass entsprechendes Geschenk kaufen wollte. Nach einigem Hin und Her und Rücksprache mit ihrem Boss reduzierte die sympathische Verkäuferin aus Kolumbien ihren Preis auf 2.500 US$. Martin, der bei Preisverhandlungen eher Spaß hat, wollte nur 1.200 $ auf den Tisch legen. Nach weiteren Gesprächen und Rücksprachen lag das Verkaufsangebot bei 1.500 US$ und zusätzlich einer Perlenkette im Wert von 400 US$. In der Zwischenzeit erhöhte Martin sein Angebot auf 1.400 US$. Das letzte Angebot der Verkäuferin von 1.45o US$ nahm Martin nicht an und verließ mit Elisabeth das Geschäft. Seine Begleiterin war in keiner Weise traurig und meinte abschließend, dass sie eigentlich keinen Ring benötige und es trotzdem viel Geld sei. Am nächsten Tag, nach dem Geburtstagsfrühstück mit Elisabeth, hatte Martin ihr eine 60-minütige Massage gebucht. In dieser Zeit fuhr Martin in die Stadt zum Juwelier und kaufte den Ring und die Perlenkette um 1.450 US$ und bevor die Massage endete, war er wieder im Hotel zurück.

An ihrem Geburtstag war Elisabeth, abgesehen von der Massage und den Essenszeiten, vorwiegend mit dem Beantworten von Glückwünschen beschäftigt. Die gemeinsame Geburtstagsfeier war als Dinner im französischen Restaurant des Hotels geplant. Der Tisch war mit mehreren Tischtüchern bedeckt und wunderschön dekoriert. Elisabeth hatte ein weißes, langes Kleid mit Spaghettiträgern an und sah aus wie eine Braut. Das Essen war fünfgängig und vorzüglich. Nach dem letzten Gang gingen im Saal die Lichter aus und alle anwesenden Kellner marschierten im Dunkeln mit einer Torte und einem Kerzenspritzer in den Saal zu Elisabeth und sangen ihr ein „*Happy Birthday*". Alle Gäste im Saal applaudierten ihr. Erst nach einem Schluck Champagner konnte sie sich von ihrer Rührung lösen. Als die gastronomische Feierlichkeit vorbei war, überreichte ihr Martin die Perlenkette. Sie war völlig verwundert, wie er denn dazu gekommen sei, und rätselte, offenbar wie alle Frauen in solchen Situationen sehr fantasievoll, bis ihr Martin letztendlich den Diamantring überreichte. Die Freude war groß und Martin genoss ihre Freude und Dankbarkeit in vollen Zügen.

Der Aufenthalt im Hotel und am Strand war in der Tat royalistisch. Weißer Sand, kristallklares und in tieferen Bereichen azurblaues Meer, Luft- und Wassertemperaturen mit 30 Grad, Palmen, die sich leicht im Wind hin und her bewegten, und ein Service der Extraklasse. Alle Fitness- und Wassersportarten sowie alle Tauchgänge gab es zum Nulltarif. Zur etwa einen Kilometer entfernten, hoteleigenen Insel kam man mit Shuttlebooten, wo man es sich in Hängekörbe und Hängematten, die teilweise ins warme Wasser reichten, gemütlich machen konnte. Ein Restaurant verwöhnte die Besucher mit Fischen und Meeresfrüchten. Das Wasser war so klar, dass es für Spaziergänger kaum wahrnehmbar war und die Schuhe öfter ein unfreiwilliges Bad bekamen. Im Wasser schwamm man nicht selten mit Meeresschildkröten, die sich an den Algen bedienten und wieder an die Wasseroberfläche kamen, um Luft zu holen. Elisabeth identifizierte sich im hohen Maße mit dem dortigen Tafelspruch: „*I wish I could stay her forever.*" Wer nicht?

Auf der Insel traf Martin Anton, den Sohn des Nachbarbauern seiner Eltern, dessen Vater wie eingangs erwähnt, nach dem Zweiten Weltkrieg von den Zwangsarbeitern getötet wurde. Von ihm hatte er schon viel gehört, ihn aber noch nie zu Gesicht bekommen. Anton verließ seine Mutter noch in der Pflichtschulzeit, um in einem Gasthaus Kellner zu werden. Ohne ein Wort Englisch sprechen zu können, ging er nach England und später in die USA. Dort lernte er seine Frau kennen, mit der eine große Imbisskette in Österreich aufbaute und vermögend wurde. Er realisierte den „amerikanischen Traum".

Musik- und Showprogramme am Abend rundeten den Tag harmonisch ab. Der Aufenthalt von Martin und Elisabeth reichte bis in den Dezember, wo das Hotel bereits für Weihnachten dekoriert wurde. Für die Alpenländler, die Weihnachten mit langen kalten Nächten und Schnee verbinden, war das eine eigenartige und unbekannte Stimmung, mit T-Shirt, kurzer Hose und Sandalen an reichlich geschmückten Christbäumen vorbeizugehen. Trotzdem oder gerade deswegen wurde dieser Urlaub zu einem unvergesslichen.

Match made in Jamaica

Die gemeinsamen Urlaube waren für die Beziehung von Martin und Elisabeth so etwas wie eine Klammer, die es im Alltag nicht gab. Beide leben 17 Kilometer getrennt voneinander. Nach einem halben Jahrhundert Landleben übersiedelte Martin nach der Scheidung in die Landeshauptstadt, wo er durch seine Arbeit und sein Studium einen sehr großen Bekanntenkreis hatte. Darüber hinaus genoss er das zahlreiche und vielfältige Angebot von Handel, Kultur, Sport und Unterhaltung. Daher wollte Martin nicht zu Elisabeth in ihr Haus aufs Land ziehen, wo, sofern nicht der Onlinehandel genutzt wird, jedes Bedürfnis fast ausschließlich mit einer Autofahrt gedeckt werden muss. Außerdem wollte er sich nicht der sozialen Kontrolle ihrer Eltern unterwerfen, die im gleichen Haus wohnten. Elisabeth andererseits musste sich um das Haus und, soweit wie möglich, um ihre Eltern kümmern und konnte daher nicht zu Martin ziehen. Situationsbedingt entwickelte sich eine Short-distance-Beziehung, in der Elisabeth am Wochenende bei Martin war und Martin Mitte der Woche einmal bei Elisabeth nächtigte. Diese Gegebenheiten wurden variabel gepflegt, wenn Arbeiten am Haus oder Garten den Einsatz von Martin erforderten. Die getrennte Lebensführung wurde für Martin durch seine Pensionierung nochmals verschärft, indem er sich von den beruflichen Sozialkontakten trennen und seine Tagesfreizeit als Single bestreiten musste, während für Elisabeth durch ihren Beruf und ihren Familienwohnsitz keine Änderung in ihrem Sozialverhalten eintrat.

Nicht selten bekam Martin das Gefühl, dass er von Elisabeth auf der Beziehungsebene nach ihrer Tochter, ihren Eltern, ihren Hunden und nach ihren körperlichen Befindlichkeiten eingestuft wurde. Martin mit seiner Erfahrung aus langjährigen Beziehungen machte sie auf die große Bedeutung einer Partnerschaft aufmerksam, da letztendlich nur die beiden übrigbleiben, wenn Kinder ausziehen und eine eigene Familie gründen und die Eltern nicht mehr leben werden. Vor diesem Hintergrund und der ungewissen Zukunft „schmiss er bereits bei unbedeutenden Konflikten des Öfteren das Handtuch". Jedoch bei allen ihren Trennungen gingen die beiden respektvoll und freundschaftlich auseinander. Die vielen und leichtfertigen On und Offs konnten durch die räumliche und organisatorische Selbständigkeit der beiden ohne großen Aufwand vonstattengehen. Doch nach einer gewissen Zeit verloren die Gründe der Meinungsverschiedenheiten an Bedeutung und die gegenseitig starke Liebe bekam wieder rasch die Oberhand und führte sie wieder zusammen.

Nach einem halben Jahr Trennung verstarb Lukas, der Vater von Elisabeth, im 93. Lebensjahr, ihre Mutter musste für mehrere Monate ins Krankenhaus, ihre Tochter war schon Jahre zuvor ausgezogen und alle Hunde waren verstorben. Erstmals in ihrem Leben verspürte Elisabeth, wie es ist, allein und ohne persönliche Kontaktmöglichkeiten in einem großen Haus zu leben, und erinnerte sich an Martins Prophezeiungen. Er war der Erste, den sie vom Ableben ihres Vaters unterrichtete. An der Beisetzung konnte er wegen einer Motorradtour auf Korsika leider nicht persönlich teilnehmen, sorgte sich aber in Gesprächen um ihr Seelenheil, da sie zu ihrem Vater eine besondere Beziehung hatte und sein Verlust sie schwer traf. Aus den empathischen Gesprächen haben die beiden ihre Liebe füreinander wieder „installiert" und im anschließenden Kroatienurlaub am gewohnten Badeort wieder gefestigt. Irgendwie hatte Martin ab dieser Zeit das Gefühl, nunmehr in ihrer Hierarchie etwas weiter oben angesiedelt zu sein.

Es folgten Jahre einer liebevollen Freundschaft und Freunde fragten die beiden immer öfter, warum sie ihre Beziehung durch eine Heirat nicht auf eine verbindlichere Stufe stellen, ohne dabei die gegenwärtige Form des Wohnens aufgeben zu müssen. Eigentlich sprach nichts dagegen, sofern die bestehende Lebenssituation in einem Ehevertrag gebührend Berücksichtigung findet. Darauf einigten sich Martin und Elisabeth in einem Grundsatzgespräch und entschlossen sich zu einer Heirat am

20.02.2020. Ein Datum, das auch bei altersbedingter, verminderter Gedächtnisleistung nicht so leicht vergessen werden kann.

Die schlimmen Erfahrungen bei seiner ersten Hochzeit durch seine Familie waren für Martin Bedingung, sich das Ja-Wort für die zweite Ehe ohne familiäre Begleitung zu geben. Auch Elisabeth gewann dieser Idee einiges ab, da durch eine so reduzierte Zeremonie den künftigen Eheleuten eine schwierige und vielleicht konfliktträchtige Auswahl bzw. Abgrenzung der einzuladenden Hochzeitsgäste erspart blieb. Noch abzuklären war der Hochzeitsort. Bei der Suche im eigenen Land waren sie nicht erfolgreich. Es sollte ein besonderer Platz sein. Da die Heiratswilligen in karibischen Hotels schon Hochzeitsfeiern sahen, dachten sie auch diese Variante durch und kamen auf eine darauf besonders spezialisierte Hotelkette in Jamaika.

Das Reggae-Land war für Martin und Elisabeth bislang unbekannt und schon lange Zeit eine gewünschte Urlaubsdestination. Die ehemalige Kronkolonie von Großbritannien wurde 1962 ein eigener Staat. Der König oder die Königin des Vereinigten Königreichs ist gleichzeitig Staatsoberhaupt Jamaikas. Seit 1952 hat Königin *Elisabeth II.* diese Position inne. Sie wird durch den *Generalgouverneur* vertreten. In den *Couples Resorts* sorgen engagierte Hochzeitsplaner, dass Träume für Paare wahr werden, denn in diesen Resorts erhalten Singles und Jugendliche unter 18 Jahren keinen Zugang. Damit zum gewünschten Termin geheiratet werden kann, ist mindesten 60 Tage vorher eine Reihe von Formalitäten zu erfüllen. Die Wesentlichste davon ist die Buchung eines Zimmers in diesem Hotel und damit untrennbar verbunden die Buchung einer Flugreise.

Nach langem Suchen im Internet nach einem passenden und preiswerten Reiseveranstalter wurde Martin fündig und buchte am 22.09.2019 um 10:38 Uhr bei Bucher Reisen den Flug und den Hotelaufenthalt. Wie bei allen Reiseverträgen ist auch bei Onlinebuchungen eine Anzahlung fällig, die Martin auch sofort veranlasste und üblicher Weise innerhalb von wenigen Minuten über eine Kreditkarte oder einen Bezahldienst abgebucht wird. Martin wunderte sich darüber, dass auch nach einigen Stunden keine Abbuchung vom Reisebüro erfolgte. Am Abend hörten die angehenden Hochzeiter, dass der große englische Reiseveranstalter Thomas Cook insolvent sei, und waren glücklich davon nicht betroffen zu sein. Im Laufe der nächsten Tage stellte sich heraus, dass auch das Tochterunternehmen Neckermann von der Pleite erfasst war und zuletzt Bucher Reisen, als Tochterunternehmen vom deutschen Diskont-Reiseveranstalter, auch die Insolvenz anmelden musste. Nun war „Feuer am Dach", um die Sachlage zu klären und allfällige Schritte in Angriff zu nehmen. Sofort stornierte Martin den inzwischen bestätigten und mit Nummer versehen Reisevertrag via Mail an die Reiseveranstalter. Gleichzeitig sandte er die Rücktrittserklärung eingeschrieben auf dem Postweg. Die Antwort der Reiseveranstalter war verständlicher Weise nichtssagend, da sich der Insolvenzverwalter mit zeitnahen Angelegenheiten wie Rückholungsalternativen von Urlaubern aus dem Ausland beschäftigen musste und der Reiseantritt von Martin und Elisabeth erst Monate später geplant war. Die beiden wussten allerdings nicht, ob die bestätigte Buchung rechtsverbindlich war und es womöglich bei einer neuerlichen Buchung zu einer Doppelbuchung gekommen wäre. Der Neffe von Elisabeth hat sich als Rechtsanwalt freundlicher Weise damit befasst und ein mehrseitiges Gutachten über das Vertragsrecht in Österreich und der EU erstellt, was leider im konkreten Fall keine Lösung darstellte. Das Abwarten einer offiziellen Antwort durch den Insolvenzverwalter hätte mit Sicherheit zu einer solchen Verzögerung geführt, dass die Mindestfrist von zwei Monaten unterschritten worden und kein Flug mehr zu bekommen gewesen wäre. Martin chattete mit dem Hotel auf Jamaika direkt und erkundigte sich, ob eine Buchung unter seinem Namen vorlag. Nachdem dies verneint wurde, bestätigte sich seine Vermutung, dass die Reisebestätigung durch das digitale System automatisch erfolgte und auf die Insolvenz des Reisebüros keine Rücksicht nahm. Aufgrund dieser Klarheit nahm Martin erneut eine Buchung bei einem österreichischen Reisebüro vor. Nach vier Wochen der Unsicherheit hatte er nunmehr die Gewissheit, dass dem Aufenthalt in der Karibik und der geplanten Hochzeitsfeier nichts mehr im Weg stand, sofern die erforderlichen Unterlagen dort rechtzeitig eintrafen. Die Reise nach Jamaika war den Angehörigen als Urlaubsreise kommuniziert worden und niemand wusste von der geheimen Hochzeit. Da Martin im Urlaubszeitraum auch einen runden Geburtstag hatte, lud er zuvor die Familien von ihm und Elisabeth sowie seine engsten Freunde nach der Urlaubsreise zu seiner Geburtstagsfeier in ein gutbürgerliches Gasthaus ein. Die Party war organisiert.

Für eine rechtsgültige Hochzeitszeremonie in Jamaika sind folgende Urkunden erforderlich: Geburtsurkunde, falls zutreffend das Scheidungsurteil mit einer professionellen englischen Übersetzung, eine Kopie des Lichtbildausweises oder Reisepasses. Alle kopierten Dokumente müssen notariell beglaubig sein. Zusätzlich ist eine eidesstattliche Erklärung über das Geschlecht erforderlich, da gleichgeschlechtliche Ehen in Jamaika nicht möglich sind. Die Unterlagen mussten via E-Mail und in kopierter, beglaubigter Papierform rechtzeitig auf dem Postweg übermittelt werden, damit die Authentifizierung durch das jamaikanische Außenministerium zeitgerecht erfolgen konnte.

Für die musikalische Begleitung der Hochzeitsfeier wählten die beiden den jeweiligen Situationen entsprechend Lieder aus und übermittelten diese digital. Die Frage, ob die römisch-katholischen Eheleute neben der staatlichen auch eine kirchliche Trauung wollten, sorgte für Verwunderung, stellte sich jedoch als realisierbar heraus, zumal der Priester in Jamaika auch die Befugnis für eine staatliche (standesamtliche) Eheschließung hatte. Er war auch *Marriage Officer in the Island of Jamaice by Minister's Licence*. Erklärbar ist die Verschränkung von angelsächsischer Kirche und Staat durch ihre Geschichte. Da sich Papst Clemens VII. weigerte die Ehe von König Heinrich VIII. für nichtig zu erklären, beschlossen die englischen Bischöfe 1531, dass ihr König nunmehr Oberhaupt (Supreme head) der katholischen Kirche in England sei. Seit dieser Zeit steht der britische Monarch[27] mit dem Titel *Supreme Governor of the Church of England* an der Spitze der angelsächsischen Kirche.

27 Zum jetzigen Zeitpunkt Queen Elisabeth II.

Nachdem die royale Scheidung der Grund für die kirchliche Trennung war, ist auch verständlich, dass Martin als Geschiedener, im Gegensatz zur röm. kath. Kirche, nach der angelsächsischen Kirche wieder kirchlich heiraten durfte.

Die Flugreise von Linz über Frankfurt zum Flughafen in Montego Bay war lang und anstrengend. Die nächtliche Fahrt mit dem Bus nach Negril ins Couples Resort vermittelte den Ankömmlingen die musikalische Bedeutung ihres Landesidols Bob Marley. Mit *Could You Be Loved, No Woman, No Cry* oder *Buffalo Soldier* wussten alle, dass sie im Land des Reggaes angekommen waren.

Nach eineinhalb Stunden erreichten sie zu später Stunde das mit bunten Farben beleuchtete 5-Sterne Hotel. Der Duft der tropischen Pflanzen und die Meeresbrise überzeugten die Europäer, dass sie hier richtig waren. Das Hotel befindet sich direkt am weißen Strand der *Bloody Bay*. Von Blut war Gott sei Dank keine Spur mehr. Vielmehr tummelten sich im glasklaren, azurblauen Meerwasser zahlreiche Fische und die häufig angebotenen Lobster. Die einzelnen Wohnanlagen waren umgeben von sehr gepflegten tropischen Gärten, die Unterkünfte für tropische Tiere bildeten und mit ihren Geräuschen einen Urwald simulierten. Palmen und Gummibäume[28] entlang des Strandes sorgten für die gewünschte Beschattung beim Strandfaulenzen und Securitys notierten die hotelfremden Personen beim Eintritt und Austritt im Strandbereich des Hotels, da der Strand als öffentliches Gut für alle begehbar ist. Schon beim ersten Strandspaziergang am Morgen wurde Martin Cannabis angeboten, welches er als „healthy man" natürlich ablehnte. An allen Ecken der Anlage befanden sich Bars, die hervorragende Cocktails anboten. Champagner, wenngleich nicht French Champagne, gab es unlimitiert und zu jeder Zeit. Alle sportlichen Aktivitäten und Trainer konnten unentgeltlich genutzt werden. Das Essen war sogar im Hauptrestaurant Haubenkoch verdächtig. Zum Dinner gab es täglich eine Show oder eine

---

28 Bei uns Indoorpflanzen, dort im Freien

musikalische Darbietung und um 22:00 Uhr öffnete die Disco ihre Pforten für die unverwüstlichen Urlauber wie Martin und Elisabeth. Ein All-inklusive-Hotel der höchsten Kategorie.

Da keine Bekannten anwesend waren und nicht anzunehmen war, jemandem für Foto- oder Videoaufnahmen zu finden, buchte Martin bereits im Hochzeitspaket einen professionellen Fotografen mit. Der Zufall hatte es mit den Hochzeitern jedoch gut gemeint, denn tags davor lernten sie ein Ehepaar aus Niederösterreich kennen, das ein gutes fotografisches Auge hatte und bereit war, zusätzliche Aufnahmen zu machen. Den Trauungstermin haben die Hochzeiter in der Mitte ihres zweiwöchigen Aufenthaltes gewählt, um sich entsprechend informieren, akklimatisieren und erholen zu können. Sie hatten die Wahl zwischen einer Trauungszeremonie im Tropical Garden oder am Strand. Wegen des einzigartigen Panoramas entschieden sie sich für die Strandversion beim offiziellen Teil und den Tropical Garden für den privaten Part. Beim Informationsgespräch lernten die beiden Aurélie, die Regionalmanagerin des Hotels, kennen. Die reizende Schweizerin bot sich sofort als Brautbegleiterin an. Aurélie stand Elisabeth in ihrer bislang unbekannten Rolle als Braut beratend zur Seite und vermittelte ihr die von ihr so dringend benötigte Sicherheit. Sie ging mit Elisabeth zur Friseurin, beriet sie bei der Friseurwahl, half ihr beim Anziehen des Brautkleids und begleitete sie zum vorgesehenen Ausgangspunkt im Tropical Garden.

Am Strand wartete Martin mit dem Priester Lionel Rosé vor dem Baldachin, dem karibischen Traualtar. Der Baldachin war etwa 10 Quadratmeter groß, mit schmalen, weißen Vorhängen an den tragenden Stützen verziert, die sich im Wind leicht bewegten. Er war vor einem mittelgroßen Gummibaum platziert und bot locker Platz für die Brautleute und den Priester, ohne dass der Blick auf das dahinterliegende Meer verloren ging. Der Sand war glattgebügelt und links und rechts vom Zugang markierten kleine Palmen in Töpfen den Zugang zum Baldachin.

Begleitet von der langsamen Instrumentalmusik *You Are Always On My Mind* von James Last schritt Elisabeth im weißen Kleid mit aufgesteckten, blumigen Haaren und einem Bukett aus purpurroten Orchideen um 2:00 Uhr (02 pm) barfuß zum „Traualtar", wo Martin im hellgrauen Anzug und Lionel Rosé im dunklen Anzug warteten. Da die Braut vor der Trauung nicht geküsst werden durfte, küsste Martin nach Wiener Art ihr die Hand. Lionel war um einen ganzen Kopf kleiner als Martin, dunkelhäutig und mit einer Glatze, aber ein äußerst sympathischer Hochzeitsoffizier, der die Brautleute vor und nach der Hochzeitszeremonie mehrmals zum Lachen brachte. Aurélie besorgte bereits vor der Trauung den Text des Eheversprechens und Elisabeth versuchte ihn auswendig zu lernen. Doch das war überflüssig, da der Priester den Text in Englisch Satz für Satz vortrug und wartete, bis er von den Brautleuten nachgesagt wurde. Nach dem gegenseitigen Treuegelöbnis und dem Anstecken der Ringe aus Weiß- und Gelbgold mit Brillanten am Brautring und dem priesterlichen Gebet zu Gott für seine schützende Hand über die beiden durfte der *Groom* Martin die *Bride* Elisabeth küssen. Priester Rosé meinte abschließend: „*You are the youngest couple of Jamaica!*" In diesem Moment waren sie es vermutlich wirklich. Die wenigen anwesenden Zuschauer applaudierten und die Fotografen brachten ihre Finger nicht mehr weg vom Auslöser.

Die Unterschrift auf der Checkliste zum Hochzeitsregister erfolgte auf einem für dieses Ereignis aufgestellten Tisch samt Sitzgelegenheit am Strand, mit dem Meer und einem vor Anker liegenden Katamaran im Hintergrund und der sanften musikalischen Begleitung *Balade pour Adeline* von James Last. Als Trauzeugen waren eigentlich die Bekannten aus Niederösterreich vorgesehen, die sich beim Fotografieren große Mühe machten. Bevor das Brautpaar jedoch das zeremoniale Vorgehen abschätzen konnte, stürzten die hoteleigenen Betreuerinnen Aurélie und Felisha zum Tisch und bezeugten schriftlich den Trauungsvorgang. Das war leider nicht zu verhindern und in Bezug auf das rechtsgültige Zustandekommen unwesentlich. Stolz zeigte das frisch vermählte Paar den Fotografen eine Kopie vom Marriage Register.

Danach marschierten die Teilnehmer zur Hochzeitstafel in den Tropical Garden. Umringt von Palmen und undurchsichtigen tropischen Pflanzen begann der informelle Part der Hochzeitsfeier. Mit dem Lied *Hasta mi final* von Il Divo erklärte Martin seiner Angetrauten die ewige Liebe bis zu seinem Ende. Wochenlang übte er zu Hause dieses schwierige Lied der drei Tenöre, um es einigermaßen singen zu können. Da diese musikalische Liebeserklärung in spanischer Sprache gesungen wird, überreichte Martin seiner Angebeteten zuvor den Text in Spanisch und Deutsch, damit sie seinen Intensionen folgen konnte. Die Intensität dieses Bekenntnisses und seine gesangliche Leistung haben Elisabeth tief berührt, wie sie es mit ihren Tränen und ihrer anschließenden Umarmung zum Ausdruck brachte.

Der Hochzeitstisch war mit weißem Tischtuch bedeckt und mit daumengroßen Samen von den Bäumen wurde in großen Lettern geschrieben: „JUST MARRIED“. Es folgte das Anschneiden der jamaikanischen Hochzeitstorte mit weißer Glasur und dunklem Inneren, das leicht nach dem einheimischen Destillat Nummer eins (Rum) schmeckte und Orchideenblüten als Verzierung hatte. Die gegenseitige Mund-zu-Mund Fütterung hatte zwar etwas Animalisches, beide empfanden es aber lustig. Das Trinken des Champagners mit verschränkten Armen war eine leichtere Übung, erinnerte es doch an das Bruderschaftstrinken, das vor Jahrzehnten im deutschsprachigen Raum noch Voraussetzung für eine Du-Anrede war. Bei Torte und Champagner ließ das junge Paar die Hochzeitsfeier ausklingen. Das spätere, private Dinner im Baumhaus bildete den Abschluss eines ereignisreichen Tages.

Von der für das Abendessen eigens abgestellten Kellnerin wurden Martin und Elisabeth mit einem Glas Champagner an ihrem Zimmer begrüßt und abgeholt. Die Holztreppe war links und rechts mit Kerzen beleuchtet, um sicher in das Baumrestaurant zu gelangen. Der Gruß aus der Küche, die Vor- und Hauptspeise sowie das Dessert waren einzigartig und mit Fischen und Meeresfrüchten ganz nach dem Geschmack der Brautleute. Am Zimmer fanden die beiden noch eine Flasche Champagner, delikate Süßigkeiten und schriftliche Geburtstagswünsche an Martin, der an diesem Tag gleichzeitig seinen runden Geburtstag feierte und bereits am Morgen von Elisabeth beschenkt wurde.

Frisch vermählt, glücklich, erholt, mit der provisorischen Heiratsurkunde und den vielen abgespeicherten Aufnahmen in der Tasche ging es wieder nach Hause, wo zwei Tage später die Geburtstagsfeier von Martin angesagt war. Seine Einladung zu einer runden Sache nahmen die Familien von Martin und Elisabeth sowie die engsten Freunde gerne an. Das Linzer Gasthaus hat nicht nur eine gute Küche, sondern auch einen Raum zur Präsentation von Videos und Fotoshows. Martin hatte etwa einen Tag Zeit, die Urlaubs- bzw. Hochzeitsbilder zu einer Fotoshow zu machen. Bereits vor längerer Zeit produzierte er seine biografische Fotoshow. Mit ihrem Kommen, ihren Gratulationen und ihren Geschenken erwiesen sie Martin das Beste zu seinem runden Geburtstag, da von der Vermählung noch niemand wusste. Nach einem sehr guten Essen und in gemütlicher Stimmung fragte der Jubilar, ob die Anwesenden Interesse an einer Fotoshow über seine Entwicklung hätten, was alle bejahten. Aber ehrlich, wer traut sich da schon nein zu sagen.

Martin präsentierte seinen 15-minütigen Lebenslauf mit Bildern und Musik, den die meisten in dieser Ausführlichkeit noch nicht kannten und den sie mit großem Interesse verfolgten. Anschließend erkundigte er sich beim Publikum, ob diese auch Interesse an den aktuellen Urlaubsbildern hätten, was wieder auf ungeteilte Zustimmung stieß. Die Spannung bei Martin und Elisabeth stieg ins Unermessliche und beide steckten unbemerkt ihre Eheringe an. Die karibische Fotoshow begann mit Bildern vom Strand und dem Hotel bis zum ersten Bild, auf dem Martin und Elisabeth in Strandbekleidung sich mit ihren Ellbogen auf einer Tafel mit der Aufschrift „*Wedding Area*“ abstützten. Da wurden erstmals Zwischenbemerkungen laut, die nach den Fotos mit den Hochzeitern in tosenden Applaus übergingen. Nun war die „Katze aus dem Sack“ und die Überraschung beeindruckend gelungen. Im Nachspann der musikalisch untermalten Fotoshow hatte Martin unter anderem den Hinweis angebracht, dass die Eheleute keine Geschenke annehmen, Glückwünsche jedoch schon. Am Ende stellten sich die Familienmitglieder und Freunde an, um ihre guten Wünsche verbal, durch Umarmungen und Küssen zu vermitteln. Ein Freund meinte anschließend zu Martin: „Deine Einladung zur Geburtstagsfeier war eine Mogelpackung", womit er sicher nicht unrecht hatte. Die Urlaubsreise mit der Hochzeit und die Geburtstagsfeier am letzten Februartag waren für Martin und Elisabeth ohnegleichen schön und die letzte Großveranstaltung im Jahr 2020, da einige Tage später durch die Covid 19-Pandemie alle Veranstaltungen untersagt wurden. Für Martin war es so etwas wie eine Wiedergutmachung, bezogen auf seine erste Hochzeitsfeier im elterlichen Gasthaus.

Nach einigen Monaten, durch den erforderlichen Authentifizierungsvorgang und Pandemie bedingt, erreichte die jamaikanische Heiratsurkunde ihre Adressaten. Die Urkunde wurde vom *Registrar Generals Department*, im *Ministry of Forign Affairs und Forign Trade Jamaica* beurkundet und ins *Marriage Register* eingetragen. Anschließend wurde sie noch von der *Deutschen Botschaft in Jamaika*, im Amtshilfeverfahren für Österreich, beglaubigt. Mit diesem Dokument konnte eine österreichische Heiratsurkunde ausgestellt und den relevanten öffentlichen Stellen im Heimatland vorgelegt werden.

Das Leben in vergrößerter Familie

Im praktischen Leben hatte die Verehelichung von Martin und Elisabeth keine Auswirkungen. Beide leben nach wie vor getrennt und sind wie gewohnt an bestimmten Tagen der Woche zusammen. Es sei denn, es stehen saisonale Gartenarbeiten oder Hausreparaturen auf dem Programm. Ihre Beziehung bekam jedoch eine intensivere Dimension durch die rechtsverbindliche Eheschließung und ihre ernstgemeinten Treueversprechen. Auch auf der erweiterten familiären Ebene traten keine Veränderungen ein, da beide schon seit Jahren mit den jeweils anderen Familien gute Kontakte pflegten. Lediglich die Eintragungen von Geburtstagen im Terminkalender erhöhten sich schlagartig und müssen nunmehr verpflichtender wahrgenommen werden. Mit der Eheschließung hatte Martin als Stiefvater von Melissa das Gefühl bekommen, auch für das Wohlbefinden der Endzwanzigerin mitverantwortlich zu sein. Allenfalls in schlechten Zeiten für sie da zu sein. Dieser Gedanke ist als hypothetisch einzuordnen, da sie bislang ihr Leben selbst in die Hand nahm und damit sehr erfolgreich war und künftig auch sein wird. Sie hat gute und klare Ziele für ihre Zukunft und für Ratschläge zu deren Erreichung ist sie zugänglich. Die beiden haben in den Jahren ihrer Bekanntschaft eine Umgangsform entwickelt, die von Offenheit, Anerkennung, Respekt, Vertrauen und Sympathie getragen ist. Oder anders formuliert, sie mögen einander sehr. Gleiches trifft auch für Stefan, ihren Partner, zu. Der Endzwanziger entstammt einer angesehenen Bauernfamilie im Mühlviertel, unweit der tschechischen Grenze, die den Kindern ihr traditionelles, gutes Wertesystem erfolgreich weitergab. Stefan stellt sich auch gerne in den Dienst der Gesellschaft, indem er neben seinem Job als Physiotherapeut noch als Feuerwehrmann ausrückt, wenn es brennt, oder als Sanitäter beim Roten Kreuz, wenn lebensrettende Hilfen gebraucht werden. Als schwarzhaariger Vollbartträger könnte er bei einem Einsatz in

Afghanistan leicht mit einem Taliban verwechselt werden, daher arbeitet er lieber in seinem Heimatland. Wie alle Männer in seiner angestammten Familie hat auch er ein ausgeprägtes Talent für die Reparatur oder die Produktion von hölzernen oder metallischen Gegenständen. Seiner Ansicht nach schlafen Melissa und er am besten im selbst gebauten Doppelbett. Wer sportlich mit dem knapp zwei Meter großen Mann mitzuhalten versucht, hat es bei den Ausdauerdisziplinen schwer. Lediglich das Wasser ist nicht unbedingt ein Element, das ihn begeistert. Aber verständlich, wenn man bedenkt, da ihn in seiner Jugend keine nahegelegenen Seen oder Flüsse dazu animierten.

Auch für Elisabeth vergrößerte sich durch Martins Familie die Anzahl an Verwandten. Da Oskar, der Sohn von Martin, auch nach zwei Jahrzehnten weiterhin an seiner unbegründeten Gesprächsverweigerung festhält, sind er, seine Frau und seine beiden Söhne auch von Elisabeth nicht verwandtschaftlich zu pflegen, wenngleich sie seine Stiefmutter ist. Aber zu seiner Tochter Sophie, mit ihrem Ehemann Tobias und deren Jungs Flori, Charly und Tarik, hat sie seit Jahren eine ausgezeichnete Beziehung. Der fürsorgende und lockere Umgang von Sophie und Tobias mit ihren Kindern, ohne dabei ihre Verantwortung und Respekt abzugeben, entspricht ihrer liberalen Grundeinstellung im Allgemeinen, wo gelebte Toleranz und tragende Werte nicht im Widerspruch stehen. Eine Lebenseinstellung, die Martin in seiner ersten Ehe nicht verwirklichen konnte und nun mit Elisabeth möglich geworden ist.

Die Jungs von Sophie und Tobias haben nach wie vor einen liebevollen Kontakt zu ihrem Großvater Martin, wenngleich sich ihr Zusammensein altersbedingt veränderte. Anstelle von artikulierten Berufswünschen, Tagen der Waldpädagogik und Pokerspielen stehen Gespräche über Politik, Wirtschaft und Studium im Mittelpunkt ihrer Unterredungen. Ihre Unterhaltung ist im Ergebnis mit einer Win-win-Situation vergleichbar. Die Jungs profitieren von Martins Bildungshintergrund und seinen Berufs- und Lebenserfahrungen, denn nicht für jede Frage steht eine valide Antwort im Internet. Martin bekommt wiederum ein Bild davon, wo den jungen Menschen „der Schuh drückt".

Losgelöst von Erziehungsaufgaben entwickelte sich stets ein fruchtbringender Meinungsaustausch.

Flori, der älteste Sohn von Sophie und Tobias, hatte in seiner Mittelschulzeit den Sinn des Lernens noch nicht erfassen können. Wie viele Schüler in seinem Alter war auch er der Meinung, dass er all diese Qualen nur der Eltern wegen über sich ergehen lassen muss. Darüber hinaus können junge Menschen wie er nicht begreifen, wofür das Lernen von Vokabeln in Englisch und Französisch und das Beherrschen von mathematischen Formeln im Leben gut sein sollen. Seine erste Berufserfahrung machte der am letzten Tag im Sternzeichen der Waage Geborene bei seinem dreimonatigen Pflichtpraktikum als Mitarbeiter in einem Café-Restaurant in seiner Heimatgemeinde. Nach einiger Zeit des Lobes von seinem Chef änderte dieser seine Einstellung, obwohl Flori zeitlich mehr arbeitete, als vereinbart war. Als sich Flori weigerte, das verstopfte und verunreinigte WC zu säubern, zumal er sich schon beim Anblick fast übergeben musste, drohte ihm der Restaurantbesitzer mit dem Rauswurf. Als 17-jähriger Praktikant ist man in einer solchen Situation ratlos und verzweifelt, steht doch der positive Schulabschluss auf dem Spiel. Da sich Floris Eltern auf Urlaub im Ausland befanden und nicht verfügbar waren, kontaktierte er Martin, der innerhalb weniger Stunden für eine klärende Aussprache vor Ort war. Dabei wiederholte der Restaurantbesitzer seine ungerechtfertigten Vorwürfe, denen Flori widersprach. Nachdem er seine haltlosen Beschuldigungen dem aufmerksam zuhörenden Martin vortrug, antwortete ihm Martin verblüffend: Er könne Flori gerne vor Vertragsende entlassen, wenn er 30.000 Euro beim Fenster hinauswerfen will. Plötzlich wurde der Möchtegernmanager blass im Gesicht und erstarrte. Bei seinem Studium befasste sich Martin u. a. auch mit dem Arbeitsrecht und als Beamter war ihm die Gewerbeordnung in ihren Grundzügen nicht ganz unbekannt. Die Verweigerung von WC-Reinigung für ein Personal, dessen Hauptaufgabe das Servieren von Getränken und Lebensmittel ist, erfolgte zu Recht, da dies aus hygienischen Gründen sogar gesetzlich verboten ist. Ein Rauswurf bzw. Entlassung würde in jedem Fall grundlos erfolgen und wäre daher mit den Ansprüchen einer Kündigung verbunden.

Darüber hinaus müsste er mit einer Zivilklage rechnen, da Flori ohne Pflichtpraktikum ein Schul- und in der Folge ein Berufsjahr verlieren würde und der ehemalige Arbeitgeber diesen Verdienstentgang in Höhe von etwa 25.000 Euro zu tragen hätte. Zusammen mit den Anwalts- und Prozesskosten ergäbe das den angedrohten Verlustbetrag von 30.000 Euro. Kleinunternehmer verstehen im Allgemeinen nicht viel von Recht, warum auch, aber die von Martin vorgetragene Kostenrechnung in Euro verstand der Restaurantbetreiber schnell und änderte plötzlich seine Einstellung zu Flori, der ab diesem Zeitpunkt wieder sein bester Mitarbeiter war. Mit seiner Diplomarbeit und deren Präsentation hatte Flori alle seine Lehrer und Mitschüler positiv überrascht und in Folge, sehr zur Freude seiner Familie, seine Reifeprüfung erfolgreich abgelegt.

Bei seiner Militärzeit lernte Flori neben seiner militärischen Ausbildung mit hierarchischen Strukturen, Ungerechtigkeiten und manche Sinnlosigkeiten zu leben. Wichtige Erkenntnisse für den eher empfindlichen und harmoniebedürftigen Waage-Mann und für das Berufsleben, wo auch nicht immer alles nach Wunsch abläuft. Zwischen seiner Abrüstung und dem Beginn des Berufslebens lagen nur die Osterfeiertage. Die erste Zeit in einem Unternehmen mit Schmuckhandel war für den jungen und gutaussehenden Mann aus dem Mühlviertel interessant, aber doch etwas chaotisch. Martin hatte den gut bekannten Unternehmer auf die organisatorischen Mängel in seinem Unternehmen und sein verbesserbares Führungsverhalten aufmerksam gemacht und ihm sein Coaching angeboten. Dieses hatte er zwar für wichtig empfunden und wollte es auch selbst, verschob es jedoch immer wieder, weil ihm business as usual wichtiger war. Doch ein kranker Patient wird nicht dadurch gesund, indem man weitermacht wie bisher oder die Schlagzahl erhöht. Eher tritt das Gegenteil ein. Auch beim sportlichen Unternehmer, der sich Monate später nur mit Fremdkapital durch Beteiligung vor der Insolvenz retten konnte.

Angesichts der sich abzeichnenden Unternehmensentwicklung wechselte Flori in ein Ingenieur-Büro als Techniker. Bald merkte der 185 cm große und schlanke Arbeitnehmer, dass er in diesem Unternehmen keine Aufstiegsmöglichkeiten hatte und sich die zu erledigenden Arbeiten wiederholten. Inspiriert von seiner Freundin Marina, die das Lehramtsstudium bereits begonnen hatte, entschloss sich Flori mit 25 Jahren und nach Klärung der finanziellen Möglichkeiten auch für dieses Studium. Geschichte faszinierte ihn seit jeher und sein sportliches Interesse ist schon an seiner muskulären Statur abzulesen.

Marina, eine ehemalige Schulkollegin von Charly, dem Bruder von Flori, steht als Steinbock-Frau mit beiden Beinen im Leben und weiß genau, was sie in ihrem Leben will. Dank ihres Ehrgeizes und ihrer Konsequenz ist die um zwei Jahre jüngere Frau von Partner Flori bei allen ihren Aufgaben sehr erfolgreich. So ging sie noch als hochschwangere Studentin ihrer zuvor abgegebenen Verpflichtung nach und brachte Kindern in Bali Englisch bei. Ihrer sozialen Umgebung vermittelt sie ein ehrliches und hohes Einfühlungsvermögen gepaart mit dem Bemühen um objektive Beurteilungen. Marina wurde mit 20 Jahren Mutter und Flori mit 22 Jahren Vater ihrer lieben Tochter Antonia. Ihr Kind hat uns der Himmel geschickt, ist die übereinstimmende Meinung in der Großfamilie.

Marina und Flori haben sich nicht nur selbst zu Eltern, sondern ihre Eltern zu Großeltern und ihre Großeltern zu Urgroßeltern gemacht. Die Freude über die süße Antonia überwog bei allen Verwandten, die mit einem Schlag in die nächste Parentalgeneration gehievt wurden. So wurde bspw. Sophie mit 42 Jahren stolze Großmutter und Martin mit 66 Jahren stolzer Urgroßvater. Das löst bei vielen Bewunderung aus, zumal man aus der Vergangenheit mit diesen Familienbezeichnungen alt aussehende und gebrechliche Menschen verbindet. In den Augen der Eltern war Flori bis zu seiner Vaterschaft selbst noch ein Kind und niemand konnte sich vorstellen, dass er dieser Herausforderung gewachsen sein wird. Ähnliche Bedenken dürften auch die Eltern von Marina gehabt haben. Eine alte Volksweisheit besagt jedoch, dass Menschen mit ihrer Aufgabe wachsen, das traf auch für die sehr jungen Eltern zu. Wohl eingebettet in eine hilfsbereite Großfamilie, nahmen Flori und Marina ihre Elternrolle von Beginn an sehr ernst und kümmern sich äußerst fürsorglich und liebevoll um ihr Kind, das mit ihrer Entwicklung stets für Staunen sorgt.

Die berufstätigen Großeltern opfern ihre Freizeit gerne, um die studierenden Eltern zu entlasten. Ebenso die noch sehr rüstigen Urgroßeltern, die Antonia nach dem Aufenthalt in der Kleinkindgruppe und dem Kindergarten häufig in Obsorge nahmen. Glücklicher Weise zählte auch Martin zu den Auserwählten, der viele Nachmittage mit ihr spielend verbringen durfte. Da seine Enkel ausschließlich männlich waren, war für ihn ein Mädchen mit seinem typischen Verhalten eine unschätzbare Bereicherung, die er bei jedem Zusammensein mit ihr genoss. Schaukeln, Rutschen und Motorikanlagen zählen zu ihren Lieblingsplätzen in der freien Natur. Schon mit drei Jahren nahm Antonia ohne Aufforderung die Gitarre ihrer Mutter in die Hand und spielte singend das *Happy Birthday* für Martin, mit kleinen textlichen Einflüssen aus der Kleinkindgruppe wie *Oh Tannenbaum.* Dass Martin Kinder gerne hat und die ihm besonders nahestehenden grenzenlos liebt, hatte er schon bei seinen Enkeln beweisen dürfen. Mit Antonia wurde sie auf eine wundervolle Weise feminin erneuert. Mit zunehmendem Alter von Antonia wird für den Uropa sichtbarer, dass diese Liebe wechselseitig ist.

Charly, der zweitälteste Sohn von Sophie und Tobias, ist in seiner Veranlagung eher den Kunstschaffenden und den Intellektuellen zuzuordnen. Seine Liebe zur Musik, sein autodidaktisches Erlernen von Musikinstrumenten und sein Hang zur kabaretthaften Kritik unterstreichen diese Einschätzung. Bei vielen seinen Herausforderungen geht er die Dinge gerne gut überlegt und behutsam an. Esoterisch gesehen erfüllt er die für einen Jungfrau-Mann typischen Charaktereigenschaften nur teilweise, wenn etwa die Pünktlichkeit angesprochen wird. Andererseits passen Eigenschaften, wie kühl und süchtig nach Kritik oder kleinlich zu sein, ebenso wenig zu Charly wie seine ihm mittels Sterne nachgesagte mangelnde Spontaneität. Ohne lange zu zögern, stieg er auf Opas Motorrad und fuhr mit ihm nach Grado, um das leckere italienische Eis und erstmals gegrillte Calamari zu genießen, oder zu seinem bis damals noch unbekannten Bodensee. Letztere Reise war durch den vortägigen Konzertbesuch und den frühen

Abfahrtstermin für ihn sehr mühsam. Nicht selten verspürte Martin den Zusammenstoß ihrer Helme, wenn Charly während der Fahrt einschlief. Das Bad im Bodensee war erfrischend und der Lohn für das lange Durchhalten am Sozius. Die Reise rund um den Bodensee, zum Rheinfall, Europas größten Wasserfall, zum Fürstentum Liechtenstein und über Südtirol nach Hause empfand er als sehr interessant.

Unabhängig der Sterneneinstufung kann sich im Allgemeinen jeder auf Charly verlassen. Ihn allerdings mitten in der Nacht für ein Problem aus dem Bett zu klingeln, hat geringe Erfolgsaussichten. Und wenn, dann kann es sein, dass man sich nach der Problemlösung der harten Kritik des Jungfrau-Geborenen stellen muss. Ihn als gut organisiert einzustufen, erscheint vielleicht für Außenstehende auf den ersten Blick wenig zutreffend. Doch seine Mittelschulzeit beweist, dass er beim Lernen ein Effizienzmeister der Sonderklasse war. Das ökonomische Prinzip, mit dem geringsten Einsatz den größtmöglichen Ertrag zu erzielen, wandte er liebend gerne an.

Bei der nachträglichen Maturafeier mit seinem Opa Martin diskutierten die beiden nach seinem 600 Gramm Steak und einigen Gläsern Wein über seine berufliche Zukunft. Aufgrund seiner Charaktereigenschaften dachte Martin, dass Charly als Lehrer gut aufgehoben sein könnte, zumal er über eine sehr gute Beobachtungsgabe verfügt und dort sein Intellekt gefordert und weiter aufgebaut werden könnte. Das sah auch der Enkel so und entschied sich für das Lehramtsstudium. Seine Familienplanung kommt sicher erst nach dem abgeschlossenen Studium, wodurch seine Eltern und Großeltern auf die Vergrößerung der Familie noch warten müssen. Überdies müssen Frauen, die sich für den attraktiven und sympathischen Charly interessieren, den ersten Schritt machen, da Jungfrau-Männer der Astrologie entsprechend nicht zu den geborenen Flirtern zählen.

Wie bereits erwähnt, erblickte Tarik, der jüngste Spross von Sophia und Tobias, am Tag der Scheidung von Martin und Theresia das Licht der Welt. Was für ein markantes Geburtsdatum für seine geschiedenen Großeltern. Der Nachzügler war um einige Jahre jünger als seine älteren Brüder. Für sie galt er längere Zeit als hinderliches Anhängsel, wenn sie mit Freunden unterwegs waren. Beim Fußballspiel etwa störte der Jüngste, da er naturgemäß nicht so gut mit dem Ball umgehen konnte wie seine älteren Brüder und öfter über den Ball fiel. Nach wenigen Jahren allerdings zeigte er seinen Fußballfreunden, wie ein Fallrückzieher gespielt werden kann. Innerhalb der Familie gesehen waren die drei Brüder jedoch unzertrennlich, die lediglich bei der Bestimmung der Rangordnung zeigten, wer der Stärkere war und das Sagen hatte. Seine Leidenschaft als Kind gehörte wie seinen älteren Brüdern dem Fußballspiel, daher war er schon früh in der Schülermannschaft seines Heimatortes. Dort schätzte man nicht nur seine spielerischen Qualitäten, sondern auch seine Teamleistungen. Etwa wenn der Tormann bei einem Treffer nicht gut aussah und er ihn an seine guten Leistungen erinnerte und mental wieder aufbaute.

Seine schulischen Herausforderungen meisterte der mittlerweile knapp 190 cm große, schlanke Jungmann ohne Probleme. Seine soziale Ader entsprechend ist er besonders in helfenden Berufen gut aufgehoben. Mit seinem Einfühlungsvermögen und dem Drang, sich sozial zu engagieren, ist der im Sternzeichen des Krebs Geborene gut geeignet für den Arztberuf, dessen Studium er aus eigenem Antrieb ins Auge fasste. Vielleicht auch deshalb, weil er Stabilität und Sicherheit schätzt und nicht gerne den Job wechselt. Sofern keine feminine Inbesitznahme eintritt, wird der gutaussehende Student vermutlich sein Studium abschließen und seinen Beruf beginnen, bevor er der Familienplanung erhöhtes Augenmerk schenken wird.

Martin und Elisabeth sowie Sophie und Tobias können glücklich und stolz über die Entwicklung ihrer Kinder bzw. Enkelkinder sein. Ebenso mit jenen, die durch sie in die Großfamilie gelangten. Sie sind nicht nur gesund, sondern auch durch ihr stets vermitteltes und vorgelebtes gutes Wertesystem hochanständig und liebevoll. Dieses geschätzte Sozialverhalten sichert ihnen ein engmaschiges Netz an Menschen, die für sie in schwierigen Lebensphasen für sie immer da sein werden. Darüber hinaus verfügen sie alle über einen ausreichenden Intellekt, um den künftig immer anspruchsvolleren Anforderungen im beruflichen Leben angemessen begegnen zu können.

Schlussbetrachtung

Die Geschichten aus dem 20. Jahrhundert haben, vor dem Hintergrund der kriegerischen Ereignisse und der damit verbundenen Armutsverhältnisse, gezeigt, dass man fast Unmögliches erreichen kann, wenn man will. Als Gesellschaft und als Mensch. Entscheidend ist in den meisten Fällen der Wille zur Veränderung eines unerträglich empfundenen Zustands. Gewiss hatten die Generationen nach den beiden Weltkriegen keine Alternative zum Glauben an eine bessere Zukunft. In Österreich appellierte der damalige Bundeskanzler Leopold Figl bei seiner Weihnachtsansprache im Radio 1945 an seine Landsleute: „*Ich kann euch zu Weihnachten nichts geben, ich kann euch für den Christbaum, wenn ihr überhaupt einen habt, keine Kerzen geben, kein Stück Brot, keine Kohle zum Heizen, kein Glas zum Einschneiden, wir haben nichts. Ich kann euch nur bitten, glaubt an dieses Österreich.*“[29] Ähnliche Apelle gaben die Regierungsverantwortlichen in dem damals getrennten Deutschland.

Der feste Glaube hat die Menschen in den vom Krieg betroffenen Ländern zu enormen Leistungen motiviert und nach dem Zweiten Weltkrieg eine Entwicklung eingeleitet, in der in Zusammenarbeit von Unternehmern und Arbeitnehmern das „goldene Zeitalter“ erreicht werden konnte. Auch Spitzensportler wie die Skirennläufer Michaela Shiffrin und Marcel Hirscher, Formel 1-Fahrer Lewis Hamilton, der Sprinter Usain Bolt oder der Weltfußballer Lionel Messi haben als Kinder und Jugendliche nicht gewusst, welches Potenzial in ihnen steckte. Das sollte allen Menschen heute Mut machen, wenn sie Träume haben und glauben vor unlösbaren Hürden zu stehen oder nicht mehr weiterwissen. Denn im Sinne vom Arzt, Erzähler und Dramatiker Arthur Schnitzler zählen am Ende eines Lebens nur Daten:

---

29 https://www.youtube.com/watch?v=Ty8eoEgQJQg

„Am Ende gilt doch nur, was wir getan und gelebt – und nicht, was wir ersehnt haben. Auch das klügste Wort bleibt am Ende nur Geschwätz, wenn es nicht auf irgendeinem Wege zu Taten führt.“[30]

Wie an voriger Stelle bereits erwähnt, ist bei aller Willensstärke jedoch auch auf die eigene Leistungsfähigkeit Bedacht zu nehmen. Denn wenn man plötzlich und dauerhaft mehr will, als man physisch oder geistig zu leisten im Stande ist, kann das zu Verletzungen oder psychischen Erkrankungen führen, wie Sportunfälle und Burnout-Erkrankungen zeigen. Hier sollte vermehrt auf die Reaktion des Körpers geschaut und die Entwicklungsintensität der Leistungsfähigkeit angepasst werden. Unabhängig von der situativen Lebenssituation und ihrer Entwicklungsnotwendigkeit und Entwicklungsmöglichkeit gilt es noch das Leben in seiner Gesamtheit zu berücksichtigen. Die Entwicklungskurve der Kinder führt in der Regel rasch und steil nach oben und bewegt sich als Erwachsener, je nach Aktivität, Bildung und Weiterbildung, auf mehr oder weniger hohem Niveau, bevor es in Richtung Lebensende wieder abnimmt. Dieser biologische Prozess ist im Menschen genetisch verankert, sofern er nicht künftig durch Entdeckungen in der Zellbiologie und gentechnischen Medizin verändert und die Lebenserwartung erhöht wird.

Um mit dem gegenwärtigen und künftig noch höheren Leistungsdruck in der Gesellschaft, nicht zuletzt durch die Digitalisierung der Arbeitsprozesse und im Freizeitverhalten, schadlos fertig zu werden, bedarf der Mensch Ausgleichsmechanismen. Die können in etwa sein, indem man nicht jedem Trend hinterherläuft und sich dadurch in einem stressigen und sinnlosen Wettbewerb begibt. Social Media sind für viele Menschen ein willkommenes Medium, um sich auszutauschen oder ein Netzwerk aufzubauen. Allerdings ist eine solche Community nicht krisenfest und kann mit einem Mausklick beendet werden. Vor allem aber sind Social Media Energieräuber. Schon aus Gründen des Selbstschutzes sollte man manchmal auch ehrlich zu sich selbst sein und „ich will nicht“ sagen, wenn einem etwas nicht wirklich in

30 https://www.aphorismen.de/Zitat

den Kram passt, anstelle der Ausrede „ich kann nicht". Eine bewusstere und vermehrt an die Natur und Umweltverträglichkeit angepasste Lebensweise führt überdies in den meisten Fällen zu einem neuen Wertesystem und ebenso zu einem vielfach erforderlichen Entschleunigungsprozess. Darüber hinaus hat die Covid-19-Pandemie gezeigt, dass die persönlichen sozialen Netzwerke und im Besonderen die Familien wichtige „Auffangbecken" in schwierigen Zeiten sind.

In den vorangegangenen Zeilen wurden mehrfach aufgezeigt, dass Menschen enormes leisteten und Martin beruflich und sportlich viel leisten konnte, weil er wollte. In der letzten Phase seines Lebens muss er sich nichts mehr beweisen und genehmigt sich den „Luxus", mehr zu können, als er will. Vielleicht ist diese Lebenseinstellung als hedonistisch einzustufen.

Die in der Antike begründete philosophische Lehre versteht unter Hedonismus das Streben nach Sinneslust und Genuss als höchstes ethisches Prinzip. Nach den vielen Jahren, die Martin für seine Familie und andere Menschen da war, empfindet er es als moralisch gerechtfertigt, seiner Sinneslust und seinem Genuss mehr Beachtung als bisher einzuräumen, ohne sich dabei in einer egoistischen „Ecke" zu sehen. In Bezug auf Personenkontakte hat Martin sein Leben neu strukturiert, da er durch seinen Ruhestand nicht mehr gezwungen ist sich mit Menschen auseinandersetzen zu müssen, die es nicht gut mit ihm meinen. Es ist ein Privileg, sich seinen Bekannten- und Freundeskreis selbst auswählen zu können. Als wichtigstes Auswahlkriterium dient ihm dabei das Gefühl, ob ihm ein Mensch guttut. In Anbetracht seines Alters und der damit verbundenen, immer kürzer werdenden Lebenszeit spielt auch der Zeitfaktor bei seinem Kommunikationsverhalten eine wesentliche Rolle. Martin genießt spontane Gespräche in netter Atmosphäre und ohne Hintergedanken. Für eine Kommunikation, die lediglich der Selbstdarstellung oder einer Verfestigung der eigenen Meinung dient, also Bla-Bla-Gespräche, verschwendet er keine Zeit mehr, denn die Zeit ist nach Seneca wichtiger als der teuerste Edelstein. Ebenso selektiert Martin die überbordenden und skandalisierenden Informationen und Geschichten der Massenmedien, die für ihn peripher sind und ihn emotional wenig bis gar nicht berühren, da er sich seinen Kopf nicht mit für ihn bedeutungslosen Ereignissen zumüllen lassen will.

Nach den zahlreichen Lebenserfahrungen, verbunden mit der eigenen Entwicklung haben sich seine Sinn- und Bedürfnisstruktur in vielen Belangen verändert. Bezogen auf die Sinnhaftigkeit steht für ihn am Ende eines Lebens das persönliche Lebenswerk. Und dieses muss über die mit Urkunden ausgezeichneten Leistungen hinausgehen. Seien es kleine, unerwartete Hilfen an Kindern, an unbekannten oder behinderten Menschen oder an Menschen im nahen Umfeld und Familienmitglieder. Martin bedauerte, dass die Trennung seiner Erstehe von Theresia zum Anlass genommen wurde, innerhalb der Familie eine Demarkationslinie zu errichten, die von Martin nie gewollt war und leider nicht verhindert werden konnte. Denn eine Trennung von Eheleuten bedeutet nicht gleichzeitig eine Trennung oder die Aufteilung von Kindern im erwachsenen Alter. Im letzten Lebensabschnitt möchte Martin die Liebe zu jenen Menschen, die ihm etwas bedeuten, durch das Schenken von Zeit, durch Verständnis und Hilfsbereitschaft auf eine neue Qualitätsstufe heben, die wechselseitig geschätzt und angenommen wird und über das Leben hinausgeht. Wo im Mittelpunkt nicht ein Mehr, sondern ein bewussteres Leben steht, indem der Gesundheit und den natürlichen Dingen mehr Beachtung geschenkt wird.

Wer im Leben schon so viel Sport und Bewegung machte und davon zahlreiche Verletzungen erlitt wie Martin, springt nicht mehr aus Jux und Tollerei mit dem Mountainbike waghalsig über Stock und Stein, da er sich und anderen nichts mehr beweisen muss. Aber wie beim Überholvorgang mit einem übermotorisierten Auto vermittelt es ein gutes Gefühl zu wissen, dass man könnte, wenn man wollte. Wer in seinem Leben als Motorradfahrer schon zehnmal um die Erde fuhr, fährt nicht mehr der Kilometer wegen, sondern wegen der schönen Landschaften und dem Freiheitsgefühl auf zwei Rädern. Körperliche und geistige Fitness für ein aktives Leben im fortgeschrittenen Alter zu erhalten, steht ganz oben auf seiner Prioritätenliste des täglichen Lebens. Deshalb drückt er einmal in der Woche die Schulbank, um Spanisch zu lernen. Oder er düst nach Buenos Aires, um mit Jugendlichen aus der ganzen Welt seine Fremdsprachenkenntnis zu verbessern und das Land der Gauchos kennen zu lernen.

Die schönsten Momente im Leben sind jedoch jene, die man mit der Familie und Freunden verbringen kann. Wo man sich fernab von stressigen Situationen in gemütlicher Runde austauschen kann und unterschiedliche Meinungen erlaubt oder sogar erwünscht sind. Etwa eine Woche lang an einem Alpensee den Forellen und Saiblingen mit der künstlichen Fliege nachzustellen und in einer Almhütte ohne Elektrizität und fließendes Wasser zu leben, wie die Vorfahren es taten. Mit den Jüngsten in der Familie die Bergwelt erwandern und sich an der natürlichen Umwelt zu erfreuen. Die Kraft der Natur durch Einfachheit und Ruhe auf sich wirken lassen, um den Unterschied zum gewohnten Leben erfahren, intensiver genießen und schätzen zu können. Es ist ein Privileg, mit den studierenden Enkeln auf fachlicher Ebene für ein valideres Weltbild zu diskutieren oder einer Urenkelin zuhören, wenn sie begeistert vom Kindergarten berichtet. Mit einer solchen Lebenseinstellung verlieren materielle Dinge an Bedeutung und der Zeitfaktor wird ausnahmsweise zur Nebensache. Denn nach Seneca ist die Zeit, in der wir leben, das Einzige, was uns wirklich gehört.[31]

31 Lucius Annaeus Seneca war ein römischer Philosoph, Dramatiker, Naturforscher, Politiker und als Stoiker einer der meistgelesenen Schriftsteller seiner Zeit.

Der Autor

Leo F. Aichhorn wurde 1950 in Engerwitzdorf in Österreich in eine Bauersfamilie hineingeboren. Zwangsläufig musste er bereits als Schüler im elterlichen Betrieb mitarbeiten. Auch wenn er später den Bauern- und Gasthof nicht übernehmen durfte, weil er an seinen jüngeren Bruder ging, lernte er doch anzupacken und sich durchzubeißen. In seiner „zweiten Karriere" bei der öffentlichen Verwaltung schaffte er es zu einer gehobenen Position durch sein nebenberufliches Studium mit Magisterabschluss und anschließender Promotion.

Privat ist er in zweiter Ehe verheiratet und hat zwei Kinder aus erster Ehe. Insgesamt ist er vielseitig interessiert und geht mehreren Hobbys nach. Hierbei liegt der Schwerpunkt auf dem sportlichen Bereich, aber auch die Technik hat es ihm angetan.

„Geschichten, die Mut machen" ist gleichwohl nicht seine erste Veröffentlichung. Vielmehr kann er auf eine lange Liste von Fachpublikationen blicken.